Karlheinz Ortmann
Dieter Röh (Hrsg.)

Klinische Sozialarbeit
Konzepte – Praxis – Perspektiven

Lambertus

Karlheinz Ortmann
Dieter Röh (Hrsg.)

Klinische Sozialarbeit
Konzepte – Praxis – Perspektiven

Bibliografische Information Der Deutschen Bibliothek

Die Deutsche Bibliothek verzeichnet diese Publikation in der Deutschen Nationalbiografie; detaillierte bibliografische Daten sind im Internet über http://dnb.ddb.de abrufbar.

ISBN: 978-3-7841-1786-7

Umschlag: Nathalie Kupfermann, Bollschweil
Satz und Druck: Jungbluth Digital+Print, Freiburg

Inhalt

Einleitung

Die Soziale Arbeit befindet sich derzeit in einer Phase, in der die Bestimmung des professionellen wie disziplinären Ortes innerhalb der Wissenschaftslandschaft vorangeschritten ist (vgl. Schulze-Krüdener et al. 2002; Mühlum 2004; Engelke 2003; Klüsche 1999), so dass eine Konsolidierung erwartet werden kann. Dies gilt ähnlich für die Klinische Sozialarbeit, die nach anfangs polarisierendem Diskurs insbesondere zwischen FachvertreterInnen[1] der Hochschulen und des Deutschen Berufsverbandes für Soziale Arbeit mittlerweile in ein ruhigeres Fahrwasser geraten ist, so dass mit mehr Klarheit auf die Schärfung des Profils der Klinischen Sozialarbeit geschaut werden kann.

Wir verstehen Klinische Sozialarbeit im Kern als eine eigenständige Fachsozialarbeit, die sich in sozialarbeitsspezifischen Formen der Behandlung von sozio-psycho-somatisch zu verstehenden Störungen, Erkrankungen und Behinderungen entfaltet.
Um diesem Anspruch gerecht zu werden, bedarf es besonderer Kompetenzen von SozialarbeiterInnen in klinischem Denken und Handeln, wobei „klinisch" weit über eine rein individuelle Betrachtung von Störungen hinausgeht und sich gerade durch den Einbezug sozialer Umweltbedingungen auszeichnet. Denn immer ist im Fall des sozialarbeiterischen Handelns das in Rechnung zu stellen, was bereits Jane Addams als „vortex causation" bezeichnete: das „kumulative Feld persönlicher Schwierigkeiten, verwirrenden gesetzlichen Regelungen, multiplen Krankheiten und konfliktiven Kulturen" (Addams zitiert nach: Staub-Bernasconi 1995, 49), welches dazu beiträgt, dass bio-psycho-soziale Probleme erst entstehen.

[1] Um kenntlich zu machen, dass bei Personenbezeichnungen beide Geschlechter gemeint sind, wird im Buch durchgängig die weibliche und männliche Schriftform zusammengezogen. Wenn ausdrücklich nur Frauen oder Männer gemeint sind, wird entweder die weibliche oder die männliche Schriftform verwendet.

Aus unserer Sicht besteht derzeit in der Klinischen Sozialarbeit das zentrale Defizit darin, dass es entwickelte Theorien und Praxeologien klinischen sozialarbeiterischen Denkens und Handelns allenfalls erst in Ansätzen gibt. Wohl deshalb stützen sich Überlegungen und Konzepte zur Entwicklung der Klinischen Sozialarbeit in Deutschland vielfach auf bewährte bezugswissenschaftliche „Importe“, insbesondere aus der Psychotherapie. Die Entwicklung eigener Ansätze droht hingegen vernachlässigt zu werden.

Damit kann es auch passieren, dass der zentrale Gegenstand der Sozialen Arbeit, nämlich die sozialen Problemlagen, aus dem Blick gerät, obwohl er insbesondere mit Bezug auf Fragen von Gesundheit und Krankheit höchste Aufmerksamkeit verdient. Es ist seit langem bekannt, dass Gesundheit und Krankheit in hohem Maße durch soziale Faktoren beeinflusst werden, ohne dass dies eine Entsprechung in der gesundheitlichen Versorgung der Bevölkerung gefunden hat. Der Wert der gesundheitsbezogenen Sozialen Arbeit, und damit auch der Klinischen Sozialarbeit, innerhalb der Versorgung von Menschen, die sich gleichermaßen in einer gesundheitlich wie sozial schlechten Lage befinden, bemisst sich daher an dem Ziel der Verringerung von sozialen Gradienten sowohl im Zugang zu Gesundheits- und Sozialleistungen wie auch in der Bewältigung von gesundheitlichen und sozialen Problemen.
Das heißt, wir haben es mit einem Problemfeld zu tun, das ein enormes und noch viel zu wenig erkundetes Hilfe- und Gesundungspotenzial in sich birgt und im Interesse der Hilfe suchenden Menschen geradezu darauf wartet, endlich mehr beachtet und fachgerecht bearbeitet zu werden. Und genau dies halten wir für die spezifische Aufgabe der Sozialarbeit. Deswegen treten wir auch dafür ein, dass die Klinische Sozialarbeit dieses Defizit zum Ausgangspunkt nimmt, um primär *soziale* Verstehens- und Handlungskonzepte zu entwerfen und zu praktizieren.
Wir sind der Meinung, dass sich Klinische Sozialarbeit dabei gar nicht „verbiegen“ muss, um einen wichtigen Beitrag zu diesem Problem beitragen zu können, da die Soziale Arbeit eine hinreichende theoretische Begründung ebenso besitzt wie auch die daraus abgeleitete Methodenkompetenz, z.B. in der Beratung, Netzwerkarbeit oder auch der sozialen Diagnose.

Wir möchten deshalb dieses Buch als einen Beitrag dazu verstehen, Klinische Sozialarbeit als Sozialarbeit zu entwickeln. Aus diesem Grund bewegen sich der Aufbau und der Inhalt der einzelnen Beiträge auch nah an der Praxis Sozialer Arbeit. Wir haben besonderen Wert darauf gelegt, neben theoretisch-konzeptionellen Beiträgen von sog. TheoretikerInnen, vor allem auch sog. PraktikerInnen der Klinischen Sozialen Arbeit die Möglichkeit zu geben, ihr berufliches Handeln als solches zu reflektieren und ihre Arbeit darzustellen. Dabei finden sich erstaunliche Innovationen, deren klinische Expertise bislang zu wenig reflektiert wurde.

Im ersten Teil des Buches (Konzepte) werden Grundlagen der Klinischen Sozialarbeit dargestellt und zwar beginnend mit einem Aufsatz von Stefanie Dehmel zum Thema „Klinische Sozialarbeit als professionelle Soziale Unterstützung“. Darin geht die Autorin der Frage nach, welchen Stellenwert Aufbau, Erhalt und Sicherung von sozialer Unterstützung für klinische Interventionen und deren Wirkungen haben. In der anschließenden Darstellung der „Konzeption und Methodik sozialarbeiterischer Diagnostik in der Klinischen Sozialarbeit“ beschreibt Dieter Röh die Bedeutung und Umsetzungsmöglichkeiten sowie ausgewählte Instrumente der diagnostischen Erfassung sozialer Problemlagen, die für die professionelle Begründung klinischer Interventionen eine unerlässliche Basis bilden. In seinem Beitrag „Soziale Beratung in der Klinischen Sozialarbeit und ihr spezifischer Behandlungsbeitrag bei Krankheit“ bestimmt Harald Ansen die soziale Beratung als ein zentrales Handlungskonzept der (Klinischen) Sozialarbeit. Ulrich Binner und Karlheinz Ortmann unternehmen mit ihrem Aufsatz „Klinische Sozialarbeit als Sozialtherapie“ den Versuch, Sozialtherapie als zentrale Methode der Klinischen Sozialarbeit zu entwickeln.

Der zweite Teil des Buches (Praxis) beleuchtet bereits bestehende und neu erschlossene Felder und Formen Klinischer Sozialarbeit. Zunächst geht Ellen Becker der Frage nach, wie „Klinische Sozialarbeit in kommunalen Erziehungs- und Familienberatungsstellen am Beispiel des Handlungsfeldes Kinderschutz“ verstanden werden kann und welche spezifischen Aufgaben hierdurch in der Unterstützung von belasteten Familien von der Klinischen Sozialarbeit in Abgrenzung zur Psychotherapie übernommen werden. Karlheinz Ortmann, Norbert Gurris, Ralf-Bruno

Zimmermann schließen daran an, in dem sie das Projekt „Psychosoziale Beratungsstelle an der Katholischen Hochschule für Sozialwesen Berlin" vorstellen und dessen Pilotwirkung zur Entwicklung innovativer Handlungs- und Forschungskonzepte der gesundheitsorientierten Sozialarbeit verdeutlichen. Den Zugang Klinischer Sozialarbeit in einem schon klassischen Arbeitsfeld bringt uns Hildegard Hegeler in ihrem Beitrag „Klinische Sozialarbeit im Krankenhaus" näher und zeigt darin, dass Soziale Arbeit ein integrativer Bestandteil der Versorgung von KrankenhauspatientInnen sein kann und dort innovative Potenziale entwickeln kann.
Silke Jakobs, Ruth Haas und Harro Ohlenburg gehen in ihrem Beitrag „Innerbetriebliche Rehabilitation – Klinische Sozialarbeit als verbindender Faktor „ auf ein spezielles und wohl bislang einmaliges Handlungsfeld der Klinischen Sozialarbeit ein, nämlich die Beteiligung an einem interdisziplinären Rehabilitationsprozess im Zusammenhang mit dem Gesundheitsmanagement eines großen Industriebetriebes. Darin wird deutlich, dass auch in einem solchen Kontext das Klinische eine besondere Bedeutung für die Verbesserung der gesundheitlichen und sozialen Lage der dortigen MitarbeiterInnen besitzt. Roland Alexander Pareigis gibt in seinem Aufsatz „Soziales Kompetenztraining in der Klinischen Sozialarbeit" einen Einblick in seine Arbeit psychiatrischen Patienten und verdeutlicht, dass die von ihm auch als „Rollenspiel des gelingenden Lebens" verstandene Methode vieles an genuinen Inhalten der Klinischen Sozialarbeit enthält. Juliane Wahren beschreibt in ihrem Artikel „Klinische Sozialarbeit in einer Frauenzufluchtswohnung", wie die Einbeziehung der sozialen Umwelt in den Hilfeprozess dazu beitragen kann, das Risiko der Ausprägung von physischen beziehungsweise psychischen Störungen oder Erkrankungen erheblich zu verringern.

Der dritte Teil des Buches (Perspektiven) beschäftigt sich mit Aspekten der weiteren Entwicklung der Klinischen Sozialarbeit und zwar zunächst mit einem Beitrag von Matthias Lindenau, der der Frage nachgeht, ob „Klinische Sozialarbeit – eine Chance für das Suchtkrankenhilfesystem?" darstellt. Ausgehend von einer Bestandsaufnahme skizziert er die ungenutzten Potenziale der Profession, die sich zur Verbesserung der Problemlagen der Betroffenen nutzen ließen, etwa durch das von ihm vorgestellte Konzept des „sozialen Coaching". Ralf-Bruno Zimmermann zeigt in seinem Beitrag „Klinische Sozialarbeit und Sozialpsychiatrie" die aktuelle und zukünftige Bedeutung der Sozialarbeit in den sozialpsychiatrischen Arbeitsfeldern auf. Dabei wird deutlich, dass insbesondere die Klinische Sozialarbeit erhebliches Potenzial zur Verbesserung der Versorgung und Behandlung psychisch kranker Menschen birgt. Michael T. Wright führt am Ende des Buches mit seiner Frage „Klinische Sozialarbeit: Auf dem richtigen Weg?" schließlich zurück auf eine reflexive Ebene. Er mahnt an, die gesundheitsbezogene Sozialarbeit in Deutschland nicht ausschließlich als eine spezialisierte Beratungs- und Behandlungstätigkeit zu entwickeln.

Berlin/Hamburg im Februar 2007
Karlheinz Ortmann und Dieter Röh

LITERATUR

Engelke, E.: Die Wissenschaft Soziale Arbeit: Werdegang und Grundlagen. Freiburg im Breisgau, Lambertus; (2003)

Klüsche, W.: Ein Stück weitergedacht... : Beiträge zur Theorie und Wissenschaftsentwicklung der sozialen Arbeit. Freiburg im Breisgau, Lambertus; (1999)

Mühlum, A. (Hrsg.). Sozialarbeitswissenschaft: Wissenschaft der sozialen Arbeit. Freiburg im Breisgau, Lambertus; (2004)

Schulze-Krüdener, J.; Homfeldt, H. G.; Merten, R. (Hrsg.): Mehr Wissen – mehr Können? Soziale Arbeit als Disziplin und Profession. Baltmannsweiler, Schneider Verlag Hohengehren; (2002)

Staub-Bernasconi, S.: Systemtheorie, soziale Probleme und soziale Arbeit: lokal, national, international oder: vom Ende der Bescheidenheit, Bern; Stuttgart; Wien; Haupt; (1995)

TEIL 1

KONZEPTE

Klinische Sozialarbeit als professionelle soziale Unterstützung

Stefanie Dehmel

Die sozialepidemiologische und gesundheitswissenschaftliche Forschung hat zahlreiche empirische Belege hervorgebracht, dass soziale Belastungssituationen, geringe oder fehlende soziale Integration und mangelnde soziale Unterstützung (Social Support) die Morbidität und Mortalität der Bevölkerung in Deutschland erheblich beeinflussen. Umgekehrt stellen starke Systeme sozialer Unterstützung eine Art „soziales Immunsystem“ (Nestmann 1988, 79) dar, welches Individuen besser dazu befähigt, Belastungen stand zu halten und diese zu bewältigen, woraus ein größeres Maß an physischer und psychischer Gesundheit resultiert (Badura 1981, Barth 2004, Mielck 2000, Paulus 1997, Röhrle 1994, Röhrle et al. 1998, Waller 2003, Zurhorst 2000).
Dafür ist das Verstehen der Zusammenhänge zwischen den subjektiven Bewältigungsmöglichkeiten der Betroffenen, den Merkmalen der sozialen Beziehungen und deren Unterstützungspotential zugrunde zu legen. Jedoch fehlt ein eigenes sozialwissenschaftliches Gesundheits- beziehungsweise Krankheitsmodell (Siegrist 1989a). Die soziale Dimension von Gesundheit und Krankheit, repräsentiert durch Unterstützungsangebote der Sozialarbeit, wird nicht systematisch in den Blick genommen und hat im Gesundheitssystem einen zu geringen Stellenwert.
Mit der vorliegenden Arbeit soll das Konzept der sozialen Unterstützung als Grundlage für konkrete Handlungsansätze Klinischer Sozialarbeit vorgestellt werden. Im Mittelpunkt der Forschungen stehen soziale Netze und die darin wirksam werdenden Unterstützungsleistungen als deren zentraler funktionaler Aspekt (Paulus 1997, 179). Soziale Unterstützung wird in sozialen Beziehungen erbracht und erhalten. Für das Ausmaß an gewährter oder erhaltener sozialer Unterstützung ist entscheidend, in welcher Qualität und Quantität Menschen über soziale Beziehungen verfügen.

Quellen sozialer Unterstützung sind zum einen Vertrauenspersonen aus der Familie sowie Freunde und Bekannte, aber auch alltägliche Kontakt-

personen in der Nachbarschaft, am Arbeitsplatz sowie kulturelle oder religiöse Gemeinschaften, in denen Menschen sich zusammenfinden. Die Einbettung in ein Netz sozialer Beziehungen stärkt das subjektive Wohlbefinden und lässt Menschen auch objektiv gesünder leben, da sie Belastungssituationen besser begegnen können. Nach Cassel sind Menschen, die mit „signifikanten anderen" zusammenleben weniger von stressauslösenden Belastungen betroffen beziehungsweise nehmen diese weniger als Belastung wahr (Pauls 2004, 104).
In solchen Netzwerken werden in Beziehungen idealerweise unterschiedlichste Formen und Leistungen sozialer Unterstützung erschlossen und wirksam. Dazu gehören materielle beziehungsweise informatorische Hilfen ebenso wie die Vermittlung von Anerkennung oder Emotionen. Der Umgang mit Belastungssituationen und die Art der Bewältigung sind entscheidende Elemente für die Wirkung sozialer Unterstützung auf das generelle Wohlbefinden sowie als Hilfen in konkreten Krisensituationen, was anhand unterschiedlicher, nebeneinander gültiger Modellvorstellungen aufgezeigt werden soll. Gewährte oder verweigerte soziale Unterstützung kann direkt auf die Befindlichkeit der Menschen wirken (positiv und negativ). Im positiven Sinne fördert sie die Gesundheit und/oder hilft bei der Bewältigung von Krankheit. Defizitäre Systeme sozialer Unterstützung können jedoch selbst zu Belastungen führen beziehungsweise diese verstärken.
Das Unterstützungskonzept eignet sich zur Beschreibung und Analyse sozialer Lebenswelten und bietet darüber hinaus ein Handlungsmodell für die Klinische Sozialarbeit. Anschließend soll der theoretische und praktische Nutzen des Social Support-Konzepts für die Klinische Sozialarbeit dargestellt werden.

QUELLEN SOZIALER UNTERSTÜTZUNG

Im Folgenden werden unter für die Beziehungsgestaltung und die – erwartbare – Unterstützung relevanten Aspekten natürliche Quellen sozialer Unterstützung vorgestellt. Ihnen ist gemeinsam, dass soziale Unterstützung dort nicht aufgrund spezifischer Fähigkeiten oder Kenntnisse und ohne bewusste Reflexion geleistet wird und in alltägliche Interaktionen eingebettet ist. Sie vermitteln sozialen Rückhalt, da sie „durch eine gewisse

Kontinuität aus der eher fremden sozialen Wirklichkeit ausgegrenzt sind" (Siegrist 1989, 64).
Partnerschaftliche und familiäre Beziehungen sind allgemein verknüpft mit einer hohen Erwartungshaltung in Bezug auf Unterstützungsleistungen. Bei ersteren sind jedoch unbedingt weitere Beziehungsaspekte mit einzubeziehen, die Aussagen über die Qualität der Paarbeziehung geben. Sie haben im Vergleich zu allen anderen sozialen Bezügen, auch zu verwandtschaftlichen und engen FreundInnen, eine besondere Bedeutung. Jedoch werden geschlechtsspezifische Unterschiede herausgestellt (Keupp 1985, 24f.). Die Vermittlung emotionaler Geborgenheit wird neben vielfältigen anderen Arten von Hilfe benannt. Nach ehe- beziehungsweise partnerschaftlichen Beziehungen kommen Familie und Verwandtschaft die größte supportive Bedeutung zu. Neben familiär vorgegebenen Banden ist dieser „Sonderstatus" (Diewald 1991, 107) verwandtschaftlicher Solidarbeziehungen auch gesetzlich verankert. Nicht zuletzt daraus ergibt sich eine normative Verpflichtung hinsichtlich der Erwartbarkeit und Verlässlichkeit von Unterstützung. Familiäre Beziehungen sind naturgemäß auf Dauer angelegt, was die wesentliche Voraussetzung für die Bereitschaft, Hilfe zu leisten, sowie für deren Akzeptanz, und damit ihren Erfolg, ist. Fehlende Reziprozität wirkt sich weniger auf die aktuelle Beziehungsgestaltung aus, da sie langfristig beziehungsweise durch andere Personen im familiären Umfeld wiederhergestellt werden kann. So halten Verwandtschaftsbeziehungen im Vergleich zu Freundschaften eher längerfristigem einseitigem Hilfebedarf Stand.
Die Bedeutung von Freundschaften und der Wert, der diesen Beziehungen beigemessen wird, sind individuell und kulturell verschieden. Es lässt sich idealtypisch und begrifflich zwischen zwei Arten von freundschaftlichen Beziehungen unterscheiden: Freundschaft und Bekanntschaft. Während erstere durch gegenseitig hohen Aufwand und Nutzen geprägt ist, wird Letztere mit beidseitig niedrigen Kosten und geringer Belohnung verbunden (Jackson, in: Diewald 1991, 109). Diese idealtypische Polarisierung, ausgehend von gegenseitig gleich hohen Kosten und Nutzen im Sinne absoluter Reziprozität, wird in der Realität so kaum zu finden sein. Dazwischen gibt es fließende Übergänge. Grunow beschreibt die Grundlage freundschaftlicher Beziehungen als einen reziproken Auswahlprozess. Sie vermitteln eher als andere Beziehungen persönliche Akzeptanz und soziale Attraktivität, schützen vor sozialer

Isolation und stärken Selbstwert und positives Lebensgefühl. Freundschaften sind vor allem geprägt von Sympathien, Ähnlichkeiten, gemeinsamem Lebensstil oder Interessen sowie gegenseitigem Vertrauen, Verständnis und Unterstützung. Ihnen kommt darüber hinaus eine zentrale Funktion in der Bearbeitung von Konflikten und psychischen Krisen zu, die häufig aus familiären Schwierigkeiten resultieren (Nestmann 1988, 124). Jedoch werden selbst enge Freundschaften eher als eine Ehe oder familiäre Beziehungen bei länger anhaltenden Krisen oder Notsituationen in Frage gestellt. Sie geraten schneller an ihre Grenzen, da sie auf einen relativ zeitnahen reziproken Austausch orientiert sind.

Mit nachbarschaftlichen Beziehungen sind diejenigen sozialen Kontakte beschrieben, die allein durch ein gemeinsames Wohnumfeld begründet sind. Hier ist ein unterschiedlich distanziertes Verhalten zu beobachten, welches jedoch, und hierin ist auch ein entscheidender Vorteil begründet, vielfach durch ein hohes Maß an Unverbindlichkeit gekennzeichnet ist. Nachbarschaftliche Beziehungen zeichnen sich durch völlige Kontaktlosigkeit über flüchtiges Grüßen bis hin zu losen Gesprächskontakten mit kleinen Aushilfen aus. Es gibt Unterschiede, z. B. zwischen ländlichen Regionen mit traditionell gewachsener und häufig sozial homogener Nachbarschaft, und (groß-)städtischen Nachbarschaften, die einer größeren Fluktuation unterliegen und in denen es wenige bis keine festen Normen – jedoch auch ein geringeres Maß an sozialer Kontrolle – gibt. Durch die wachsende Mobilität und den Ausbau von Kommunikationstechniken verliert das traditionelle Prinzip der Nachbarschaftshilfe an Bedeutung (Grunow und Hegener, in: Nestmann 1988, 127). Dennoch ist nicht zu vernachlässigen, dass die Bedeutung nachbarschaftlicher Kontakte und der damit verbundenen potentiellen Hilfsquellen abhängig vom individuellen Unterstützungsbedarf ist. Das direkte Wohnumfeld hat immer einen entscheidenden Einfluss auf das Lebensgefühl. Räumliche Distanz mag zwar für verschiedene Formen von informeller Unterstützung unproblematisch oder gar von Vorteil sein, für manche Hilfen, gerade in Bezug auf zeitintensive und langwierige Unterstützung, ist sie wiederum hinderlich beziehungsweise macht diese unmöglich.

FORMEN VON UNTERSTÜTZUNGSLEISTUNGEN

Soziale Unterstützungsleistungen sind grundlegende Funktion jeder Form sozialer Interaktion und tragen zur Pflege sozialer Beziehungen bei. In der Literatur wird soziale Unterstützung meist anhand unterschiedlich differenzierter Typologien dargestellt. Diewald (1991, 70 ff.) hat eine inhaltliche Typologie von Unterstützungsleistungen erstellt, die sich in die drei Aspekte konkrete Interaktionen, Vermittlung von Kognitionen und Vermittlung von Emotionen gliedert (siehe Tabelle 1). Damit fasst er die in unterschiedlichen Definitionen theoretisch beschriebenen Elemente sozialer Unterstützung zusammen und ermöglicht einen sehr detaillierten Einblick in das breit gefächerte Spektrum von Unterstützungsleistungen. Dabei ist zu beachten, dass soziale Beziehungen in der Regel multifunktional und nicht auf eine einzige Art der Hilfeleistung hin orientiert sind. In der theoretischen Betrachtung lassen sich zwar viele inhaltliche Unterscheidungen finden, in der Realität sind sie dagegen nicht immer eindeutig voneinander abzugrenzen. Darüber hinaus haben einzelne Interaktionen selbst einen multifunktionalen Charakter und überlagern sich. Damit transportieren sie unterschiedliche Bedeutungen und erfüllen gleichzeitig mehrere Unterstützungsfunktionen. Diewalds Typologie der Unterstützungsleistungen bietet eine systematische und gleichzeitig praxisbezogene Grundlage und soll hier im Folgenden ausführlich dargelegt werden.

I. Konkrete Interaktionen (Verhaltensaspekt)
1. Arbeitshilfen
1.1. personenbezogene
1.2. güterbezogene
2. Pflege
3. Materielle Unterstützung
3.1. Sachleistungen
3.2. Geld
4. Intervention
5. Information
6. Beratung
6.1. sachbezogene
6.2. persönliche Dinge
7. Geselligkeit
8. Alltags-Interaktion
II. Vermittlung von Kognitionen
9. Vermittlung von Anerkennung
9.1. persönliche Wertschätzung (Achtung)
9.2. Status-Vermittlung
10. Orientierung
11. Vermittlung eines Zugehörigkeits-Bewusstseins
11.1. Beteiligung
11.2. Gebraucht-Werden
12. Erwartbarkeit von Hilfe
13. Ort für den Erwerb sozialer Kompetenzen
III. Vermittlung von Emotionen
14. Vermittlung von Geborgenheit
15. Vermittlung von Liebe und Zuneigung
16. Motivationale Unterstützung

Tabelle 1: Inhaltliche Typologie sozialer Unterstützungsleistungen (in Anlehnung an Diewald 1991, S. 71)

Konkrete Interaktionen

Unter dem Aspekt der konkreten Interaktionen (Verhaltensaspekt) sind die Formen sozialer Unterstützung zusammengefasst, die prinzipiell beobachtbar sind und auch als objektive Unterstützung bezeichnet werden: Arbeitshilfen (1) umfasst eine Reihe unterschiedlicher Leistungen, die sowohl gemeinsam mit als auch für jemanden erbracht werden können. Dabei kann es sich um personenbezogene Dienstleistungen (z. B. Betreuung) oder güterbezogene Unterstützung (z. B. Reparaturen) handeln. Pflege (2) unterscheidet sich von den Arbeitshilfen deshalb, „weil sie nicht für einen Interaktionspartner geleistet wird, sondern an ihm, wenn er selbst partiell handlungsunfähig ist“ (Diewald 1991, 72). Materielle Unterstützung (3) ist nach Sachleistungen und Geld zu untergliedern. Mit Interventionen (4) sind Hilfen gemeint, die stellvertretend für die betroffene Person, nicht in direkter Interaktion mit dieser geleistet werden, z. B. das Einsetzen für dessen Interessen, innerhalb des Netzwerks, aber auch, und so wird Intervention meist verstanden, bei anderen Personen und Institutionen außerhalb des unmittelbar erreichbaren Umfelds. Unter Information (5) versteht Diewald lediglich sachbezogene Informationen wie Auskünfte oder praktisches Wissen, z. B. der Anspruchsberechtigung zu Sozialleistungen. Bei Beratung (6) geht es dagegen um spezifische Ratschläge, die sehr persönliche Dinge betreffen. Dabei ist noch einmal in persönlich bedeutende, jedoch eher sachbezogene Angelegenheiten und intimere, persönliche Dinge zu unterscheiden. Geselligkeit (7) meint gemeinsame Unternehmungen mit anderen Menschen, z. B. gegenseitige Besuche, Partys oder Ausgehen, die zum Wohlbefinden beitragen. Unterstützend im Sinne des Social Support sind solche Aktivitäten, weil sie im Allgemeinen zu einer positiven Gemütslage beitragen. Als gezielte Bewältigungsstrategie können sie besonders in depressiven Stimmungslagen oder bei isolierten Personen eingesetzt werden. Ritualisierte Alltags-Interaktionen (8) können über gesellige Aktivitäten hinaus und jenseits konkreter Problemsituationen sinnstiftend und verhaltensstabilisierend wirken, da sie ständige Entscheidungsnotwendigkeiten erübrigen und Normalität im Alltagsleben herstellen. Meist geschieht dies unbewusst, kann aber beim Wegfall dieser Konstante zu einem Stabilitätsverlust führen.

Vermittlung von Kognitionen

Von diesen objektiven, beobachtbaren Kriterien lassen sich die Formen sozialer Unterstützung unterscheiden, die der Vermittlung von Kognitionen, von Bewusstseinszuständen, dienen:
Vermittlung von Anerkennung (9) meint zum einen die Vermittlung in Beziehungen, die eine Person Akzeptanz, Achtung oder sogar Bewunderung erfahren lassen und somit das Selbstwertgefühl positiv beeinflussen.

Zum anderen ist damit auch eine Statusvermittlung gemeint. Durch bestimmte Positionen oder Zugehörigkeit zu gesellschaftlichen Gruppen werden allgemein Assoziationen verbunden, die soziale Anerkennung einer Person signalisieren. Der Aspekt der Orientierung (10) beinhaltet die Vermittlung von allgemeinen Verhaltensmodellen und sozialen Normen. An dieser Stelle verweist Diewald explizit auf eine mögliche „Schattenseite" dieser Funktion. Im Sinne von sozialer Kontrolle kann sie auch unangenehme Folgen für den Einzelnen beinhalten. Die Vermittlung eines Zugehörigkeitsbewusstseins (11) geschieht über zwei Bereiche: einerseits durch Beteiligung, d. h. die Integration in ein Netzwerk gegenseitiger Verpflichtungen und Kommunikation, die durch soziale Ähnlichkeiten wie Einstellungen oder Lebensstil, gemeinsame Problemlagen oder gegenseitige Verpflichtungen wahrgenommen werden kann. Andererseits verschafft das Bewusstsein des Gebraucht-Werdens vielen Menschen Befriedigung, gibt dem Leben einen Sinn und kann nicht zuletzt eine stabilisierende Wirkung auf das psychische Wohlbefinden haben. Mit Erwartbarkeit von Hilfe (12) meint Diewald den von Cobb (in: Diewald 1991, 74) beschriebenen „sense of reliable alliance", also das Bewusstsein einer generellen Unterstützungsbereitschaft durch das soziale Umfeld des Betroffenen. Von der in der Literatur vorherrschenden Zusammenfassung der Aspekte Zugehörigkeitsbewusstsein und Erwartbarkeit von Hilfe distanziert er sich ausdrücklich und nimmt eine bewusste Unterscheidung dieser beiden Aspekte vor, da man sich einer Gruppe oder einem Netzwerk zwar zugehörig fühlen kann, dieses aber nicht zugleich als potentielle Quelle sozialer Unterstützung wahrnehmen muss. Dies kann sich sogar ins Gegenteil umkehren und die damit verbundenen Belastungen können überwiegen. Mit einem Ort für den Erwerb sozialer Kompetenzen (13) ist gemeint, dass in Beziehungen immer auch soziale Kompetenzen vermittelt und eingeübt werden. Die Tatsache, dass unterschiedliche Netzwerkstrukturen verschiedene Entwicklungspotentiale für die Ausbildung persönlicher Kompetenzen für ihre Mitglieder bereithalten liegt somit auf der Hand (Bronfenbrenner, in: Diewald 1991, 75).

Vermittlung von Emotionen

Vorwiegend auf die Gefühlsebene bezogen lassen sich folgende Kategorien sozialer Unterstützung, die der Vermittlung von Emotionen dienen, beschreiben:

Die Vermittlung von Geborgenheit (14) umfasst Gefühle der Stabilität und des Aufgehobenseins. Diewald kritisiert, dass dies häufig mit den oben genannten Dimensionen des Zugehörigkeitsbewusstseins und der Erwartbarkeit von Hilfe als emotionale Unterstützung zusammengefasst wird. Diese seien zwar eng miteinander verknüpft, jedoch können diese Funktionen Gefühlen von emotionaler Geborgenheit durchaus entgegenstehen, beispielsweise dann, wenn Hilfe nur unter bestimmten Bedingungen gewährt wird. Weitere Formen sind die Vermittlung von Liebe und Zuneigung (15) sowie motivationale Unterstützung (16). Letztere umfasst sowohl Ermutigung als auch Schutz vor Ängsten und Hilflosigkeit, was zur „Wiedergewinnung des seelischen Gleichgewichts" (Badura, in: Diewald 1991, 75) beiträgt. Dabei spielen sowohl die Bestätigung im Handeln und das Dämpfen von aufkommender Frustration als auch Anteilnahme und Mitgefühl eine Rolle.

WIRKUNGSMECHANISMEN SOZIALER UNTERSTÜTZUNG

Stress entsteht, wenn in der subjektiven Einschätzung von Betroffenen ein Ungleichgewicht zwischen Anforderungen und Bewältigungs-Möglichkeiten besteht. Es finden sich in der Literatur hauptsächlich zwei unterschiedliche Annahmen zur Wirkung sozialer Unterstützung: die Haupteffekt- sowie die Puffereffekt-Theorie.
Die Integration in ein Netz sozialer Beziehungen und der Rückhalt, den man dadurch im Alltag unabhängig von belastenden oder krisenbehafteten Zeiten erhält, führt zu mehr Gesundheit und weniger Krankheit (Nestmann 2000, 136). Mit Haupt- oder Direkteffekt wird die Annahme beschrieben, dass soziale Unterstützung auch unabhängig von aktuellen Stresssituationen beziehungsweise unabhängig vom Grad der Belastung eine gesundheitsfördernde Wirkung hat. Menschen mit guter sozialer Einbindung haben dementsprechend geringere Belastungsreaktionen als Menschen mit Defiziten in den sozialen Merkmalen (Baumann und Pfingstmann 1986, 688). Eine direkte Auswirkung von Netzwerkintegration ist die positive Beeinflussung des Wohlbefindens und der Stimmung sowie die Vermittlung von Zuversicht durch Gefühle der Dazugehörigkeit, Anerkennung und Rückmeldung. Die Aufnahme von Beziehungen geschieht nicht in erster Linie mit dem Blick auf Problembewältigung,

sondern gründet sich auf dem allgemein menschlichen Bedürfnis nach Kommunikation und Interaktion sowie Rückmeldung, Zuwendung und Akzeptanz (Caplan, in: Nestmann 1988, 28). Indirekt wird soziale Unterstützung dadurch wirksam, dass der/die Einzelne bestimmten Stressoren erst gar nicht ausgesetzt wird und damit die Anzahl und Schwere belastender Ereignisse sinkt beziehungsweise die kognitive Bewertung einer Stresssituation sowie der eigenen Coping-Kompetenzen beeinflusst werden (Nestmann 1988, 79).
Neben den individuellen Bewältigungskompetenzen kann soziale Unterstützung als Puffer zwischen Belastungssituationen und eine physische oder psychische Symptomatik treten. Sie nimmt Einfluss auf die Wirkung der Stressoren, auf verschiedene Stadien der Stressverarbeitung und damit indirekt auf die Befindlichkeit (Röhrle und Stark 1985a, 32). Diese Wirkungen werden als interaktive, multiplikative oder Puffereffekte sozialer Unterstützung beschrieben. Durch das Wissen um beziehungsweise die Erfahrung von sozialer Unterstützung können negative Folgen solcher Ereignisse modifiziert, abgeschwächt oder verhindert werden, wobei die Wirkung hier abhängig vom Belastungsgrad ist (Baumann und Pfingstmann 1986, 688). Ohne das Vorhandensein eines Stressors ist das Maß an sozialer Unterstützung nicht ausschlaggebend für das physische oder psychische Wohlbefinden und hat – in dieser Modellvorstellung – keinen „eigenständigen“ Einfluss auf Gesundheit oder Krankheit.
Zusammengefasst lässt sich mit der Haupteffekt-Theorie die Wirkung von unspezifischer, nicht intendierter Alltagsunterstützung, mit der Puffereffekt-Theorie die Wirkung von Unterstützung in konkreten problematischen und Krisensituationen beschreiben. Es gibt Überschneidungen, beide Modellvorstellungen haben nebeneinander Gültigkeit (Waltz 1981, 52). Jedoch ist die „klassische“ Unterscheidung zwischen Haupt- und Puffereffekten unzureichend und wird der Vielfalt möglicher Kausalzusammenhänge nicht gerecht (Schwarzer und Leppin 1989; Waltz 1981). Daher integrieren Schwarzer und Leppin (1989, 40 ff.) in verschiedenen Kausalmodellen die beiden oben dargestellten Effekte sozialer Unterstützung. Anhand von Pfaddiagrammen soll aufgezeigt werden, wie soziale Unterstützung im Wirkungszusammenhang von Umweltanforderungen (Stressoren) und deren Bewältigung (Belastungsreaktion) eingebunden sein kann. Schwarzer und Leppin gehen davon aus, dass

soziale Unterstützung sowohl unabhängig vom Ausmaß oder dem Vorhandensein von Stress wirken, als auch Stress erst der Auslöser für die Mobilisierung von Hilfe in unterschiedlichen Phasen des Unterstützungsprozesses sein kann. Weiter kann eine Verflechtung des Stressors mit der potentiellen Hilfsquelle die Bewältigung wesentlich erschweren (z. B. Tod des Partners). Schwarzer und Leppin gehen in den Kausalmodellen lediglich von einer positiven Wirkung von sozialer Unterstützung aus. Jedoch können sich mangelhafte oder inadäquate persönliche und soziale Ressourcen ebenso negativ auf die Gesundheit auswirken wie die sozialen Stressoren beziehungsweise sich gegenseitig noch verstärken (Waltz 1981, 53). Die Modelle sind dahingehend abzuwandeln, dass negative Aspekte sozialer Unterstützung ebenso abgebildet werden können, die unbedingt mit in die Betrachtung einzubeziehen sind (Dehmel und Ortmann 2006, 18 f.).

BELASTENDE ASPEKTE SOZIALER UNTERSTÜTZUNG

Bisher sind überwiegend positive, gesundheitsfördernde Formen sozialer Unterstützung dargestellt worden. Jedoch können sozialen Beziehungen und Unterstützungsleistungen auch belastende und negative Aspekte innewohnen. Aufgrund der Prozesshaftigkeit und Ambivalenz sozialer Beziehungen erscheint es „... durchaus möglich und sinnvoll, nach negativen Begleiterscheinungen zu fragen“ (Diewald 1991, 81). Diesen ist in der Forschung zunächst wenig Beachtung geschenkt worden, jedoch wird verstärkt auf diese Problematik verwiesen. Im Kontext Klinischer Sozialarbeit sind diese insbesondere unter dem Aspekt zu betrachten, dass sozialarbeiterische Hilfe zumeist dann notwendig wird, wenn die natürlichen Beziehungen nicht ausreichend in der Lage sind, die Problemlagen zu bewältigen beziehungsweise die Belastungen aus diesen Beziehungen überwiegen.

Nestmann betrachtet „die Netzwerke, aus denen Ressourcen kommen, [...] als mehr als nur ‚support systems' ... Sie sind vielfältig zusammengesetzt und nicht lediglich auf Unterstützung hin ‚homogenisiert', beinhalten nicht nur statusgleiche, sondern hierarchische, nicht nur reziproke, sondern auch einseitige, nicht nur freiwillig gewählte, sondern auch erzwungene, für (übliche) Alltagsversorgung oder (unübliche) Anforderungen mehr oder weniger geeignete Beziehungen" (Nestmann 1988, 54). Diese (potentiell belastenden) Bedingungen machen vielmehr einen Teil der Beziehungen in der sozialen Umwelt jedes Einzelnen aus, charakterisieren gewissermaßen „normale" soziale Beziehungen. Sie fordern gleichzeitig aber jede einzelne Person immer wieder neu heraus, einen Umgang damit zu finden, der den größtmöglichen (persönlichen) Nutzen daraus zu ziehen ermöglicht, damit es eben nicht belastende Aspekte werden oder bleiben. Bezogen auf die Hilfeempfänger fassen Laireiter und Lettner (1993, 108 f.) diese Aspekte in sechs Kategorien zusammen, die von belastenden Aspekten im Rahmen normaler Unterstützung, inadäquater Unterstützung und enttäuschten Unterstützungserwartungen über exzessive Hilfe bis hin zu problematischen Beziehungen zwischen UnterstützerInnen und Unterstützten und belastungsbedingter Ineffektivität reichen.

Zu den negativen Aspekten sozialer Unterstützung gehört darüber hinaus auch die bisher wenig thematisierte Perspektive der UnterstützerInnen und die Konstellationen, in denen die Bereitstellung sozialer Unterstützung für HelferInnen zur Belastung wird. Gründe, warum Reaktionen im Sinne von Social Support nichtunterstützend ausfallen können liegen beispielsweise in der – emotionalen wie auch lebenspraktischen – (Mit-)Betroffenheit nahe stehender Personen, die angemessene Hilfe erschwert bis unmöglich macht. Gefühle von Zukunftsangst, Hilflosigkeit oder Überlastung schränken natürliche und angemessene Reaktionen ein (Nestmann 1988, 93 f.).

Im Zusammenhang von professioneller Unterstützung und Klinischer Sozialarbeit sind zwei Aspekte besonders herauszugreifen: soziale Kontrolle und Reziprozität. Im Sinne eines „doppelten Mandates" ist Sozialarbeit neben der intendierten Hilfe immer auch soziale Kontrolle. Trotz institutions-, gegenstands-. situations- und personen-bezogenen Unterschieden stellt dies immer einen strukturellen Konflikt dar. Dabei ist soziale Kontrolle nichts, was Sozialarbeit aus ihrem Selbstverständnis heraus beabsichtigt, sondern ihr gewissermaßen durch die Zusammenarbeit, Vernetzung und Kooperation mit anderen Institutionen innewohnt (Lüssi 2001, 122) und daher den professionell Handelnden im Umgang mit ihrer Klientel bewusst sein muss. Hinsichtlich der Reziprozität ist professionelle Hilfe einerseits weniger betroffen, da die Beziehung von vornherein lediglich auf Unterstützung hin orientiert ist und durch Bezahlung oder Anspruch (z. B. bei gesetzlich festgelegten Leistungen) begründet ist. Andererseits kann es durch die naturgegeben einseitige Hilfebeziehung in besonderem Maße zu Abhängigkeitsgefühlen und geringerem Selbstwertgefühl kommen. Diesen Konflikt gilt es im Sinne professionellen Handelns zu überwinden (Dehmel 2004).

KLINISCHE SOZIALARBEIT ALS SOCIAL SUPPORT

Gesundheit ist kein kontinuierlich gleicher Zustand, sondern definiert sich in Auseinandersetzung mit sich verändernden Umweltbedingungen und der Einschätzung der persönlichen und sozialen Ressourcen zur Belastungsbewältigung ständig neu. Die wesentlichen Quellen sozialer Unterstützung sind im natürlichen sozialen Umfeld zu finden. Soziale Netzwerke bieten leicht zugängliche Unterstützung, was formale Dienstleistungen nicht (in diesem Umfang) zu leisten vermögen. So werden 75% der Gesundheitsprobleme im informellen Netz bewältigt und kommen nicht mit dem formellen Netz in Berührung (Waller, in: Geißler-Piltz et al. 2005, 32). Sozialarbeit kommt häufig dann zum tragen, wenn es Schwierigkeiten in der Gestaltung des Zusammenlebens gibt, (erwartete) Hilfe ausbleibt oder selbst zur Belastung für einzelne Personen wird. Dabei muss jede professionelle Unterstützung in den Lebenskreisen ansetzen und stattfinden, in denen Menschen reagieren (Wendt, in: Germain und Gitterman 1999, S. VI). Es ist aus sozialarbeiterischer Perspektive zu klären, welche Bedeutung informelle Netzwerke im Einzelfall haben, um dort „fördernd, ergänzend, verändernd oder kompensierend anzusetzen, wo die erwiesenen hilfreichen Potentiale und Kräfte [...] nicht ausreichend oder nicht effektiv zur Geltung kommen“ (Nestmann 2000, 141). Die notwendige Hilfe ist nicht zuletzt jene, die natürlich vorhandenes Unterstützungspotential ergänzt beziehungsweise (zunächst) ersetzt.

Das Social Support-Konzept liefert ein umfassendes Modell zur Analyse sozialer Lebenswelten als Ausgangspunkt sozialarbeiterischen Handelns. Es findet in der Literatur hauptsächlich insoweit Verwendung, als dass es als (sozialarbeiterische) Netzwerkintervention auf die Verbesserung sozialer Unterstützung aus informellen Netzwerken und die Kooperation mit anderen Institutionen zielt (Geißler-Piltz et. al 2005, Nestmann

1988, Pauls 2004). Sozialarbeit als Netzwerkarbeit zielt auf die Erweiterung beziehungsweise den Aufbau tragfähiger sozialer Netze und nimmt die Art der Beziehungsgestaltung in den Blick. Ziel ist eine Veränderung der Interaktionen und der strukturellen Bedingungen im Sinne einer „Systemfunktionalisierung“ (Lüssi 2001, 220). Dies greift jedoch zu kurz. Das Unterstützungskonzept kann über den Gedanken der Veränderung bestehender Sozialbeziehungen hinaus als methodische Grundlage sozialklinischen Denkens und Handelns dienen, einerseits als Verstehensrahmen komplexer individueller sozialer Wirklichkeiten, andererseits als Handlungsmodell Klinischer Sozialarbeit (Dehmel und Ortmann 2006, Ortmann und Waller 2005).
Das Spektrum klinisch-sozialarbeiterischen Handelns in Form von Beratung, Verhandlung, Intervention, Vertretung, Beschaffung und Betreuung (Lüssi 2001) findet sich als solches in den beschriebenen Formen sozialer Unterstützung wieder und ist neben dem zunächst häufig im Vordergrund stehenden Hilfebedarf in konkreten Krisensituationen auf langfristig wirksame Alltagsunterstützung (soziale Absicherung und Integration) hin orientiert. Zugleich ermöglicht das Unterstützungskonzept eine Herangehensweise auf unterschiedlichen sozialökologischen Ebenen. In der Praktischen Arbeit geschieht dies im individuellen Einzelkontakt mit Klienten, durch die Einbeziehung von Bezugspersonen, durch soziale Gruppenarbeit bis hin zu tertiären Netzwerken wie Organisationen oder Institutionen. Die höchste makrosoziale Interventionsebene ist die Gemeinde, wobei in einem sozialraumbezogenen Ansatz die Kooperation und Vernetzung der formalen, institutionellen und informellen Sektoren angestrebt wird (Nestmann 2000, 142 ff.).
Durch ihren lebensweltbezogenen Ansatz hat insbesondere Klinische Sozialarbeit die Chance, besonders vulnerable Bevölkerungsgruppen überhaupt zu erreichen und ihre Aufgabe der Gesundheitsförderung durch Prävention, Kuration und Rehabilitation wahrzunehmen (Geißler-Piltz 2005, 33). Die soziale Dimension im Gesundheitssystem ist unterrepräsentiert (Dehmel und Ortmann 2006). Wenn lediglich ein Rückgriff auf z. B. psychiatrische Diagnosen erfolgt, bleibt der Blick verstellt und die „komplikationsreichen psychosozialen Problemlagen“ (Ansen 2000, 25) finden theoretisch und praktisch nur unzureichend Beachtung. Die fachliche Eigenständigkeit Klinischer Sozialarbeit ist nicht zuletzt über eigene diagnostische Verfahren zu festigen. Dabei ist defizitäre Unter-

stützung in informellen Sozialbeziehungen häufig der wesentliche Aspekt Klinischer Sozialarbeit (Geißler-Piltz et. al 2005, 38). Hierbei bietet das Social Support-Konzept ein umfassendes Modell zur bio-psycho-sozialen Analyse (Sozialanamnese) und gleichzeitig die Grundlage klinisch-sozialarbeiterischer Praxis in Beratung, Unterstützung und Behandlung. Die Bedeutung sozialer Unterstützungsleistungen wird in der Behandlung (durch Medizin, Psychotherapie…) häufig unterschätzt und nicht konsequent für die Problembewältigung nutzbar gemacht beziehungsweise die Maßnahmen auf die Lebenswelt der Betroffenen ausgerichtet. Genau darin liegt die Spezifität sozialarbeiterischen Denkens und Handelns. Hierbei kann das Unterstützungskonzept einen Beitrag zur schärferen Abgrenzung klinisch-sozialarbeiterischer Handlungskompetenz und damit zur Positionierung der Profession im Gesundheitswesen leisten.

LITERATUR

Ansen, H.: Klinische Sozialarbeit und methodisches Handeln. In: Sozialmagazin, 25. Jg., (2000) S. 16–26

Badura, B. (Hrsg.): Soziale Unterstützung und chronische Krankheit. Zum Stand sozialepidemiologischer Forschung. Frankfurt a. M., Verlag Suhrkamp; (1981)

Barth, S.: Soziale Unterstützung. http://www.stephan-barth.de/sozialeunt.htm (10.07.2004)

Baumann, U.; Pfingstmann, G.: Soziales Netzwerk und soziale Unterstützung. Ein kritischer Überblick. In: Nervenarzt, Heft 12, 57. Jg., (1986) , S. 686–691

Dehmel, S.: Soziale Unterstützung (social support) psychisch kranker Eltern – eine Herausforderung an die professionelle Soziale Arbeit. (unveröffentl. Diplomarbeit) (2004)

Dehmel, S.; Ortmann, K.: Soziale Unterstützung (Social Support) – ein Verstehens- und Handlungskonzept für die gesundheitsbezogene Sozialarbeit. http://www.khsb-berlin.de/fileadmin/user_upload/Weiterbildung/Dehmel_Ortmann-Soziale_Unterst_tzung.pdf (06.09.2006)

Diewald, M.: Soziale Beziehungen: Verlust oder Liberalisierung? Soziale Unterstützung in informellen Netzwerken. Berlin; Rainer Bohn Verlag (1991)

Geißler-Piltz, B.; Mühlum, A.; Pauls, H.: Klinische Sozialarbeit. München, Basel; Ernst Reinhardt Verlag; (2005)

Germain, C. B.; Gitterman, A.: Praktische Sozialarbeit. Das „Life Model" der Sozialen Arbeit. Fortschritte in Theorie und Praxis. Stuttgart; Enke-Verlag; (1999)

Keupp, H.: Psychisches Leiden und alltäglicher Lebenszusammenhang aus der Perspektive sozialer Netzwerke. Aus: Röhrle, B.; Stark, W. (Hrsg.): Soziale Netzwerke und Stützsysteme: Perspektiven für die klinisch-psychologische und gemeindepsychologische Praxis. Tübingen, dgvt-Verlag; (1985) S. 18–28

Laireiter, A.; Lettner, K.: Belastende Aspekte sozialer Netzwerke und sozialer Unterstützung. Ein Überblick über den Phänomenbereich und die Methodik. Aus: Laireiter, A. (Hrsg.): Soziales Netzwerk und soziale Unterstützung. Konzepte, Methoden und Befunde. Bern, Verlag Hans Huber; (1993) S. 101–111

Lüssi, P.: Systemische Sozialarbeit. Praktisches Lehrbuch der Sozialberatung. Bern, Stuttgart, Wien, Verlag Paul Haupt; (2001)

Mielck, A.: Soziale Ungleichheit und Gesundheit. Empirische Ergebnisse, Erklärungsansätze, Interventionsmöglichkeiten. Bern, Göttingen, Toronto, Seattle; Verlag Hans Huber; (2000)

Nestmann, F.: Die alltäglichen Helfer. Theorien sozialer Unterstützung und eine Untersuchung alltäglicher Helfer aus vier Dienstleistungsberufen. Berlin, New York, Verlag de Gruyter; (1988)

Nestmann, F.: Gesundheitsförderung durch informelle Hilfe und Unterstützung in sozialen Netzwerken. Die Bedeutung informeller Hilfe und Unterstützung im Alltag von Gesundheitssicherung und Gesundheitsförderung. Aus: Sting, S.; Zurhorst, G. (Hrsg.): Gesundheit und Soziale Arbeit. Gesundheit und Gesundheitsförderung in den Praxisfeldern Sozialer Arbeit. Weinheim, München, Juventa-Verlag; (2000) S. 128–146

Ortmann, K.; Waller, H. (Hrsg.): Gesundheitsbezogene Sozialarbeit. Eine Erkundung der Praxisfelder. Baltmannsweiler, Schneider-Verlag Hohengehren; (2005)

Pauls, H.: Klinische Sozialarbeit. Grundlagen und Methoden psychosozialer Behandlung. Weinheim, München, Juventa; (2004)

Paulus, P.: Soziale Netzwerke, soziale Unterstützung und Gesundheit. Aus: Homfeldt, H. G.; Hünerdorf, G. (Hrsg.): Soziale Arbeit und Gesundheit. Neuwied, Verlag Luchterhand; (1997) S. 175–203

Röhrle, B.: Soziale Netzwerke und soziale Unterstützung. Weinheim, Psychologie Verlags Union; (1994)

Röhrle, B.; Sommer, G.; Nestmann, F.: Netzwerkintervention. Tübingen, dgvt-Verlag; (1998)

Röhrle, B.; Stark, W.: Soziale Stützsysteme und Netzwerke im Kontext klinisch-psychologischer Praxis. Aus: Röhrle, B.; Stark, W. (Hrsg.): Soziale Netzwerke und Stützsysteme: Perspektiven für die klinisch-psychologische und gemeindepsychologische Praxis. Tübingen, dgvt-Verlag; (1985) S. 29–41

Schwarzer, R.; Leppin, A.: Sozialer Rückhalt und Gesundheit. Göttingen, Toronto, Zürich, Verlag Hogrefe; (1989)

Siegrist, K.: Sozialer Rückhalt und Normalität sozialen Handelns. Aus: Angermeyer, M. C.; Klusmann, D. (Hrsg.): Soziales Netzwerk. Ein neues Konzept für die Psychiatrie. Berlin, Springer-Verlag; (1989) S. 64–76

Siegrist, K.: Gibt es eine sozialwissenschaftliche Theorie der Gesundheit? In. Medizinsoziologie, H. 2; (1989a) S. 4–13

Waller, H.: Armut und Gesundheit – Herausforderung für die Soziale Arbeit. Was die Sozialepidemiologie über diesen Zusammenhang sagt. In: Sozial Extra, H. 10; (2003) S. 10–14

Waltz, E. M.: Soziale Faktoren bei der Entstehung und Bewältigung von Krankheit – ein Überblick über die empirische Literatur. Aus: Badura, B. (Hrsg.): Soziale Unterstützung und chronische Krankheit. Zum Stand sozialepidemiologischer Forschung. Frankfurt a. M., Verlag Suhrkamp; (1981) S. 40–119

Zurhorst, G.: Armut, soziale Benachteiligung und Gesundheit. Aus: Sting, S.; Zurhorst, G. (Hrsg.): Gesundheit und Soziale Arbeit. Gesundheit und Gesundheitsförderung in den Praxisfeldern Sozialer Arbeit. Weinheim, München; Juventa Verlag; (2000) S. 41–54

Konzept und Methodik sozialarbeiterischer Diagnostik in der Klinischen Sozialarbeit

Dieter Röh

Seit einigen Jahren erfolgt in der Sozialarbeitswissenschaft eine vermehrte Hinwendung zum Thema „soziale Diagnose“. Dabei greift der momentane Diskurs um die soziale Diagnose sowohl auf historische Vorbilder in der frühen Berufsgeschichte (vgl. Salomon 1927) als auch auf aktuelle Versuche einer Bestimmung von Funktion, Ziel und Sinnhaftigkeit einer sozialen Diagnose zurück (vgl. etwa Heiner 2004, Pantucek 2005) sowie die Themenhefte der Zeitschriften „Sozialmagazin“ (7+8/2005) und „Widersprüche“ (Juni 2003)). Aber auch die Praxis greift das Thema auf und versucht vermehrt, die Soziale Diagnostik als fundamentalen Bestandteil des sozialarbeiterischen Hilfeprozesses zu etablieren.
Bislang ist festzustellen, dass es dabei um mehr als nur um eine weitere Methodendiskussion geht. Hinter dem Thema, welches zum Teil sehr gegensätzlich unter TheoretikerInnen und PraktikerInnen diskutiert wird, steckt der Wunsch nach Professionalisierung der Sozialen Arbeit ebenso wie der Ruf nach einem veritablen Instrument zur Bestimmung sozialer Notlagen, nach Routine und Sicherheit in der praktischen Arbeit und schließlich nach einem den Klassifikationssystemen der WHO (International Statistical Classification of Diseases and Related Health Problems (ICD) oder der International Classification of Functioning, Disability and Health (ICF)) ähnlichen System.
Hieraus ergibt sich allerdings die Schwierigkeit, diese teilweise divergierenden Anforderungen unter einem einzigen Begriff zusammenzufassen. Deshalb ist die Bandbreite des Themas viel größer, als es durch die Substantivierung eines solchen Sachverhaltes im Begriff „soziale Diagnose“ vielleicht auf den ersten Blick deutlich wird.
Dieser Beitrag soll die soziale Diagnose in der Klinischen Sozialarbeit als Dialogische Diagnose ausweisen und sie mit Hilfe einer Verknüpfung mit den Modellen des Person-in-Environment (Lowy 1983, Germain und Gitterman 1999) sowie dem biopsychosozialen Modell sozialer Probleme (Obrecht 2005) sozialarbeitswissenschaftlich begründen.
Schon jetzt kann man soziale Diagnose definieren als den professionellen

Prozess der Erkenntnisgewinnung und Erkenntnisverarbeitung über das dem sozialarbeiterischen Handeln zugrunde liegende soziale Problem, welches sich durch sozioökonomische und psychosoziale Anteile gleichermaßen auszeichnet.

METHODOLOGISCHE KRITIK

Bevor jedoch die theoretische wie methodische Begründung einer sozialen Diagnose erfolgen kann, soll zunächst auf die methodologischen Beschränkungen der sozialen Diagnose hingewiesen werden. Ziel dieser präkonzeptionellen Erläuterung ist der Versuch, die durchaus kritischen Aspekte zu benennen und sie in die konzeptionellen Überlegungen einzubeziehen.
Obwohl das Diagnose-Modell assoziativ eher negativ besetzt ist und von einigen Autoren (vgl. Hekele 2005) als eine Gefahr für den emanzipatorischen Ansatz der Sozialen Arbeit gesehen wird, sollte m.E. aus Gründen der Anschlussfähigkeit zunächst am Begriff der Diagnose festgehalten werden. Auch spricht einiges dafür, den Bereich der Klinischen Sozialarbeit gesondert zu betrachten, da er durchaus von der Etablierung einer sozialen Diagnose profitieren kann.
So soll die soziale Diagnose in der Klinischen Sozialarbeit dabei helfen, Gesundheit und Krankheit so zu verstehen, dass sie sozialarbeiterischer Intervention zugänglich werden und Hilfeleistungen entsprechend begründet und dokumentiert werden können (vgl. Jakobs und Röh 2005a).

Bedenkenswert ist in der Tat, dass soziale Diagnose zweierlei bedeuten könnte. Ist soziale Diagnose – das wäre eine Variante – eine Diagnose des Sozialen im Sinne des Gesellschaftlichen? Sollte sie es nicht – einem kritisch-emanzipatorischen Ansatz folgend – auf jeden Fall sein? Damit befänden wir uns auf der Makroebene und bräuchten einen ebensolchen diagnostischen Blick. Damit wir zu einer Diagnose der Gesellschaft kämen, wäre wohl ein soziologischer beziehungsweise politologischer Blick notwendig, der uns hilft, Machtdiskurse, soziale Ungleichheit und Ungerechtigkeit sowie andere gesellschaftliche Mechanismen zu verstehen. Dieser Blickwinkel führte unter anderem zur Methodenkritik und der Ablehnung einer Professionalisierung mit entsprechendem ExpertInnenstatus. Die zweite Variante der „Sozialdiagnose“ dagegen bestünde in einer, der Mikroebene nahen, Diagnose des Einzelnen, seiner Bewältigung von Krankheit, Behinderung und anderen sozialen Problemen. Dieser zu Recht als therapeutisierend und individualisierend bezeichnete Blickwinkel führt uns in die Sackgasse einer auf regulative Selbsttätigkeit des Einzelnen beschränkten Sichtweise von sozialen Problemen. Zwischen diesen beiden sich scheinbar diametral gegenüberstehenden Lesarten könnte man sich noch ein drittes, integrierendes Konzept vorstellen, dass sozusagen auf einer Mesoebene beide vorhin benannten miteinander verbindet. Ich möchte den Versuch unternehmen, diesem Pfad zu folgen, indem ich soziale Diagnose als einen Prozess verstehe, der das „Soziale" an Krankheit, Behinderung und anderen sozialen Problemen und somit die Auswirkungen dieser Phänomene auf das Individuum wie auch auf seine Umwelt betrachtet. Diese Art von sozialer Diagnose sollte im Zuge der Professionalisierungsbemühungen immer selbstverständlicher Teil des Hilfeprozesses werden, da Soziale Arbeit immer Veränderungsprozesse im Verhalten und in den Verhältnissen intendiert. Später wird darauf noch näher einzugehen sein.

Allerdings sei schon jetzt darauf hingewiesen, dass es im Sinne einer Professionalisierung der Sozialen Arbeit keine rationale Begründung gibt, weshalb die Diagnose-Stellung im Bereich „menschlicher Probleme" eine Domäne von Medizin beziehungsweise Psychologie bleiben sollte. Mit Beteiligung der Sozialen Arbeit und der Ergänzung durch ihren diagnostischen Blick eröffnen sich Innovationspotentiale: So würde die Soziale Arbeit im Bereich von Gesundheitsförderung, Krankenbehandlung, Rehabilitation und anderen Feldern ein gewichtiger Partner werden können. Dabei reicht das Spektrum der Indikationen zu Sozialer Arbeit in alle Bereich der gesundheitlichen Versorgung, von der präventiven Arbeit am Thema „Übergewicht bei Kindern", über die Arbeit mit geriatrischen Fragestellungen innerhalb der Allgemeinmedizin, bis hin zu onkologischen oder psychiatrischen Einsatzgebieten, von bewährten Konzepten, wie der Krankenhaussozialarbeit, bis hin zu neueren Modellen, wie etwa der Integrierten Versorgung oder dem Disease-Management. Die Notwendigkeit einer professionellen Beteiligung Sozialer Arbeit wird nicht zu letzt durch die Gesundheits- und Armutsberichte auf Bundes- wie Länderebene belegt und benötigt daher wohl kaum einer Legitimation. Und auch die etwa im Clinical Social Work in den USA bereits etablierte Behandlungsautonomie der Sozialen Arbeit könnte ein Motor sein für die Weiterentwicklung dieses wichtigen Bausteins.

Um diesem Anspruch nachkommen zu können, ist aus professionstheoretischer Sicht zu fordern, dass die Soziale Arbeit im Sinne der Qualitätssicherung über ein geeignetes Instrument verfügen sollte, um soziale Bedarfe, Notlagen oder Probleme feststellen zu können. Auf praktischer Seite stellt sich diese Frage, wenngleich unspektakulärer, auf dieselbe Weise, wenn z.B. die Arbeit in multiprofessionellen Teams in vielen sozialen Arbeitsbereichen immer mehr an Gewicht gewinnt (z.B. in Rehabilitationseinrichtungen). Die Sichtweise von SozialarbeiterInnen ist für ÄrztInnen zwar häufig nur schwer nachzuvollziehen, jedoch umso wichtiger, als chronische Krankheiten und ein erhöhter Rehabilitationsbedarf die sozialen Folgen zunehmend bedeutsamer erscheinen lassen (vgl. auch den Beitrag von Ansen in diesem Band).
Bereits Richard Cabot (1868–1939), ein führender amerikanischer Sozialmediziner und Initiator der sozialen Krankenhausfürsorge in den USA, erkannte die besondere Bedeutung dieses ergänzenden Blickes: „Wenn wir zusammenfassend über unsere Fälle in der sozialen Krankenhausfürsorge berichten, legen wir uns vier Fragen vor: 1. Wie ist der Gesundheitszustand des Patienten? 2. Wie ist sein Charakter, sein geistig-moralischer Zustand? 3. Wie sind die äußeren Verhältnisse beschaffen, unter denen er aufgewachsen ist und lebt? 4. Wie sind die geistig-seelischen Einflüsse beschaffen, unter denen er aufgewachsen ist und lebt? Der Arzt weiß in der Regel viel über den ersten Punkt, etwas über den zweiten – über die beiden anderen so gut wie nichts auszusagen" (Cabot zitiert nach Salomon 1927, 5 f.).

Sollten SozialarbeiterInnen deshalb versuchen, sich mit einer ähnlichen Begrifflichkeit den ÄrztInnen anzunähern? Für eine erfolgreiche Kooperation mit anderen Professionen, die ihr Handeln auf die Diagnosestellung aufbauen, scheint es sinnvoll, sich ebenfalls des Diagnosebegriffs zu bedienen. Das gemeinsame Handeln mit anderen Professionen wird in Zukunft immer mehr Gewicht bekommen und enthält große Entwicklungschancen.
Allerdings wird von KritikerInnen zu Recht eingewandt, dass sich die Soziale Arbeit mit ihrem multiperspektivischen Blick nicht auf eine Diagnose im Sinne einer Nosologie festlegen kann. Vielmehr betrachtet sie ihre KlientInnen als sozio-psycho-somatische Einheiten, deren Lage es

insgesamt einzuschätzen gilt. Deskription sei erlaubt, so die Meinung der KritikerInnen, jedoch keine Zuschreibung von Kategorien. Aber wie die Diskussion um evidenzbasierte Medizin zeigt, in der vehement um die Frage gestritten wird, welchen Stellenwert evidenzbasiertes Handeln in der medizinischen Behandlung haben sollten, so sollte auch in der Sozialen Arbeit der Einwand berücksichtigt werden, dass wissenschaftliches und erfahrungsbedingtes Wissen nur gemeinsam eine humane und qualitative Hilfe ermöglichen. Hilfreich wäre es deshalb, davon auszugehen, dass im Behandlungsprozess Sinn erst durch Interaktion entsteht, und zwar Interaktion zwischen verschiedenen Beteiligten. Im Interaktionsprozess zwischen HelferIn (Arzt/Ärztin, SozialarbeiterIn etc.) und KlientIn (z.B. als PatientIn) entsteht dieser Sinn durch Kommunikation. In der bisherigen Form stellt diese Kommunikation schlechtestenfalls eine paternalistische, günstigstenfalls eine informative Beziehung dar. Im Gegensatz hierzu erkennt die soziale Diagnose die die Person bestimmenden Kontextfaktoren aber auch ihre Eigenwilligkeit an und kann so zu einer dialogischen Diagnose zwischen Helfer und Klient werden.

SOZIALE DIAGNOSE ALS DIALOG

Soziale Diagnose ist, den bisherigen Ausführungen folgend, also ein sozialkommunikativer Prozess, an dessen Ende keine soziale Diagnose steht, und die sich durch wesentliche Prinzipien von anderen Arten der Diagnosen in Humanwissenschaften unterscheidet. In der Phase der sozialen Diagnose sammelt der/die SozialarbeiterIn gemeinsam mit den KlientInnen Informationen, die im Zusammenhang stehen mit dem Hilfeanlass. Dabei betrachtet er/sie sowohl die Person in ihren Umwelt-Bezügen und als bio-psychosoziales Wesen, welches entsprechend auf allen Ebenen durch ein soziales Problem betroffen ist.
Dabei setzt Soziale Diagnostik die Fähigkeit voraus zur „systematischen, regelgeleiteten, empirisch fundierten Informationssammlung, -auswertung und -interpretation" (Heiner und Schrapper 2004, 204) mit dem Ziel, daraus unter Einbezug der KlientInnen eine Handlungsstrategie zu generieren. Insbesondere die Integration des Diagnostizierens in den Handlungsprozess in toto anerkennt die Einheit aus Anamnese, Diagnose, Handlung und Evaluation mit evtl. neu einsetzender Anamnese, Diagnose etc. In Bera-

tungs-, Behandlungs- und Unterstützungsprozessen der Klinischen Sozialen Arbeit hat diese Art von zirkulärer Handlungsplanung eine immens wichtige Funktion, da sie zum einen den Prozesscharakter von Hilfe als auch den Hypothesencharakter einer sozialen Diagnose begründet.
Soziale Diagnose stellt eine Kernkompetenz der beruflichen Sozialen Arbeit dar und ist deshalb untrennbar auch mit einem beruflichen Habitus verbunden. Damit wird auch deutlich, dass der Diagnoseprozess auf wesentlichen professionellen Merkmalen beruht, wie etwa der Regelung von Nähe und Distanz sowie auf zentralen sozialarbeits- sowie bezugswissenschaftlichen Grundlagen (vgl. Jakobs und Röh 2005b).

Diagnostizieren in der Sozialen Arbeit ist ein Prozess, an dessen Ende keine Diagnose steht. Hierin drückt sich das Spannungsverhältnis aus, welches mit der sozialen Diagnose verbunden bleiben muss. Diagnostizieren ist etwas anderes als Diagnose, die soziale Diagnose ist ein Prozess und dieser Prozess unterliegt bestimmten Bedingungen, die Heiner/Schrapper (2004) als partizipative (dialogische) und reflexive (rekursive) Orientierung beschreiben. Die Vorteile einer solchen Ausrichtung liegen auf der Hand: Diagnosen als Angebote zu formulieren und mit KlientInnen und dem weiteren Hilfesystem „auszuhandeln" fördert die Kooperationsbereitschaft der Beteiligten, hilft Labeling-Effekte zu vermeiden, verknüpft die ExpertInnen- mit der Betroffenensicht und erhöht damit insgesamt die Erfolgsaussichten der Hilfeerbringung.
So könnte man in einer Abwandlung eines bekannten Satzes von Klaus Dörner zur Sozialpsychiatrie Folgendes bereits festhalten: Eine soziale Diagnose ist dialogische Diagnose oder sie ist keine Diagnose.
Dass die Soziale Arbeit nicht ohne ein Diagnoseverständnis auskommt, darauf haben bereits Germain und Gitterman (1988) hingewiesen, wenn sie davon ausgehen, dass „[...] Sozialarbeiter und Klient [über die Diagnoseprozesse] zu einem Verständnis der objektiven Gegebenheiten [...]" (S. 21) zu gelangen versuchen, also z.B. darüber, was das Problem ist, wie es dazu gekommen ist, wann es dazu gekommen ist usw. Darüber hinaus gilt es nach Ansicht der Autoren aber auch, die subjektiven Verarbeitungsprozesse und Realitäten des Klienten zu verstehen und zu erfassen. Aus beiden Quellen, also der subjektiven und objektiven Bewertung „zieht der Sozialarbeiter vorläufige Schlussfolgerungen und erwägt Hypothesen, die an der Rückmeldung von Seiten des Klienten, an den von Sozialarbeiter und

Klient erzielten Handlungserfolgen und an ihrer wechselseitigen Interaktion zu überprüfen sind“ (S. 21).

In der 1999 erschienen dritten Auflage ihres Werkes sprechen Germain und Gitterman zwar nur noch von „assessment“, jedoch gilt für sie weiterhin, dass „in der Praxis des Life-Models [...] Klient und SozialarbeiterIn Partner [sind], die für die Dauer des Kontrakts zusammenarbeiten“ und es deshalb auch ratsam ist „das Assessment als einen von einem Augenblick zum nächsten Augenblick im Fluss befindlichen Prozess“ zu verstehen (vgl. Germain und Gitterman 1999, 62 f.).

SOZIALE DIAGNOSE ALS ERFASSUNG UND FORMULIERUNG SOZIALER PROBLEME MITHILFE DES PERSON-IN-UMWELT- UND DES BIOPSYCHOSOZIALEN MODELLS

Die systemtheoretisch fundierte Erkenntnis, dass Systeme zwar eine Eigenwelt (die Fähigkeit zur Selbstorganisation) besitzen, aber auch Einflüssen aus der Umwelt ausgesetzt sind, ist für die Soziale Arbeit eine schon lange bekannte Tatsache, die sich im so genannten Person-Umwelt-Verständnis ausdrücken lässt.

Ein solches Person-Umwelt-Verständnis könnte man etwa wie folgt skizzieren, wobei die Umwelt sowie die Person gleichzeitig Ressource und Risiko darstellen auf dem Weg zu einer gelingenden Lebensbewältigung. Die Themen der Sozialen Arbeit sind im Außenkreis dargestellt (Gesundheit, Ökonomie, Bildung, Arbeit, Wohnen, Entwicklung).

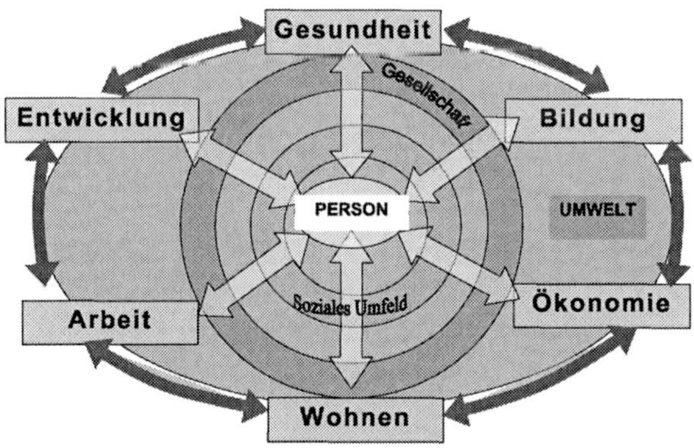

Dieses Wechselverhältnis zwischen der Person und der Umwelt ist dem systemtheoretischen Ansatz von Staub-Bernasconi (2004) folgend auch dazu geeignet, die Ausstattungs-, Austausch-, Macht- und Werteprobleme innerhalb der Person-Umwelt-Interaktion zu bestimmen, wie dies z.B. Geiser (2000) mit der Problem- und Ressourcenanalyse nach der Systemischen Denkfigur vorschlägt. Die in der obigen Abbildung im Außenradius genannten Themen (Gesundheit – Ökonomie – Entwicklung – Wohnen – Arbeiten – Bildung) markieren die Felder, in denen sich soziale Probleme entwickeln können. Soziale Arbeit ist seit je her um einen ganz besonderen Blick auf diese menschlichen Probleme bemüht, der sie bis heute auszeichnet und der wahlweise „generalistischer", „multifaktorieller" oder „ganzheitlicher" Blick genannt wird.
Was zeichnet dieses Verständnis aus? Entstehen bei Menschen Probleme, die ihre Selbsthilfekräfte zeitweise oder auch längerfristig übersteigen, so sind diese im Erleben der Betroffenen immer Probleme auf mehreren Ebenen. Die besondere Form der arbeitsteiligen Problembewältigung im sozialstaatlichen oder institutionellen Sinne fordert von ihnen meist eine Selektion oder Aufspaltung in verschiedene Problembereiche. So sind spirituelle Krisen, die z.B. mit einer schweren Krankheit einhergehen, meist als Aufgabe an seelsorgerische Aktivitäten gebunden, die körperlichen Symptome an ÄrztInnen, die psychologischen an PsychologInnen und die sozialen Folgen an SozialarbeiterInnen. Vereinzelt, aber immer noch zu wenig, reagiert das medizinische Hilfesystem darauf mit Interdisziplinarität oder integrativen Modellen. In der Regel jedoch betreibt das Hilfesystem weiterhin die tayloristische Aufteilung der Hilfeangebote auf verschiedenste Professionen, Institutionen und schlimmstenfalls auch Leistungs- und Kostenträger. Das bio-psycho-soziale Modell hingegen versucht diese zentrifugalen Kräfte wieder zusammenzuführen, indem es eben solche integrierten Handlungsmodelle anwendet.
Da es in diesem wissenschaftstheoretischen Verständnis eine gegenseitige Beeinflussung der verschiedenen Ebenen, also des Körpers, der Psyche und des Sozialen gibt (Uexküll und Wesiack 1996), kann auch in allen Bereich der Sozialen Arbeit davon ausgegangen werden, dass immer alle Ebenen virulent wirken und somit betrachtet und evtl. in der Intervention berücksichtigt werden müssen. Hier könnte man auf eine Metapher zurückgreifen, die dies gut verdeutlicht: Auf einer Filmrolle sind jeweils Standbilder oder einzelne Sequenzaufnahmen und damit Teile des Fil-

mes zu sehen. Nur beim Abspielen, also bei laufendem Film, entstehen bewegte Bilder, und damit ein Ganzes, ein Geschehen. Bei Anhalten des Filmes erscheinen zwar einzelne Sequenzen und Bilder, jedoch nicht der Zusammenhang, die Bewegung zwischen ihnen.

METHODISCHE ASPEKTE UND VORGEHENSWEISE

Den Diagnoseprozess in der Sozialen Arbeit kann man nach Pantucek (2005) als Möglichkeit bezeichnen, zunächst Komplexität zu erzeugen (Anamnese zur sozioökonomischen und psychosozialen Situation), um danach Komplexität zur reduzieren (Erstellung der Diagnose).
Dabei spielen in die sozialarbeiterische Diagnose selbstverständlich verschiedene Informationen über die Person und ihre Umwelt mit ein, die da wären: ökonomische Situation, soziale Unterstützung und soziales Netzwerk, personale Ressourcen, wie etwa eigene Bewältigungsmöglichkeiten oder Bildungsgrad.
Um diese Informationen zu sammeln und einer Bewertung zuzuführen, die dann in eine entsprechende (Nicht-)Intervention mündet, werden neben dem Gespräch, der Beobachtung und der Analyse vorliegender Dokumentationen (Berichte etc.) auch methodisch gesicherte Instrumente zur vereinfachenden Darstellung benötigt. Deshalb soll die bislang eher konzeptionell beschriebene Seite der sozialen Diagnose nun durch Hinweise auf methodische Anwendungsformen ergänzt werden. Dabei sind m.E. vor allem diejenigen Instrumente erwähnenswert, die sich auf das Person-in-Environment-Modell beziehen lassen. Aus diesem Grund werde ich auch klassische sozialpädagogische Diagnoseansätze (z.B. Uhlendorff 1997) sowie dezidiert hermeneutische Ansätze in der folgenden Aufzählung vernachlässigen.
Die hier vorgenommene Methodenauswahl folgt vielmehr der originär sozialarbeiterischen Theorie der Austauschbeziehungen und wird deshalb immer Diagnose der Person in ihren sozialen Bezügen sein. Diesen Anspruch verwirklichen unter anderem die folgenden Instrumente: Die Netzwerkkarte beziehungsweise Eco-Map, das Inklusionschart, die Person-in-Environment-Klassifikation und das Genogramm.
Gemäß dem Motto „Das Ziel bestimmt die Methode“, sollten sie jeweils für bestimmte Teilaspekte beziehungsweise bestimmte Funktionen ein-

gesetzt werden, die je nach Anwendungsziel auch nur bestimmte Aspekte der Person-Umwelt-Konstellation beschreiben können.

GENOGRAMM

Das Genogramm wurde in der systemischen Familienarbeit entwickelt (vgl. von Schlippe et al. 1995; McGoldrick und Gerson 2002) und dient der grafischen Erfassung von Familiensystemen.
Es erfolgt eine, dem genealogischen Stammbaum von Familien ähnliche, skizzenhafte Darstellung über mindestens zwei beziehungsweise drei Generationen mit typischen Symbolen und Angaben. Hierzu gehören unter anderem neben Symbolen für Partnerschaften beziehungsweise Trennungen, Kind-Eltern-(Großeltern)-Abstammungen, Zugehörigkeiten zu einem Haushalt auch Zeichen für Konflikte (offene und verdeckte), Über- oder Unterengagement für den oder die anderen in der Familie, Koalitionen etc. Man sieht also, dass neben der Erfassung der Familienzusammensetzung auch Aussagen festzuhalten sind, die eher familiendynamischer Natur sind.
Mit Hilfe des Genogramms können Familiensysteme so dargestellt werden, dass sowohl übergreifende Generationenperspektiven (z.B. im Sinne des familientherapeutischen Delegationsmodells, vgl. Stierlin 1982) als auch generationsinhärente Probleme, z.B. eine auf der Paarebene bestehende Konfliktsituation mit Auswirkungen auf ein Kind, zu erfassen sind.

Das Genogramm ist – wie fast alle visualisierenden Verfahren – zunächst ein Notationssystem (vgl. Pantucek 2005: 133 ff.), wenngleich es sich hervorragend dafür eignet, selbst komplexe Familiensysteme grafisch darzustellen und damit etwa für Fallreflexionen oder auch Familienarbeit äußert fruchtbar ist. Zum Teil gelangen sogar durch die Erstellung eines Genogramms „neue" Erkenntnisse über eine Familie zutage, die zuvor in der Anamnese nicht so deutlich wurden. Zu denken wäre hier etwa an eine generationenübergreifende Angst vor Veränderungen beziehungsweise eine „Schicksalsgläubigkeit" in Bezug auf Krankheiten, deren Effekte auf die jetzige Generation beziehungsweise KlientInnen dadurch aufzuzeigen wären.

Das Genogramm dient damit auch in der Beratung, Behandlung und Unterstützung innerhalb der Klinischen Sozialarbeit zur Entwicklung eines diagnostischen Blickes und zwar auf die Familien und ihre Auswirkung auf die Krankheitsentstehung beziehungsweise -bewältigung. Ihre Grenze hat das Genogramm darin, weitere soziale Netze zu erfassen, weshalb für diese Zwecke zum Beispiel die Anwendung der Netzwerkkarte beziehungsweise des Eco-Maps ratsam wäre.

NETZWERKKARTE BEZIEHUNGSWEISE ECO-MAP

Die Netzwerkkarte beziehungsweise Eco-Map (vgl. Pantucek 2005) hat sich als diagnostisches Instrument aus der mittlerweile als valide zu bezeichnenden Netzwerkforschung ergeben, deren Wert für das sozialarbeiterische Handeln große Bedeutung erfährt (vgl. Bullinger und Nowak 1998).
Die Netzwerkkarte ist in der Handhabung ein sehr einfaches Instrument, welches als Fadenkreuz jeweils vier Felder enthält (Familie, Freunde und Bekannte, Arbeit und Beruf, professionelle Beziehungen). Den Mittelpunkt des Fadenkreuzes stellt die sog. Ankerperson dar, aus deren Perspektive die relevanten Netzwerkpersonen genannt werden. So ergibt sich in den allermeisten Fällen ein so genannter sozialer Stern von der Ankerperson zu relevanten Anderen. Je wichtiger eine Person für die Ankerperson ist, desto näher soll sie an den Mittelpunkt eingetragen werden, was quasi auch eine Aussage über die soziale Nähe erlaubt. Jedoch sollte man mit der Interpretation insofern vorsichtig sein, da die gewählte Position der ersten Netzwerkperson den Maßstab für alle weiteren Nähe- beziehungsweise Distanzpositionierung vorgibt. Es ist deshalb wohl eher davon auszugehen, dass in der Netzwerkkarte zunächst einmal nur die relevanten Netzwerkpersonen erfasst werden können, ohne eine qualitative Aussage über die Qualität der Netzwerkbeziehung beziehungsweise über deren Funktion im Sinne sozialer Unterstützung.
Pearson (1997) schlägt sogar vor, die Dichte des Unterstützungsnetzwerkes zu berechnen, was in der Regel wenig Aussagekraft hat, da dadurch über den Zusammenhang zwischen antizipierter und tatsächlicher sozialer Unterstützung nur wenig ausgesagt wird.
Tatsächlich ist deshalb die Eco-Map als Weiterentwicklung zu verstehen, da in ihr schon im Vorhinein die möglichen Netzwerkpersonen eingetra-

gen sind und zwar in ihrer – im Sinne der sozialökologischen Theorie – Zugehörigkeit zum Meso-, Exo- und Makrosystem. So erreicht die Eco-Map eine größere Genauigkeit und auch Zielgerichtetheit in der Erfassung des Sozialen Netzwerkes.

Aber auch diese beiden Instrumente besitzen nur einen begrenzten Erkenntniswert, da sie zwar die weiteren sozialen Beziehungen, im Meso, Exo- und Makrosystem beziehungsweise Sozialen Netzwerk erfassen können, jedoch dann noch keine Aussage zur Integration beziehungsweise Inklusion in diese Netze liefern.

INKLUSIONSCHART UND PERSON-IN-ENVIRONMENT-KLASSIFIKATION

Diese strukturfunktionalistische Schwäche kann wiederum durch das Inklusionschart (vgl. Pantucek 2005) beziehungsweise die Person-in-Environment-Klassifikation (Adler 1998; Karls und Wandrei 1994) ausgeglichen werden, wenn etwa Probleme in der Inklusion in den Arbeitsmarkt oder in professionelle Hilfesysteme erkannt werden können.

Das Inklusionschart ist eine von Pantucek (2005) entwickelte Möglichkeit der systematischen Erfassung von Exklusionsrisiken beziehungsweise Inklusionspotentialen beziehungsweise der Hinarbeit auf eine solche Inklusion in die gesellschaftlich relevanten Bereiche. Analog zu dem oben genannten Person-in-Environment-Modell werden daher auch die Bereiche „Erwerbsarbeit“, „Sozialversicherung“, „Geldverkehr“, „Mobilität“, „Bildung“, „Information“, „Gesundheit“ und „lebensweltlicher Support“ genannt. Im Gegensatz zu Pantucek, bin ich der Meinung, dass der Bereich des „Wohnens“ unbedingt Erwähnung finden müsste. Unabhängig davon, kann dann im Weiteren für die einzelnen Bereiche der Inkludierungsgrad ebenso wie dessen zukünftige Entwicklung bestimmt werden, es können kurze Beschreibungen (Kennzeichen) zum jeweiligen Bereich erfolgen und schließlich notwendige Maßnahmen beschrieben werden. Das Instrument dient damit gleichzeitig der Erfassung von Sozialen Problemen, deren Gewichtung und der daraus abgeleiteten Hilfeplanung.

Die Person-in-Environment-Klassifikation basiert ebenfalls auf der Idee, Soziale Probleme in ihrer Zusammensetzung als Probleme des Individuums (Faktor I: Probleme in Rollen) und als Probleme des Sozialen (Faktor II: Probleme in der Umwelt) zu verstehen. Zu diesen beiden Faktoren, die jeweils noch weiter aufgeschlüsselt werden, kommen dann ergänzende Angaben zu körperlichen und psychischen Problemen, die aus medizinischen sowie psychiatrischen Klassifikationssystemen (ICD und DSM) entnommen werden. Auch in der Person-in-Environment-Klassifikation werden die Probleme sodann bezüglich ihrer Intensität und Dauer gewichtet und zeitgleich mit bereits vorhandenen coping-Fähigkeiten erfasst und schließlich jeweilige Interventionen festgelegt.

ZUSAMMENFASSUNG UND AUSBLICK

Wie bereits aus dieser nur exemplarischen Auswahl an Diagnoseformen ersichtlich wird, wäre für eine soziale Diagnose also ein „Methodenkoffer" vonnöten, der je nach zu erzielendem Erkenntnisgewinn, die eine oder andere Anwendung oder sogar eine komplementäre Kombination verschiedener Instrumente sinnvoll werden lässt. Dabei sind sowohl methodologische Beschränkungen als auch praktische Durchführungsprobleme zu beachten, wie etwa die zunehmende Zeitknappheit in professionellen Sozialsystemen und Einrichtungen, die unter anderem durch eine ohnehin schon vorhandene Dokumentationspflicht bedingt ist. Allerdings sollte die soziale Diagnose nicht zu einer zusätzlichen Pflicht, als vielmehr zu einer willkommenen, weil förderlichen Selbstverständlichkeit innerhalb des Hilfeprozesses werden.

Eine soziale Diagnose braucht ein bio-psycho-soziales Problemverständnis und ein Person-Umwelt-Verständnis, welches die Interaktion der Menschen mit dem sie umgebenden Kontext berücksichtigt und dabei sowohl Risiken als auch Ressourcen in Betracht zieht.

Eine soziale Diagnose braucht weiterhin ein dialogisches Verständnis, welches keine letzten Wahrheiten postuliert, sondern die Diagnose immer als Angebot oder Hypothese präsentiert, aus dem bestenfalls ein Helfer-Klient-Arbeitsbündnis wird, um die Hilfe als Koproduktion zu gestalten.

Die Beschäftigung mit dem Konzept der „sozialen Diagnose“ zeigt dabei zweierlei Bestrebungen: Zum einen geht es um die Verbesserung der Lage der KlientInnen über eine genaue Erfassung sozialer Problemlagen und daraus folgender Intervention und zum anderen um die Professionalisierung. Aus diesem Grunde sei der Klinischen Sozialen Arbeit in der Praxis gewünscht, dass sie den Mut entwickelt, sich der sozialen Diagnose anzunehmen, denn gerade für dieses Arbeitsfeld ist Diagnosekompetenz und Diagnosegeschehen ein Segen. Mittlerweile gibt es sogar erste Versuche, Diagnosecluster einzuführen (vgl. Menzel 2006).
Diese Klassifikationen zeichnen sich dadurch aus, dass sie Codes für bestimmte Diagnosen beziehungsweise Problemanalysen festlegen, um diese dann in standardisierter Form für die interprofessionelle beziehungsweise intraprofessionelle Kommunikation zu nutzen (vgl. Schrödter 2005)

Aus Sicht der Wissenschaft der Sozialen Arbeit stellen sich weitere Fragen: Wie kann die soziale Diagnose, ausgehend von erkenntnistheoretischen und handlungstheoretischen Problemen, weiterentwikkelt werden?
Und aus Sicht der Ausbildung sollte soziale Diagnose als ein handlungstheoretisches Modell verstanden werden, welches zwar die Bezugswissenschaften nutzt, jedoch auch von der Sozialarbeitswissenschaft ergänzt wird und damit den oder die SozialarbeiterIn mit entsprechenden Kompetenzen ausstattet.
In diesem Sinne sollten Praxis, Lehre und Forschung gemeinsam das Projekt der Etablierung „soziale Diagnose“ weiterführen und sich für die Einbettung der sozialen Diagnose in die Soziale Arbeit als Profession und Disziplin einsetzen.
Die Klinische Sozialen Arbeit beziehungsweise die gesundheitsbezogene Soziale Arbeit könnte so zu einem integrierenden Faktor werden, denn sowohl das Sozial- und Gesundheitswesen als auch die Patientinnen und Patienten benötigen dies dringend.

LITERATUR

Adler, H.: Eine gemeinsame Sprache finden. Klassifikation in der Sozialen Arbeit – Ein Versuch: das Person-In-Environment System (PIE). In: Blätter der Wohlfahrtspflege 7+8/1998, S. 161–164

Bullinger, H.; Nowak, J.: Soziale Netzwerkarbeit. Eine Einführung. Freiburg im Breisgau, Lambertus Verlag; (1998)

Geiser, K.: Problem- und Ressourcenanalyse in der Sozialen Arbeit. Eine Einführung in die Systemische Denkfigur und ihre Anwendung. Luzern, Verlag für Soziales und Kultur; (2000)

Germain, C. B.; Gitterman, A.: Praktische Sozialarbeit. Das „Life Model" der sozialen Arbeit. Stuttgart, Enke Verlag; (1988)

Germain, C. B.; Gitterman, A.: Praktische Sozialarbeit. Das „Life Model" der sozialen Arbeit. 3. völlig neu bearb. Auflage, Stuttgart, Enke Verlag; (1999)

Hekele, K.: Sich am Jugendlichen orientieren – Ein Handlungsmodell für subjektorientierte Soziale Arbeit. Weinheim/München, Juventa Verlag; (2005)

Heiner, M.: Diagnostik und Diagnosen in der Sozialen Arbeit – ein Handbuch. Berlin, Eigenverlag des Dt. Vereins für Öffentliche und Private Fürsorge; (2004a)

Heiner, M.; Schrapper, Chr.: Diagnostisches Fallverstehen in der Sozialen Arbeit. In: Schrapper, Chr. (Hrsg.): Sozialpädagogische Diagnostik und Fallverstehen in der Jugendhilfe. Weinheim/München, Juventa; (2004), S. 201–221

Jakobs, S.; Röh, D.: Über die (Un)Möglichkeit einer Sozialen Diagnose. In: Soziale Arbeit 8.2005 (2005a), S. 282–287

Jakobs, S.; Röh, D.: Soziale Diagnose und Dialog. Anforderungen an die Ausbildung der Sozialen Arbeit für die Herausbildung einer Diagnosekompetenz. In: Sozialmagazin, 30. Jg. 7–8/2005 (2005b), S. 41–46

Karls, J.M.; Wandrei, K.E. (Eds.): Person-In-Environment. The PIE-Classification System for Social Functioning Problems. Washington D.C. 1994

Lowy, L.: Sozialarbeit/Sozialpädagogik als Wissenschaft im angloamerikanischen und deutschsprachigen Raum. Freiburg im Breisgau, Lambertus Verlag; (1983)

Menzel, R.: Ein wesentlicher Beitrag zur Professionalisierung. Psychosoziale Diagnosen in der onkologischen Sozialarbeit. In: Forum Sozialarbeit und Gesundheit, DVSG, 2/2006, S. 31–33

McGoldrick, M.; Gerson, R.: Genogramme in der Familienberatung. 2., durchges. und neu gestaltete Auflage. Bern, Huber Verlag; (2002)

Obrecht, W.: Umrisse einer biopsychosoziokulturellen Theorie menschlicher Bedürfnisse. Unveröffentlichtes Manuskript. Zürich; (2005)

Pantucek, P.: Soziale Diagnostik. Verfahren für die Praxis. Wien [u.a.], Böhlau Verlag; (2005)

Pearson, R. E.: Beratung und soziale Netzwerke. Eine Lern- und Praxisanleitung zur Förderung sozialer Unterstützung. Weinheim und Basel, Beltz Verlag; (1997)

Salomon, A. Sociale Diagnose. Berlin, Heymann Verlag; (1927)

Schlippe, A. v.; Molter, H.; Böhmer, N.: Zugänge zu familiären Wirklichkeiten. Sonderheft von Systhema, Zeitschrift des Instituts für Familientherapie. Weinheim; (1995)

Schrödter, M.: Wer macht bessere Diagnosen: der Mensch oder die Maschine? Zu den interventionspraktischen Möglichkeiten und Gefahren diagnostischer Klassifikationssysteme. unveröffentlichtes Manuskript. Universität Bielefeld [abgerufen am 14.02.07 unter: http://www.uni-bielefeld.de/paedagogik/agn/ag8/mschroedter.html#M2)

Staub-Bernasconi, S.: Wissen und Können – Handlungstheorien und Handlungskompetenz in der Sozialen Arbeit. In: Mühlum, A. (Hrsg.). Sozialarbeitswissenschaft. Wissenschaft der Sozialen Arbeit. Freiburg im Breisgau, Lambertus Verlag; (2004), S. 27–62

Stierlin, H.: Delegation und Familie. Beiträge zum Heidelberger familiendynamischen Konzept. Frankfurt/Main, Suhrkamp Verlag; (1982)

Uhlendorff, U.: Sozialpädagogische Diagnosen III. Ein sozialpädagogisch-hermeneutisches Diagnoseverfahren für die Hilfeplanung. Weinheim/München, Juventa Verlag; (1997)

Uexküll, Th. v.; Wesiack, W.: Wissenschaftstheorie: ein bio-psycho-soziales Modell, in: Uexküll, Th. v. (Hg.): Psychosomatische Medizin, 5. neubearbeitete und erweiterte Auflage. München, Wien, Baltimore, Verlag Urban & Schwarzenberg; (1996); S. 13–52

Soziale Beratung in der Klinischen Sozialarbeit und ihr spezifischer Behandlungsbeitrag bei Krankheit

Harald Ansen

Die soziale Beratung bei Krankheit findet sowohl in unterschiedlichen Einrichtungen des Gesundheitswesens als auch in Arbeitsfeldern des Sozialwesens statt. Im Gesundheitswesen, etwa im Krankenhaussozialdienst oder im öffentlichen Gesundheitsdienst, stehen die unmittelbar mit einer Krankheit verbundenen sozialen und persönlichen Probleme der PatientInnen im Vordergrund. Im Sozialwesen dagegen dominieren Fragen der Bewältigung von Überschuldung, Wohnungslosigkeit oder familiären Problemen. Krankheiten führen hier teilweise zu weiteren Belastungen, die in der sozialen Beratung berücksichtigt werden müssen. Im vorliegenden Beitrag steht die Methodik der sozialen Beratung und Unterstützung bei somatischen Erkrankungen im Mittelpunkt.

Im Zusammenhang mit der inhaltlichen Klärung der sozialen Beratung als Fachausdruck werden die Verbindungen zum Thema Krankheit hergestellt. Die Verknüpfung der sozialen Beratung mit Krankheit unterstreicht ihre methodische Relevanz in der Klinischen Sozialarbeit. Die anschließende Analyse der unterschiedlichen Dimensionen von Krankheit trägt dazu bei, die in der sozialen Beratung bedeutsamen Interventionsebenen zu ermitteln. Hierbei wird deutlich, dass das Beratungsgespräch häufig nicht ausreicht, um PatientInnen ausreichend zu unterstützen. Darüber hinausgehende Formen der Unterstützung wie die Organisation von Hilfen oder die systematische Erschließung von Sozialleistungen sind ein integraler Bestandteil der sozialen Beratung.

1. SOZIALE BERATUNG ALS HANDLUNGSMETHODE

Die soziale Beratung zielt auf die Verbesserung der sozialen Teilhabe von Ratsuchenden, die durch eine ausreichende sozialökonomische Grundsicherung, tragfähige formelle und informelle Formen der (sozialen) Unterstützung und die persönliche Befähigung zur Teilnahme am Leben der Gesellschaft erreicht wird. Methodisch handelt es sich bei der Beratung allgemein um einen kommunikativen Prozess, in dem eine ratsuchende Person durch die Interaktion mit einem Berater/einer Beraterin mehr Klarheit über ihre Probleme und Bewältigungsmöglichkeiten gewinnt und die eigenen Problemlösungskompetenzen erweitert (vgl. Rechtien 1998, S. 16). Die Ziele der sozialen Beratung werden vor allem durch Maßnahmen zur Sicherung der materiellen Lebensgrundlagen, die Weitergabe von handlungsbefähigenden Informationen und Wissen an Ratsuchende, die Förderung von sozialen Netzen und den persönlichen Beistand in bedrängenden Lebenslagen erreicht.

Die in der Definition der sozialen Beratung aufgezählten Handlungsebenen sind beispielsweise für die Unterstützung von Menschen mit komplexen Erkrankungen ohne Abstriche relevant. Probleme liegen weniger in den inhaltlichen Bereichen als in der angemessenen Begegnung und Kommunikation mit den Ratsuchenden. Möglicherweise löst die Beratung über die Anerkennung als Schwerbehinderte/r oder über Vorsorgemaßnahmen wie eine PatientInnenverfügung bei den Betroffenen Panik aus. Eine bedrohliche Erkrankung verändert die Wahrnehmungsmuster der Ratsuchenden und lässt sie teilweise sehr sensibel reagieren. In der sozialen Beratung ist deshalb ein empathischer Umgang besonders wichtig, in dem der/die Berater/in an die Sichtweisen und Verstehensmöglichkeiten der Ratsuchenden anschließt. Eine nur an den Inhalten orientierte soziale Beratung kann mehr schaden als nützen.

Die soziale Beratung bei Krankheit ist eine zentrale Handlungsmethode der Klinischen Sozialarbeit. Klinisch meint in dieser Wortverbindung die direkte Arbeit mit KlientInnen, die durch ein fallbezogenes Handeln realisiert wird (vgl. Geißler-Piltz et al. 2005, S. 12). Die klinische Dimension der sozialen Beratung wird in der Charakterisierung der Behandlungsbeiträge der Sozialen Arbeit durch Geißler-Piltz et al. (ebd., S. 28) deutlich: „In der psychosozial beratenden und behandelnden Tätigkeit richtet sich die Aufmerksamkeit sowohl auf die Sicherung der materiellen Basis und der Alltagskompetenzen, als auch auf die Aktivierung versteckter Fähigkeiten der Klienten. Ferner konzentriert sie sich auf Personen und Kontexte in ihrem Lebensalltag, die positiv besetzt sind, und auf bislang unentdeckte und ungenutzte Entwicklungspotenziale.“
Das klinisch- sozialarbeiterische Themenspektrum der sozialen Bera-

tung wird fallbezogen realisiert. Allerdings ist nicht jede/r Patient/in auf die breite Palette von Hilfen angewiesen. Allgemein geht es in der sozialen Beratung bei Krankheit darum, PatientInnen darin zu unterstützen, die vor allem mit einer komplexen Erkrankung häufig verbundenen sozialen, beruflichen, persönlichen und finanziellen Probleme zu bewältigen (vgl. Ortmann und Waller 2005, S. 2). Besonders bedeutsam sind Maßnahmen zum Abbau von sozialer Ungleichheit im Gesundheitswesen und damit verbunden verbesserte Behandlungschancen für PatientInnen in sozial prekären Lebenslagen (vgl. Lützenkirchen 2005, S. 14).

2. DIMENSIONEN DER KRANKHEIT

Eine gesetzliche Definition des Krankheitsbegriffs liegt nicht vor. Auf der Grundlage der Rechtsprechung und der Verwaltungspraxis wird Krankheit heute als ein regelwidriger Körper- oder Geisteszustand definiert, der krankenversicherungsrechtlich entweder ausschließlich eine Heilbehandlung erfordert oder zusätzlich auch zu Arbeitsunfähigkeit führt. Durch die Heilbehandlung soll der regelwidrige Körper- oder Geisteszustand behoben, gebessert, gelindert oder vor einer Verschlimmerung bewahrt werden (vgl. Sozialrecht 2006, S. 133). Regelwidrig ist ein nicht nur geringfügig von der Norm des gesunden Menschen abweichender Körper- oder Geisteszustand. Davon sind die Folgen einer normalen Körperentwicklung abzugrenzen, die etwa mit Schwangerschaft oder Alterungsprozessen verbunden sind (vgl. Handbuch Sozialrechtsberatung 2005, S. 521). Die formalen Definitionskriterien der Krankheit sind für Leistungen nach dem SGB V ausschlaggebend. Sie sagen allerdings noch nichts über mögliche soziale und persönliche Komplikationen aus, die in der sozialen Beratung vorrangig berücksichtigt werden.

Die sozialen und persönlichen Folgen von Erkrankungen können in vier Gruppen zusammengefasst werden, wobei fallbezogen vielfältige Überschneidungen auftreten.

Die subjektive Dimension

Unabhängig davon, ob es sich um eine akute oder eine chronische Erkrankung, um eine üblicherweise leicht behandelbare oder um eine bedrohliche Krankheit handelt, reagieren PatientInnen sehr unterschiedlich auf Diagnosen und Behandlungen. Das subjektive Erleben kann nach Morris (2000, S. 40) erheblich von objektiv begründeten Reaktionen auf eine Krankheit abweichen: „Hinter der Unterscheidung zwischen Krankheit und Kranksein steht zunächst die Alltagsweisheit – die weitreichende und weithin übersehene Konsequenzen hat –, dass ÄrztInnen und PatientInnen die Welt aus unterschiedlichen Perspektiven wahrnehmen. Für die Patientin/den Patienten ist die Krankheit immer eine gelebte Erfahrung, während die Ärztin/der Arzt dem Bericht der Patientin/des Patienten über ihre/seine Krankheit entnimmt, dass hier wahrscheinlich ein medizinisches Problem vorliegt, das einer biologischen Erklärung bedarf."

Subjektive Reaktionen reichen von massiven Bedrohungsgefühlen bei gut behandelbaren und heilbaren Erkrankungen bis zur Ausblendung von Gefahren und Folgen bei chronischen und im Verlauf sehr riskanten Erkrankungen. Die persönliche Wahrnehmung und Verarbeitung prägt das Handeln der PatientInnen und entscheidet über das Ausmaß ihrer so genannten Compliance. Die Unterstützung der PatientInnen auch in der sozialen Beratung, eine angemessene Wahrnehmung ihrer Erkrankung zu entwikkeln, hat unmittelbare Auswirkungen auf das Bewältigungsverhalten und damit auf den Krankheitsverlauf. In der sozialen Beratung sind sowohl Formen der persönlichen Hilfe durch emotionalen Beistand als auch kognitive Unterstützungen durch Rückmeldungen, Aufklärung und korrigierende Hinweise erforderlich. Diese allgemeinen Aufgaben fallen nicht ausschließlich in den Zuständigkeitsbereich der sozialen Beratung, es sind auch Pflegekräfte und ÄrztInnen gefordert. In der sozialen Beratung sind vor allem Befürchtungen über die materiellen und sozialen Konsequenzen einer Erkrankung wie Verarmung, Ausgrenzung oder Verlust des Arbeitsplatzes Gegenstand der unterstützenden Gespräche.

Die akute Dimension

Akute Erkrankungen sind behandelbar und in der Regel heilbar. Sie erfordern primär ärztliche Behandlung und/ oder eine Unterbrechung der Berufstätigkeit. Bei einer längeren Arbeitsunfähigkeit, die über die Lohnfortzahlungsfrist von üblicherweise sechs Wochen hinausgeht, kommt es zu erheblichen finanziellen Einbußen, die bei PatientInnen etwa zu Zahlungsschwierigkeiten bei Kreditverpflichtungen führen können. Die soziale Beratung ist bei finanziellen Problemen von PatientInnen regelmäßig gefordert. Sind über die ambulante Behandlung durch niedergelassene Vertragsärzte oder die Krankenhausbehandlung hinaus Leistungen zur Rehabilitation erforderlich, werden im Rahmen der sozialen Beratung Behandlungsketten aufgebaut und Finanzierungsfragen geklärt. Eine weitere Aufgabe für die soziale Beratung bei akuten Erkrankungen kann darin bestehen, für vorübergehend nicht versorgte Kinder oder pflegebedürftige Angehörige Regelungen zu arrangieren.

In der sozialen Beratung bei akuten Erkrankungen steht die Organisation von Hilfen zur Alltagsbewältigung während und nach der unmittelbaren Behandlung im Zentrum. Dieses inhaltliche Verständnis der sozialen Beratung bei Krankheit entspricht beispielsweise den Verträgen und Rahmenempfehlungen über Krankenhausbehandlung nach § 112 SGB V. Für die soziale Beratung ist § 112 Abs. 2 Nr. 4 und 5 grundlegend. Danach sind die soziale Betreuung und Beratung der Versicherten im Krankenhaus und der nahtlose Übergang von der Krankenhausbehandlung zur Rehabilitation oder Pflege integrierte Behandlungsbestandteile. In der ambulanten Unterstützung von akut erkrankten PatientInnen stehen ebenfalls Versorgungsprobleme im Mittelpunkt. Besondere soziale Komplikationen treten beispielsweise bei Wohnungslosen auf, die durch ihre desolaten Lebensumstände erhöhten Krankheitsrisiken und ungünstigen Behandlungsbedingungen ausgesetzt sind. Methodisch sind für die soziale Beratung im Krankenhaus und im ambulanten Bereich organisatorische und sozialadministrative Kompetenzen erforderlich.

Die chronische Dimension

Heute entfallen etwa drei Viertel aller Erkrankungen auf chronische Krankheiten, vor allem Herz-Kreislauf-Erkrankungen, Beschwerden des Muskel- und Skelettsystems, Stoffwechselerkrankungen, bösartige Neubildungen und psychische Störungen (vgl. Rosenbrock und Gerlinger 2004, S. 41). Chronische Krankheiten sind für die Betroffenen mit Belastungen verbunden, die über die subjektive Dimension und die mit einer akuten Erkrankung auftretenden typischen Versorgungsprobleme hinausgehen. PatientInnen müssen mit Symptomen ihrer Erkrankung umgehen lernen und Behandlungsentscheidungen treffen, sie stehen vor weitreichenden Veränderungen ihres Alltags, vor allem in Bezug auf ihre Familien-, Berufs- und Freizeitrollen, sie werden mit einem komplexen und nach unterschiedlichen Schwerpunkten organisierten Versorgungssystem konfrontiert und müssen vielfach langfristige finanzielle Einbußen kompensieren (vgl. zusammenfassend Ansen et al. 2004, S. 14f.).

Die Themen der sozialen Beratung bei chronischen Erkrankungen werden in § 26 Abs. 3 Nr. 1–7 SGB IX als psychologische und pädagogische Leistungen der medizinischen Rehabilitation benannt. Hierzu zählen unter anderem Hilfen zur Krankheitsverarbeitung, Förderung von Selbsthilfepotenzialen, Angehörigenberatung, Training sozialer, kommunikativer und lebenspraktischer Kompetenzen und die Förderung der Motivation zur Inanspruchnahme von Rehabilitationsangeboten. Mit diesem Zuschnitt wird der Radius der sozialen Beratung weiter ausgedehnt. Ergänzend zum Beratungsgespräch, in dem vor allem Wissen und Kompetenzen vermittelt und ausgetauscht werden, sind Hilfen im Lebensraum der Ratsuchenden erforderlich. Eine Beschränkung der Hilfe auf das Beratungsgespräch würde gerade bei Ratsuchenden mit komplexen Erkrankungen den Unterstützungsbedarf teilweise verfehlen.

Die soziale Dimension

Krankheitsrisiken sind sozial ungleich verteilt. Der Sachverständigenrat zur Begutachtung der Entwicklung im Gesundheitswesen (vgl. 2005, S. 34) hat in Übereinstimmung mit zahlreichen sozialepidemiologischen Untersuchungen erneut darauf hingewiesen, dass ein niedriger sozialökonomischer Status, gemessen an den Kriterien Bildung, Einkommen und Erwerbsstatus, zu einem überproportional beeinträchtigten Gesundheitszustand und einer geringeren Lebenserwartung führt. Zu den verursachenden Faktoren zählen ungünstige Wohn- und Arbeitsbedingungen, belastende Lebensstile und persönliche Verhaltensweisen wie Bewegungsmangel, Rauchen und Fehlernährung. Eine weitere Ursache für die sozial ungleiche Belastung mit Krankheiten sehen Homfeldt und Sting (2006, S. 104f.) in der mangelnden Inanspruchnahme von medizinischen Versorgungsleistungen.

Die Befunde über die erhöhte Krankheitsbelastung sozial benachteiligter Bevölkerungsgruppen haben mittlerweile auch Eingang in das SGB V gefunden. In § 20 SGB V (Prävention und Selbsthilfe) heißt es in Abs. 1 Satz 2: „Leistungen zur Primärprävention sollen den allgemeinen Gesundheitszustand verbessern und insbesondere einen Beitrag zur Verminderung sozial bedingter Ungleichheit von Gesundheitschancen erbringen." Die soziale Beratung trägt mit ihren Leistungen zur sozialen Sicherung, zur Förderung sozialer Kompetenzen und zur Verbesserung der Versorgung im Alltag auch zu einem Abbau des sozialen Schichtgradienten bei der Krankheitsverteilung in der Bevölkerung bei. Während die subjektive, akute und chronische Dimension der Krankheit noch für alle PatientInnengruppen im Gesundheitswesen zutreffen, sensibilisiert die soziale Dimension stärker für die sozialen und ökonomischen Lebensverhältnisse der Ratsuchenden, die bei der Hilfe zur Krankheitsbewältigung zu beachten sind.

3. BEHANDLUNGSBEITRÄGE DER SOZIALEN BERATUNG

Auch wenn in der sozialen Beratung bei Krankheit die krankheitsspezifischen sozialen Auswirkungen auf das Einkommen, die Wohnung oder die sozialen Netze eine zentrale Rolle spielen, leistet die soziale Beratung in der Regel eher unspezifische Behandlungsbeiträge. Eine kausal wirksame Symptombehandlung ist mit der sozialen Beratung nicht möglich. Diese Einschränkung schwächt das Potenzial der sozialen Beratung bei Krankheit aber keineswegs, wie die vielfältigen Zusammenhänge zwischen den sozialen Lebensumständen eines Menschen und Krankheitsbelastungen zeigen.

Mühlum (2004, S. 45f.) konstatiert, dass die armutsbedingten Gesundheitsbelastungen durch geeignete Formen der Unterstützung vermieden werden können. Wenn es in der sozialen Beratung gelingt, die pathogenen Armutsbelastungen abzubauen, trägt dies zur Gesundheitsförderung auch bei bereits manifesten Erkrankungen bei. Für die Entstehung von Krankheiten und einen komplikationsreicheren Verlauf sind soziale Lebensbedingungen wie Einkommensarmut, Langzeitarbeitslosigkeit oder schlechte Wohnbedingungen und vor allem Wohnungslosigkeit verantwortlich. Chronische Belastungen in diesen Bereichen begünstigen beispielsweise Angstgefühle, die zur vermehrten Ausschüttung von Stresshormonen wie Cortisol führen und auf diesem Weg das Immunsystem schwächen (vgl. Wilkinson 2003, S. 32f.). Einkommensarmut führt über eine schlechtere Ernährung und einen geringeren Handlungsspielraum in einem Gesundheitswesen, das für immer mehr Behandlungen Zuzahlungen vorschreibt, zu einer nachweislich erhöhten Krankheitsbelastung bei sozial benachteiligten Bevölkerungsgruppen (vgl. Schneider 2003, S. 64f.). Hinzu kommen Lebensstilfaktoren wie Fehl- oder Überernährung, Bewegungsmangel, Suchtmittelkonsum oder eine kaum entwikkelte Vorsorgehaltung, die für die Entstehung und den Verlauf von Krankheiten relevant sind (vgl. Rosenbrock und Gerlinger 2004, S. 44f.).

Am Beispiel der Langzeitarbeitslosigkeit werden die Zusammenhänge zwischen den sozialen Lebensumständen und Krankheitsbelastungen besonders deutlich. Betroffene leiden vielfach unter psychischen und psychosomatischen Störungen wie Schlaflosigkeit, depressiven Verstimmungen, Ängsten, Magen- Darm- Problemen oder Essstörungen. Diese Störungen treten besonders häufig auf, wenn die soziale Unterstützung erodiert, finanzielle Probleme eskalieren und Betroffene stigmatisiert werden (vgl. Elkeles und Bormann 2002, S. 16). Noch gravierender sind die negativen Auswirkungen der sozialen Lebensumstände auf die Entstehung und den Verlauf von Erkrankungen bei Wohnungslosen. Ihnen fehlen die elementaren Voraussetzungen für ein gesundheitsförderliches Leben und die Genesung von Krankheiten. Die gesellschaftliche Ausgrenzung koinzidiert regelmäßig mit Benachteiligungen im Gesundheitswesen. In einer Erklärung des Deutschen Vereins für öffentliche und private Fürsorge zur Gesundheitsreform (2005, S. 1) heißt es über wohnungslose Menschen: „Da der Zugang zur medizinischen Regelversorgung schon bisher für viele Menschen mit besonderen sozialen Schwierigkeiten in ihrer Lebenspraxis als mindestens prekär angesehen werden muss, ist die Gefahr sehr groß, dass die neuen gesetzlichen Regelungen für diese Menschen eine Hürde darstellen, die sie gänzlich vom System der medizinischen (Regel-) Versorgung trennt."

Im Ergebnis gilt für die soziale Beratung bei Krankheit, dass durch die Verbesserung der sozialen Lebensumstände vor allem in den Bereichen

Einkommen, Wohnen, Arbeit und soziale Kontakte Krankheiten vermieden oder die Behandlungsaussichten verbessert werden können. Diese Behandlungsbeiträge sind sowohl für die soziale Beratung im Gesundheitswesen als auch im Sozialwesen bedeutsam. Die folgenden methodischen Hinweise sind deshalb in unterschiedlichen Arbeitsfeldern einsetzbar. Sie unterstreichen die klinische Relevanz der Sozialen Arbeit, auf die Menschen in sozial prekären Lebensumständen angewiesen sind.

4. METHODIK DER SOZIALEN BERATUNG

Die Arbeitsbeziehung als Grundlage der sozialen Beratung

Noch vor gesprächstechnischen Hinweisen ist es notwendig, die Konturen einer hilfreichen Arbeitsbeziehung darzustellen, die die BeraterInnen mit den Ratsuchenden aufbauen. Mit dem Begriff Arbeitsbeziehung wird unterstrichen, dass es nicht um die so genannte Beziehungsarbeit geht, sondern um Sacharbeit, die allerdings ohne eine Beziehung nicht funktionieren kann. In Anlehnung an Finke (1999, S. 15f.) basiert die Arbeitsbeziehung auf klaren thematischen Verabredungen. In der bewusst gestalteten Beziehung erfahren Ratsuchende eine haltgebende, motivierende und ermutigende Unterstützung durch die Zuwendung der BeraterInnen und durch gezielte Interventionen. Die haltgewährende Zuwendung kommt unter anderem durch die Konzentration auf die Probleme der Ratsuchenden zustande. Die BeraterInnen bringen ihr theoretisches und Handlungswissen sowie beruflichen Erfahrungen in die Arbeitsbeziehung ein. Für die Arbeitsbeziehung ist eine beobachtende, vergleichende und schlussfolgernde Haltung sehr geeignet. Wichtig ist eine ausreichende Distanz der BeraterInnen zu den Fragen und Problemen der Ratsuchenden, um eine möglichst unverstellte Problemeinschätzung zu erreichen.

Soziale Diagnostik

Ausgangspunkt der Diagnostik sind die Auswirkungen sozial prekärer Lebensumstände auf Gesundheit und Krankheit und die mit gesundheitlichen Beeinträchtigungen verbundenen beeinträchtigten sozialen Teilhabemöglichkeiten von PatientInnen. Unterschieden werden drei diagnostische Kategorien:

1. *Materielle Lebensgrundlagen:* Hierzu zählen die Einkommenssicherung und die Wohnungsversorgung. Gefragt wird nach einer ausreichenden finanziellen Grundsicherung und Wohnungsversorgung sowie nach den finanziellen Belastungen, die mit einer Krankheit verbunden sind und nach der Eignung der vorhandenen Wohnung, um trotz einer ggf. chronisch verlaufenden Krankheit ein Höchstmaß an Autonomie im Alltag sicherzustellen.
2. *Soziale Unterstützung:* Unter diesem Punkt werden die vorhandenen sozialen Formen der Unterstützung im Alltag sowie die möglichen Auswirkungen der Krankheit auf die familiären und informellen sozialen Netze untersucht, die durch Rollenverluste der PatientInnen ebenso wie durch Reaktionen des Umfeldes erodieren können. Weiterhin werden die vorhandenen und ggf. erforderlichen formellen Netze wie professionelle Hilfen zur Weiterführung des Haushalts oder Pflegedienste berücksichtigt.
3. *Persönliche Fähigkeiten:* Die persönlichen Fähigkeiten zur Alltagsbewältigung und der Umgang mit der Krankheit werden an dieser Stelle ebenso aufgegriffen wie vorhandene oder zu entwickelnde soziale Kompetenzen, die für die soziale Teilhabe unerlässlich sind (vgl. Ansen 2006, S. 98).

Entlang den diagnostischen Kategorien wird der Unterstützungsbedarf eruiert. Hierbei werden immer auch die subjektiven Sichtweisen und Reaktionen der Ratsuchenden berücksichtigt. Die soziale Diagnostik setzt per se die Partizipation der Ratsuchenden voraus. Sie wird durch eine geeignete Gesprächshaltung der BeraterInnen begünstigt. Gesprächstechnisch spielen Fragen in der sozialen Diagnostik eine zentrale Rolle. Um eine Verhörsituation zu vermeiden, sollten offene Fragen, die die Befragten zu persönlichen Einschätzungen veranlassen, mit direkten Fragen kombiniert werden, die auf konkrete Sachverhalte wie familiäre Lebensumstände, Wohn- und Arbeitsbedingungen zielen. Weitere Fragetypen sind reflektierende Fragen, durch die PatientInnen möglicherweise animiert werden, die Bedeutung einer Erkrankung für ihr weiteres Leben zu kommunizieren, oder ressourcenaufdeckende Fragen, mit denen die Aufmerksamkeit auf vorhandene Potenziale der Krankheitsbewältigung gelenkt wird.

Fragen sind nicht nur für die soziale Diagnostik bedeutsam, sie lösen bei PatientInnen teilweise auch Überlegungen aus, die ihre Haltung verändern und entfalten damit ein Interventionspotenzial. Das gilt auch für die Paraphrase, die gesprächstechnisch für den Umgang mit Antworten der Ratsuchenden ausschlaggebend ist. Durch die präzisierende Wiederholung der Äußerungen der Ratsuchenden gewinnt diese teilweise mehr Klarheit über ihre Situation. Die Paraphrase bedeutet auch, dass der/ die Berater/ in besonders relevante Aspekte einer Antwort fokussiert, um eine vertiefende Auseinandersetzung im weiteren Beratungsgespräch anzuregen. Schließlich gehört zur Paraphrase die strukturierende Zusammenfassung längerer Gesprächsabschnitte, die zu einer weiteren Klärung der Situation beiträgt (vgl. Sickendiek et al. 2002, S. 130f.). Auf der Grundlage einer immer nur vorläufigen sozialen Diagnostik, die sich im Verlauf der Beratung verändert, werden mit den Ratsuchenden Ziele für mögliche Interventionen verabredet.

Ziele in der sozialen Beratung

Die soziale Beratung kann nur erfolgreich verlaufen, wenn die Ratsuchenden in allen Schritten mitwirken. Die Auseinandersetzung mit Zielen, die die Ratsuchenden erreichen möchten, trägt zu ihrer Kooperationsbereitschaft bei. Über Ziele nachzudenken impliziert Phantasien über Problemlösungen und eine möglicherweise veränderte Zukunft, für die ein Engagement aus der Sicht der Ratsuchenden lohnenswert ist. Culley (2002, S. 154) stellt hierzu fest: „Ziele setzen bedeutet eine rationale Strategie für Klienten, Optionen für mögliche und wünschenswerte Veränderungen zu erkennen und auf sie hinzuarbeiten und sich angesichts von Alternativen zu entscheiden.“ Übertragen auf die soziale Beratung im Krankenhaus könnte die Auseinandersetzung mit Zielen bedeuten, dass sich PatientInnen entscheiden müssen, ob sie in einem längeren Rehabilitationsprozess mitarbeiten, um die Chancen der Rückkehr in den Beruf zu erhöhen oder ob andere Optionen verwirklicht werden sollen.

Für die gesprächstechnische Umsetzung ist eine kategoriale Unterscheidung von Wirkungs- und Handlungszielen nach Spiegel (2006, S. 138f.) weiterführend. Wirkungsziele geben die Gesamtrichtung der Beratung an. Wenn dafür ein längerer Zeitraum erforderlich ist, werden Teilziele formuliert, die zur Wahrnehmung motivierender Etappenerfolge beitragen. Handlungsziele dagegen stehen für einzelne Interventionen, die durch die BeraterInnen veranlasst werden. Die Unterscheidung soll an einem Beispiel verdeutlicht werden: Die Behandlung eines Tumorpatienten kann lange Zeit beanspruchen. Das Wirkungsziel könnte darin bestehen, so weit wie möglich zum Ausgangsniveau vor der Erkrankung zurückzukehren. Auf dieser Strecke ist neben der akuten medizinischen Behandlung eine Anschlussrehabilitation, eine gestufte Rückkehr in den Berufsalltag und eine langfristige Reduktion familiärer Beanspruchungen, die etwa durch die Pflege von Angehörigen besteht, erforderlich. Für diese Handlungsziele werden in der sozialen Beratung geeignete Schritte verabredet, die auf das Wirkungsziel ausgerichtet sind. Durch die Vereinbarung von Zielen können Fortschritte und Verfestigungen in der sozialen Beratung festgestellt werden. Für eine begleitende und abschließende Evaluation des Beratungsprozesses sind Wirkungs- und Handlungsziele sehr ergiebig.

Interventionen in der sozialen Beratung

Die Beschreibung von Interventionen in der sozialen Beratung bei Krankheit erfolgt in der Reihenfolge der diagnostischen Kategorien. Die in der Regel kombiniert einzusetzenden Interventionsansätze entfalten vielfach interdependente Wirkungen, die nur begrenzt geplant werden können.

1. Interventionen zur Sicherung der Lebensgrundlagen: Bei diesen Interventionen geht es vorrangig um die Realisierung der sozialen Grundsicherung und die Kompensation von krankheitsbedingten Einkommensausfällen. Bleibende Beeinträchtigungen erfordern ggf. die Anpassung der Wohnverhältnisse an die verbliebenen Fähigkeiten zur Alltagsbewältigung. In Bezug auf das Einkommen sind Grundsicherungsleistungen, das Krankengeld, das Übergangsgeld bei medizinischen Rehabilitationsmaßnahmen, weitere Unterhaltssicherungsleistungen, die Beratung über Nachteilsausgleiche nach dem SGB IX oder Pflegegeldleistungen nach dem SGB XI relevant. Sind Wohnungsumbauten erforderlich, werden die Finanzierungsfragen geklärt, möglicherweise auch ein Umzug in eine angemessene Wohnung. Die mehrdimensionale Sicherung der Lebensgrundlagen reduziert Ängste vor einem krankheitsbedingten sozialen Abstieg und fördert individuelle Perspektiven, die durch einen drohenden Verlust der materiellen Ressourcen unterminiert werden. Dadurch wird der individuelle Stress der PatientInnen abgebaut und ihre Bereitschaft zur Mitarbeit in der Behandlung gefördert. Die soziale Beratung entfaltet mit diesen Interventionen unspezifische Behandlungsbeiträge, die zwar nicht kausal für einzelne Behandlungsfortschritte reklamiert werden können, aber sehr wohl für den Gesamterfolg mitentscheidend sind.

Interventionen zur Sicherung der Lebensgrundlagen setzen bei den BeraterInnen gesprächstechnische und sozialadministrative Kompetenzen voraus. Wer mit Ratsuchenden soziale Sicherungsleistungen erschließen möchte, benötigt Gesetzeskenntnisse, Wissen über die örtlichen und institutionellen Zuständigkeiten und über die Modalitäten der Antragsverfahren. Für die soziale Beratung und Unterstützung ist im Zusammenhang mit der Rechtsdurchsetzung bedeutsam, dass die BeraterInnen die rechtlichen Anteile eines krankheitsbedingten Problems erkennen, Ratsuchende über ihre Handlungsmöglichkeiten informieren und sie bei der Realisierung unterstützen (vgl. Roscher 1994, S. 158f.).

Im Beratungsgespräch geht es zunächst darum, Ratsuchende über ihre Rechte und die von ihnen erwarteten Kooperationsformen zu informieren. Informationen sollen präzise und knapp formuliert werden, sie sollen auf Anhieb verstanden werden können (vgl. Giesecke 1997, S. 84f.). Für die Auswahl geeigneter Informationen ist es notwendig, die Vorkenntnisse der Ratsuchenden und ihre individuellen Verstehensmöglichkeiten zu würdigen. Informationen ermöglichen Ratsuchenden neue Sichtweisen und Einschätzungen, sie befähigen zur Entscheidung und zur Handlung (vgl. Pallasch und Kölln 2002, S. 144f.). Bei einer langfristigen Behandlung und Rehabilitation, die PatientInnen für mehrere Monate beanspruchen, können Ängste entstehen, den Arbeitsplatz zu verlieren oder von Sozialhilfe leben zu müssen. Informationen über den Kündigungsschutz und die Zahlung von Krankengeld über 78 Wochen innerhalb von drei Jahren für die gleiche Erkrankung erleichtern es den PatientInnen mit ihrer Krankheit zurechtzukommen. In diesem Fall reicht möglicherweise die soziale Beratung nicht aus, die PatientInnen sind auf Unterstützung angewiesen im Antragsverfahren für eine Rehabilitationsmaßnahme und bei der Regelung ihrer häuslichen Angelegenheiten. Die BeraterInnen formulieren eine Antragsbegründung, organisieren eine Versorgungskette und treffen mit den PatientInnen Vorbereitungen für die Zeit nach der stationären Behandlung. Im Rahmen der sozialadministrativen Kompetenz der BeraterInnen sind sie in diesem Fall mit einem Sozialbericht beziehungsweise einem Gutachten gefordert und mit der Vernetzung unterschiedlicher Hilfestellen.

2. Förderung der sozialen Unterstützung: Unterschieden werden informelle Formen der sozialen Unterstützung, die im privaten Bereich der Familie, Freunde und Bekannten angesiedelt sind, von den formellen Varianten wie ambulante Pflegedienste oder Beratungs- und Hilfestellen. In Bezug auf die informelle soziale Unterstützung geht es darum, belastbare zwischenmenschliche Beziehungen zu fördern, die es Ratsuchenden erleichtern, mit alltäglichen Belastungen und Krankheiten besser zurechtzukommen. Intakte Beziehungen fördern nach Nestmann (2005, S. 1687f.) das Wohlbefinden und federn Belastungen ab. Diese Wirkungen werden vor allem dann beobachtet, wenn Menschen in ihren Beziehungen einen kognitiven, emotionalen, materiellen und praktischen Beistand erfahren (vgl. Pearson 1997, 24f.). Die Forschung über Selbsthilfegruppen im Gesundheitswesen unterstreicht die Zusammenhänge zwischen sozialer Unterstützung und Krankheitsbewältigung. „Selbsthilfegruppen bieten psychosoziale Hilfestellungen für die Alltagsbewältigung und geben emotionale Unterstützung. Krankheits- und problembezogenes Erfahrungswissen wird aus der Sicht von Betroffenen weitergetragen und gleichzeitig wird über das institutionalisierte Versorgungssystem informiert.“ (Gesundheitsberichterstattung des Bundes 2004, S. 16).

Die Verbesserung der sozialen Unterstützung im persönlichen Bereich von PatientInnen wird in der sozialen Beratung zum einen durch die Angehörigenarbeit und zum anderen durch die Netzwerkarbeit erreicht. In der Angehörigenarbeit dominieren im Beratungsgespräch Informationen über die Erkrankung und ihre sozialen und persönlichen Folgen sowie über das Versorgungssystem und Hilfen im Alltag. Die Beziehungen zwischen PatientInnen und ihren Angehörigen können auch durch die

Förderung der Kommunikation verbessert werden. Die Rolle der BeraterInnen besteht in diesen Fällen darin, PatientInnen und Angehörige zu befähigen, über die Krankheit, ihre Sorgen und ihre Wünsche nach Unterstützung und „In-Ruhe-Gelassen-Werden" zu sprechen. Erreicht wird dieses Anliegen teilweise durch die Moderation eines gemeinsamen Gespräches über die krankheitsbedingten Belastungen und Befürchtungen.

Die Förderung der sozialen Unterstützung durch die Netzwerkarbeit basiert auf der Analyse der primären Netze wie Familie, Nachbarschaft und Freundeskreis, der sekundären Netze wie Institutionen, Beratungsstellen und Pflegedienste, und der tertiären Netze wie Selbsthilfegruppen, die zwischen den anderen Netzen vermitteln. Untersucht werden die Größe der Netze, die Intensität der Kontakte, die Qualität der Hilfen, die Verbindungen zwischen einzelnen Netzen und Veränderungswünsche der Ratsuchenden. Ziel der Netzwerkarbeit ist es, Ratsuchende zu unterstützen, vorhandene soziale Ressourcen zu nutzen, Netze zu stärken oder auszubauen und professionelle Hilfen zu koordinieren (vgl. Strauss 2004, S. 408f.). In der Netzwerkarbeit werden Ratsuchende darin unterstützt, mit anderen zu kommunizieren und Hilfe in Anspruch zu nehmen. Die Förderung persönlicher und sozialer Kompetenzen in der sozialen Beratung spielt eine wichtige Rolle in diesem Prozess. In Bezug auf formelle Netze sind darüber hinausgehende Unterstützungen erforderlich. Die BeraterInnen benötigen dafür ein differenziertes Wissen über unterschiedliche Versorgungsangebote einschließlich der Finanzierung von Leistungen und die Zugangswege für PatientInnen. Die Auswahl von Einrichtungen, die den PatientInnen vorgeschlagen werden, setzt eine genaue Fallbeurteilung voraus, in der neben dem objektiven Versorgungsbedarf auch die persönlichen Grenzen der PatientInnen berücksichtigt werden.

3. Förderung persönlicher Fähigkeiten: Die Unterstützung bei der Lebens- und Krankheitsbewältigung setzt unter anderem bei der Auseinandersetzung mit den lebenspraktischen und sozialen Kompetenzen der Ratsuchenden und ihren emotionalen Belastungen an (vgl. Hörmann 2004, S. 166). Eine erfolgreiche Krankheitsbewältigung wirkt sich positiv auf soziale Beziehungen und das Selbstwertgefühl der PatientInnen aus. Durch einen reflektierten Umgang mit der Krankheit wird die Alltagsbewältigung verbessert und es werden Selbsthilfepotenziale freigesetzt, die für die Behandlung besonders wichtig sind (vgl. Faltermeier 2004, S.1074). Nach Hurrelmann (2000, S. 120f.) kommt es in der persönlichen Unterstützung vorrangig auf drei Aspekte an: Zum einen ist es wichtig, PatientInnen über die Krankheit und mögliche Folgen für den Alltag aufzuklären. Zweitens sollen die Kommunikations- und Interaktionskompetenzen für den Umgang mit Angehörigen, aber auch mit Professionellen gestärkt werden. Schließlich ist es für die PatientInnen bedeutsam, dass sie Handlungsmöglichkeiten kennen lernen, mit denen sie den Verlauf ihrer Erkrankungen beeinflussen können.

Gesprächstechnisch steht zunächst die Aufklärung über die Krankheit und ihre Konsequenzen für die PatientInnen im Mittelpunkt. Die BeraterInnen haben hier die Aufgabe, ausgewählte Informationen zu vermitteln, die zu einem konstruktiven Umgang mit der Krankheit befähigen. PatientInnen, die durch die Krankheit persönlich sehr belastet sind, benötigen weitere Gesprächshilfen. Eine gemeinsame Reflexion der krankheitsbedingten Veränderungen des Lebens im Alltag kann zu einer veränderten Haltung beitragen und den persönlichen Stress der PatientInnen verringern. Mögliche Themen sind negative Zukunftserwartungen und Ängste über Rollenveränderungen in der Familie oder im Beruf. Die Sichtweisen und Wahrnehmungen der PatientInnen werden an der Realität überprüft, Rückmeldungen der BeraterInnen können in dieser Gesprächsphase sehr hilfreich sein. Eine andere Form der Reflexion wird durch eine biographische Orientierung im Beratungsgespräch erreicht. Eine Krankheit kann als „Warnschuss“ nach Überforderungen in der Vergangenheit und als Wendepunkt interpretiert werden. Hypothetische Formulierungen der BeraterInnen und reflektierende sowie bilanzierende Fragen sind gesprächstechnisch geeignete Strategien. Für den Fall, dass PatientInnen Angst vor Veränderungen entwickeln und sich in der Krankenrolle einrichten sind Herausforderungen probat, die die etablierten Sichtweisen und Haltungen in Frage stellen. „Das Ziel von Herausforderungen ist es, Klienten zu befähigen, ihre Sichtweise neu zu bewerten und unterschiedliche, weniger obstruktive Sichtweisen zu gewinnen“ (Culley 2002, S. 115). Im Beratungsgespräch werden Herausforderungen unter anderem durch persönliche Rückmeldungen und Reaktionen oder abweichende Interpretationen der BeraterInnen realisiert.

5. AUSBLICK

Die soziale Beratung und Unterstützung bei Krankheit liefert wesentliche Beiträge zur Behandlung. Wichtig ist, dass die soziale Beratung im Kontext der Sozialen Arbeit durchgeführt wird. Ohne den Hintergrund der Sozialen Arbeit würde die soziale Beratung nur noch als Technik eingesetzt werden. Sie könnte unter diesen Voraussetzungen ihre Behandlungswirkungen allenfalls rudimentär entfalten. Für die weitere methodische Entwicklung sind Evaluationsstudien erforderlich, die genauere Auskünfte darüber geben, welche Interventionen tatsächlich wirken. Entsprechende Studien würden dazu beitragen, das methodische Profil und die inhaltliche Ausrichtung der sozialen Beratung bei Krankheit weiter zu profilieren. Eine empirische Fundierung der sozialen Beratung ist auch erforderlich, um die prekäre institutionelle und finanzielle Absicherung dieses wichtigen Behandlungsbausteins zu verbessern. In einem Gesundheitssystem, das heute vor allem ökonomischen und naturwissenschaftlichen Sichtweisen verhaftet ist, hat es die soziale Beratung nicht leicht, ihren Platz zu behaupten. Im Interesse der Versorgungsqualität vor allem für PatientInnen mit komplexen Erkrankungen führt aber an sozialen Interventionen kein Weg vorbei.

LITERATUR

Ansen, H.: Am Scheideweg. Die Soziale Arbeit im Gesundheitswesen muss sich theoretisch und praktisch neu verorten. In: Blätter der Wohlfahrtspflege Heft 3, (2006), S. 96–99

Ansen, H., Gödecker- Geenen, N.; Nau. H.: Soziale Arbeit im Krankenhaus. München, Basel, Reinhardt; (2004)

Bundesministerium für Arbeit und Soziales: Übersicht über das Sozialrecht. BW Bildung und Wissen, Nürnberg; (2006)

Culley, S.: Beratung als Prozess. Weinheim, Basel, Beltz; (2002)

Deutscher Verein für öffentliche und private Fürsorge: Ergänzende Forderungen des Deutschen Vereins zum GKV-Modernisierungsgesetz. In: Nachrichtendienst des Deutschen Vereins, 85. Jg., Heft 1; (2005), S. 1–3

Elkeles, T.; Bormann, C.: Arbeitslose. In: Homfeldt G. u.a. (Hrsg.): Studienbuch Gesundheit. München, Basel, Luchterhand; (2002), S. 11–29

Faltermeier, T.: Gesundheitsberatung. In: Nestmann, F.; Engel, F.; Sikkendiek, U. (Hrsg.): Das Handbuch der Beratung 2., Tübingen, DGVT-Verlag; (2004), S. 1063–1083

Finke, J.: Beratung und Intervention. Stuttgart, Thieme; (1999)

Geißler-Piltz, B.; Mühlum, A.; Pauls, H: Klinische Sozialarbeit. München, Basel, Reinhardt; (2005)

Giesecke, H.: Die pädagogische Beziehung. Weinheim, München, Juventa; (1997)

Gesundheitsberichterstattung des Bundes: Selbsthilfe im Gesundheitsbereich. Heft 23, (2004)

Handbuch Sozialrechtsberatung. Baden Baden, Nomos'; (2005)

Hörmann, G.: Gesundheitswissenschaften/ Medizin und Beratung. In: Nestmann, F.; Engel, F.; Sickendiek, U. (Hrsg.): Das Handbuch der Beratung 1. Tübingen, DGVT-Verlag; (2004), S. 171–181

Homfeldt, H.-G.; Sting, S.: Soziale Arbeit und Gesundheit. München, Basel, Reinhardt; (2006)

Hurrelmann, K.: Gesundheitssoziologie. Weinheim, München, Juventa; (2000)

Lützenkirchen, A. E.: Soziale Arbeit im Gesundheitswesen. Stuttgart, Kohlhammer; (2005)

Morris, D.: Krankheit und Kultur. München, Beck; (2000)

Mühlum, A.: Soziale Arbeit und Gesundheit. In: Archiv für Wissenschaft und Praxis der sozialen Arbeit, 34. Jg., Heft 4; (2004), S. 44–67

Nestmann, F.: Soziale Netzwerke – Soziale Unterstützung. In: Otto, H.-U.; Thiersch, H. (Hrsg.): Handbuch Sozialarbeit – Sozialpädagogik. München, Basel, Reinhardt; (2005), S. 1684–1693

Ortmann, K., Waller, H. (Hrsg): Gesundheitsbezogene Soziale Arbeit. Baltmannsweiler, Schneider Hohengehren; (2005)

Pallasch, W.; Kölln, D.: Pädagogisches Gesprächstraining. Weinheim, München, Juventa; (2002)

Pearson, R. E.: Beratung und soziale Netzwerke. Weinheim, Basel, Beltz; (1997)

Rechtien, W.: Beratung – Theorien, Modelle, Methoden. München, Profil; (1998)

Roscher, F.: Außergerichtliche und gerichtliche Rechtsverwirklichung. In: Kreft, D., Münder, J. u.a.: Soziale Arbeit und Recht. Weinheim, Basel, Beltz; (1994), S. 126–194

Rosenbrock, R.; Gerlinger, Th.: Gesundheitspolitik. Bern, Huber; (2004)

Sachverständigenrat zur Begutachtung der Entwicklung im Gesundheitswesen. Gutachten 2005. Kurzfassung. www.svr-gesundheit.de (10.01.2007)

Schneider, S.: Schichtzugehörigkeit und Mortalität in der BRD: Empirische Überprüfung theoretischer Erklärungsansätze. In: Sozialer Fortschritt, 53. Jg., Heft 3; (2003), S. 64–73

Sickendiek, U.; Engel, F.; Nestmann, F. (Hrsg.): Beratung. Weinheim, München, Juventa; (2002)

Spiegel, H. v.: Methodisches Handeln in der Sozialen Arbeit. München, Basel, Reinhardt; (2006)

Straus, F.: Netzwerk und Beratung. In: Nestmann, F.; Engel, F.; Sickendiek, U. (Hrsg.): Das Handbuch der Beratung 1. Tübingen, DGVT-Verlag; (2004), S. 407–419

Wilkinson, R.: Die Kultur der Ungleichheit. In: Sozialmagazin, 28. Jg., Heft 4, (2003), S. 32–37

Klinische Sozialarbeit als Sozialtherapie

Ulrich Binner und Karlheinz Ortmann

1. EINFÜHRUNG

Bisher ist nicht genau geklärt, was unter dem Begriff Sozialtherapie zu verstehen ist. Dies drückt sich auch in unterschiedlichen Schreibweisen aus. So wird in der Literatur Sozialtherapie auch als Soziale Therapie oder Soziotherapie bezeichnet. Die Standards der Sektion Sozialtherapie im Deutschen Arbeitskreis Gruppenpsychotherapie und Gruppendynamik (Sektion Sozialtherapie 1997) sind besonders gut geeignet, den derzeitigen Stand der Dinge in Deutschland bezüglich der Sozialtherapie exemplarisch zu skizzieren. In den Standards der Sektion heißt es: „Sozialtherapie ist nicht die Behandlungsmethode der Sozialarbeit. Sie findet zwar oft im Kontext von Sozialarbeit statt, wird jedoch häufig auch von anderen Berufsgruppen ausgeübt." In der Tat muss man bei Sichtung der Literatur zur Sozialtherapie den Eindruck haben, dass – etwa im Gegensatz zur klassischen Psychotherapie, die als Leistung der Gesetzlichen Krankenversicherung nur von geprüften psychologischen beziehungsweise ärztlichen PsychotherapeutInnen ausgeübt werden darf – die Ausübung einer Sozialtherapie weder an besondere Qualifikationen noch an eine Profession gebunden ist. Weiter heißt es in der Broschüre: „Sie (die Sozialtherapie, die Verfasser) unterscheidet sich von der Sozialarbeit wesentlich durch ein (sozial-therapeutisches) Handeln, das auf einem entwicklungspsychologischen Verständnismodell begründet ist." Hier wird sogar zwischen Sozialarbeit und Sozialtherapie unterschieden, weil der Sozialtherapie ein anderes – ein entwicklungspsychologisches – Verstehens- und Handlungsmodell zu Grunde liegt. Mit anderen Worten: Sozialtherapie hat gar keine *eigene* theoretische Basis. SozialtherapeutInnen müssen demnach Anleihen in der Psychologie nehmen, um ihr therapeutisches Denken und Handeln begründen zu können. Schließlich wird weiter ausgeführt, dass Sozialtherapie „... psychotherapeutische beziehungsweise psychosoziale Arbeit mit Einzelnen, Familien, Gruppen und in Systemen ..." ist. Damit ist eine klare Unterscheidung zwischen Psychotherapie und Sozialtherapie nicht mehr möglich.

Ziel unseres Beitrags ist es hingegen, eine Konzeptualisierung von Sozialtherapie zu versuchen, die eindeutig als spezifische Methode der Klinischen Sozialarbeit zu verorten ist. Klinische Sozialarbeit meint nach unserem Verständnis im Kern Sozialarbeit als Behandlung.

Wir gehen ausdrücklich nicht auf die Soziotherapie nach SGB V, §37a ein, die aus unserer Sicht einen Sonderfall darstellt. Bei ihr handelt es sich um eine Leistung im Rahmen der Gesetzlichen Krankenversicherung, die ausschließlich für den Personenkreis der schwer psychisch kranken Menschen gedacht ist. Das soziotherapeutische Hilfepotenzial ist durch restriktive Rahmenbedingungen so reduziert worden, dass ein therapeutisches Wirken im Sinne der von uns entworfenen Sozialtherapie zweifelhaft erscheint. Unberücksichtigt lassen wir ebenfalls die Sozialtherapie im Kontext des Strafvollzugs (§9 Strafvollzugsgesetz) in Deutschland. Diese stellt aus unserer Sicht ebenfalls eine Besonderheit dar, die wir an dieser Stelle nicht angemessen vorstellen und diskutieren können.

2. GRUNDLAGEN

Mit den folgenden Ausführungen möchten wir die zentralen Ausgangs- und Bezugspunkte für unsere Überlegungen zur Begründung und Entwicklung der Sozialtherapie vorstellen.

2.1 Sozialepidemiologische Befunde

Zusammenhänge zwischen sozialen Faktoren und Gesundheit beziehungsweise Krankheit sind seit langem bekannt und vielfach empirisch belegt. Hier sollen lediglich exemplarisch einige Ergebnisse aufgeführt werden. Für vertiefende Informationen sei auf die Internetseite des Robert-Koch-Instituts hingewiesen (www.rki.de), auf der sich unter der Rubrik „Gesundheitsberichterstattung und Epidemiologie“ eine Vielzahl sozialepidemiologischer Forschungsergebnisse finden und downloaden lässt.

Arbeitslosigkeit und Gesundheit

Auf der Basis von Daten der Gmünder Ersatzkasse aus dem Jahr 2000 zeigt sich, dass arbeitslose Männer durchgängig mehr Krankenhaustage aufweisen als berufstätige Männer. Besonders deutlich ist der Unterschied im Diagnosekapitel „Psychische und Verhaltensstörungen", wo die Anzahl der Krankenhaustage bei arbeitslosen Männern sechs Mal höher ist, als bei berufstätigen Männern (Robert-Koch-Institut 2003).

Gesundheit Alleinerziehender

Bei der Lebenszeitprävalenz ausgewählter Krankheiten im Vergleich zwischen allein erziehenden Müttern und verheirateten Müttern anhand der Daten des Bundes-Gesundheitssurveys (Robert-Koch-Institut 2003a) zeigen sich bei zahlreichen Erkrankungen signifikante Unterschiede. Besonders auffällig sind diese in Bezug auf die psychischen Erkrankungen, die bei alleinerziehenden Müttern mehr als doppelt so häufig vorkommen.

Soziale Benachteiligung und Gesundheit

Zusammenhänge zwischen sozialer Benachteiligung und Gesundheit sind ebenfalls durch zahlreiche sozialepidemiologische Untersuchungen empirisch belegt. So haben Menschen in Armut einen schlechteren Gesundheitszustand und eine höhere Sterblichkeit als nicht-arme Bevölkerungsgruppen. Dies gilt für fast alle körperlichen und psychischen Erkrankungen (Ausnahmen sind z.B. Allergien und Brustkrebs). Menschen in Armut zeigen ein riskanteres Gesundheitsverhalten (hinsichtlich Rauchen, Ernährung, Bewegung etc.) und beteiligen sich seltener an Vorsorgeuntersuchungen (ausführlich hierzu Mielck 2005).

Die Bedeutung sozialer Faktoren für Gesundheit und Krankheit ist für die Sozialarbeit nicht wirklich neu; denn sie verfügt über reichliche Erfahrungen in der Arbeit mit und an den Lebensverhältnissen der Menschen. Aus den Erfahrungen der Sozialarbeit gibt es keinen Zweifel daran, dass vor allem sozial verletzliche beziehungsweise verletzte Bevölkerungsgruppen besonders intensive und vielfältige (soziale) Unterstützung auf dem Weg zu mehr Gesundheit benötigen. Insbesondere SozialarbeiterInnen erfahren in ihrem beruflichen Alltag, in welchem Maße z. B. die Arbeitssituation oder Arbeitslosigkeit, Überschuldung, familiäre Konflikte, unzureichender Wohnraum oder Einsamkeitsgefühle auf das Wohlbefinden der Menschen wirken. Bislang ist es jedoch in der Sozialarbeit weitgehend versäumt worden, diese Erfahrungen aufzugreifen und daraus eigene – sozialarbeitsspezifische – gesundheitsbezogene Verstehensweisen und Handlungskonzepte zu entwickeln.

2.2 Das biopsychosoziale Modell

Mit dem biopsychosozialen Modell (Uexküll und Wesiack 1996) werden Menschen als biopsychosoziale Einheiten aufgefasst. Gesundheitliche Problemlagen lassen sich danach physiologischen, psychischen und sozialen Systemebenen zuordnen, die miteinander kommunizieren und durch Auf- und Abwärtsbewegungen untrennbar biopsychosozial verwoben sind.

Lebende Systeme sind als Einheit von Organismus und Umwelt definiert. Durch Assimilation und Akkommodation muss diese Einheit hergestellt werden. Dabei muss es zu einer Passung zwischen den Verhaltensmöglichkeiten und Bedürfnissen des Organismus und der Umwelt kommen (vgl. Geigges 2001). Passungen sind also Beziehungen, in denen das Verhältnis zwischen Anforderungen und Ressourcen ausgeglichen sind. Passung beschreibt in diesem Sinne eine „Entsprechung, in der [sich – die Verfasser] Organismus und Umgebung gegenseitig definieren und gegenseitig (…) ergänzen" (Uexküll und Wesiack 1996, S. 44).

Das lebende System kommuniziert mit seiner Umwelt durch Zeichen, die es aussendet. Informationen über sich und seine Umwelt erhält das lebende System durch Empfangen seiner ausgesendeten Zeichen und den Veränderungen, die sich durch die Spiegelung am Gegenüber ergeben haben. Das lebende System muss sich also in Beziehungen befinden, um die essentiellen Informationen über sich selbst und seine Situation zu erhalten. Daraus kann gefolgert werden, dass Gesundheit sich als intaktes Beziehungsgefüge und Krankheit sich als gestörtes Beziehungsgefüge darstellt (vgl. Uexküll und Wesiack 1996, S. 44). Um Passungsstörungen zu vermeiden, müssen „auf einer somatischen, einer psychischen und einer sozialen Ebene ständig Beziehungsfäden gesponnen werden, wenn Gesundheit erzeugt und Krankheit vermieden werden soll" (Uexküll und Wesiack 1996, S. 47).

Durch Veränderungen in der Umgebung und/oder im Organismus werden Passungen gestört oder gehen sogar verloren. Passungsstörungen sind permanente Inhalte des menschlichen Lebens. Das jeweilige Potenzial zur Assimilation und Akkommodation entscheidet darüber, ob es gelingt, Passungsstörungen zu beseitigen oder ob aus diesen Passungsverluste entstehen.

Passungsstörungen auf der einen Systemebene können, wenn sie auf dieser nicht kompensierbar sind, Kompensationsanstrengungen auf anderen Systemebenen auslösen, denn das Gesamtsystem sucht nach Stabilität und gewährleisteter Funktionalität. Wird nun auf einer Systemebene dauerhaft eine Kompensation von Störungen auf einer anderen Ebene ausgeführt, kann es zu Überlastungen und damit erneuten Passungsstörungen kommen.

Soziale Faktoren wie das Bedürfnis nach emotionaler Zuwendung, spontaner Hilfe, soziokultureller Zugehörigkeit durch Teilnahme, nach Unverwechselbarkeit, nach Autonomie, nach sozialer Anerkennung und nach Gerechtigkeit, stellen grundlegende menschliche Bedürfnisse dar, deren Nichterfüllung genauso verheerend wirkt, wie die Nichterfüllung von biologischen oder biopsychischen Bedürfnissen (vgl. Obrecht 2005).

Krankheit lässt sich also als Resultat von Passungsstörungen oder -verlusten auf der somatischen, psychischen und sozialen Systemebene verstehen und ist damit grundsätzlich biopsychosozial zu verstehen. Nach dem biopsychosozialen Modell sind die somatischen, psychischen und sozialen Aspekte von Krankheit potentiell von gleichrangiger Bedeutung. Sozialen Faktoren kann die gleiche Bedeutung zukommen wie den körperlichen und/oder psychischen Faktoren. Daraus lässt sich eine klare Begründung für den eigenständigen Beitrag der Sozialen Arbeit in der Bearbeitung von gesundheitlichen Störungen ableiten, die eben auch als soziale Störungen zu verstehen sind.

2.3 Das Konzept soziale Unterstützung (Social Support)

Im Mittelpunkt der Forschungen und Überlegungen zur Wirkung sozialer Unterstützung stehen soziale Netze und der sich darin entfaltenden

Unterstützungsleistungen. Zu solchen Netzwerken zählen Familien, Freunde und Nachbarschaften ebenso wie kulturelle Gemeinschaften, in denen sich Menschen zusammenfinden. In solchen Netzwerken werden idealerweise in Beziehungen und in Gegenseitigkeit unterschiedlichste Formen und Leistungen sozialer Unterstützung erschlossen und wirksam. Dazu gehören beispielsweise: Informationen (etwa über Hilfemöglichkeiten), Beratungen (etwa bei Problemen und Entscheidungsfindungen), Pflege (etwa bei Krankheit oder Pflegebedürftigkeit), lebenspraktische Hilfen (etwa Reparaturen, Betreuung von Kindern), materielle Hilfen (etwa finanzielle Unterstützung, Sachleistungen) und Geselligkeit (etwa gemeinsame Unternehmungen, Gespräche, Zugehörigkeit zu Vereinen). In Beziehungen, die durch Gegenseitigkeit gekennzeichnet sind, entstehen zudem Gefühle der Zugehörigkeit, der persönlichen Wertschätzung, von Geborgenheit und Orientierung. Auch soziale Kompetenzen werden in solchen Beziehungen erworben. Durch soziale Unterstützung erhält das Individuum Informationen über sich selbst und über die Situation, in der es sich befindet. Dieser Aspekt der sozialen Unterstützung ist in Bezug auf das beschriebene biopsychosoziale Modell von großer Wichtigkeit.

Gewährte oder verweigerte soziale Unterstützung kann direkt auf die Befindlichkeit der Menschen wirken (positiv und negativ). Soziale Netzwerke sind deshalb so bedeutungsvoll, weil Gesundheit und Krankheit in ihnen gelebt werden und sie eine Vielzahl unterschiedlicher Ressourcen für Gesundheit und Gesundung beinhalten (hierzu auch Dehmel in diesem Buch). Bisher besteht allerdings noch eine Diskrepanz zwischen den Forschungsergebnissen zur sozialen Unterstützung und deren Umsetzung in die sozialarbeiterische Praxis. Die Klinische Sozialarbeit sollte verstärkt an diese meist grundlegenden Forschungen anknüpfen und sie für die Begründung und Entwicklung sozialarbeiterischer beziehungsweise sozialtherapeutischer Behandlungskonzepte nutzen.

2.4 Das Konzept der Gesundheitsförderung

Im Zuge der Etablierung der Gesundheitswissenschaften in Deutschland gewinnen Modelle und Konzeptionen, die ausdrücklich auf die Förderung und Erhaltung von Gesundheit ausgerichtet sind, wie z. B. das Modell der Salutogenese, an Bedeutung. An dieser Stelle soll insbesondere auf die Ottawa Charta der WHO (WHO 2007) Bezug genommen werden, auf die sich die Gesundheitswissenschaften in ihrem Kern beziehen. Diese Charta, aus der sich alle Konzepte zur Gesundheitsförderung ableiten, ist im Wesentlichen als ein *soziales Konzept* für mehr Gesundheit zu verstehen. In ihr gelten Selbstbestimmung, Selbständigkeit und Selbsthilfe des Einzelnen und sozialer Systeme, Partizipation und politische Einflussnahme als Schlüssel für Gesundheit. Gesundheitsförderung bezieht sich danach auf alle Lebensbereiche der Menschen sowie alle Politikbereiche und -ebenen in der Gesellschaft. Gesundheitsförderung ist damit nicht die alleinige Sache von Gesundheitsexperten und der Gesundheitspolitik, sondern ein Thema für jeden (hierzu ausführlich Waller 2002).

Das neue Konzept der Gesundheitsförderung sieht gesundheitsschädigende und gesundheitsfördernde, psychologisch zu betrachtende Verhaltens- und soziologisch zu betrachtende Lebensweisen nicht mehr allein als individuelle (private) Entscheidungen, sondern vor allem in ihrer Verflechtung mit sozialen, kulturellen, ökonomischen und ökologischen Bedingungen und Zusammenhängen.

Die Verbindungslinien zwischen den Themen beziehungsweise Fragenstellungen der Gesundheitswissenschaften und der Sozialarbeit liegen auf der Hand. Umso bedauerlicher ist es, dass sich beide Fächer gegenseitig zu wenig wahrnehmen und keine Allianz bilden (Ortmann und Schaub 2003).

Über die von hier benannten Modelle und Konzepte hinaus gibt es natürlich noch eine ganze Reihe von Vorlagen aus anderen Theorien, klinischen Verstehensmodellen und Handlungskonzepten (wie z. B. die humanistischen, die psychoanalytischen und die kognitiv- behavioralen Modelle und Therapieformen), die für die Entwicklung der Sozialtherapie von Bedeutung sind. Wir können an dieser Stelle ebenso wenig darauf eingehen wie auf die genuin sozialarbeiterischen Vorlagen (z. B. Einzelfallhilfe, Soziale Gruppenarbeit, Sozialraumorientierte Arbeit) der Sozialarbeit, die selbstverständlich auch zu den Grundlagen der Sozialtherapie zählen.

3. ZUR KONZEPTUALISIERUNG DER SOZIALTHERAPIE

3.1 Gegenstand

Gegenstand der Sozialtherapie sind soziale Probleme, oder anders ausgedrückt: Störungen in der sozialen Dimension biopsychosozial zu verstehenden Gesundheit. Im Versuch, den Gegenstand der Sozialtherapie zu benennen, folgen wir in wesentlichen Staub-Bernasconi (1994), die soziale Problemlagen folgenden vier Kategorien zuordnet.

Ausstattungsprobleme

Diese hängen mit „der unterschiedlichen Teilhabe von Individuen an den gesundheitsbezogenen, medizinischen, psychischen, sozialen und kulturellen Ressourcen oder Errungenschaften einer Gesellschaft“ (Staub-Bernasconi 1994, S. 15) zusammen. Sie umfassen: körperliche Ausstattung, sozioökonomische und sozialökologische Ausstattung. Ausstattung mit Erkenntniskompetenzen, symbolische Ausstattung, Ausstattung mit Handlungskompetenzen und Ausstattung mit verschiedenartigen zugeschriebenen sowie frei gewählten (erwerbbaren), informellen und formellen sozialen Beziehungen und Mitgliedschaften.

Austauschprobleme

Damit sind Probleme gemeint, die aufgrund der Angewiesenheit des Menschen auf Austauschbeziehungen zu anderen Menschen zwecks Befriedigung der Grundbedürfnisse, entstehen. Menschen werden verschiedene Ausstattungsmerkmale: „biologische Ressourcen, sozioökonomische Güter im weitesten Sinne, symbolische Ressourcen, Gefühle, normative und kognitive als auch Handlungskompetenzen“ (ebd. 1994, S. 18) zugeschrieben, die als Tauschmedien verwendet werden.

Machtprobleme

Machtprobleme entstehen, wenn der Zugang zu sozioökonomischen Gütern behindert wird, also aufgrund eines gewissen Status eine Benachteiligung vorliegt. Machtprobleme entstehen durch unterschiedliche Verteilungsmuster von sozioökonomischen Gütern. Dies bedingt sich aus Differenzierungen oder Gliederungen in territoriale, politisch organisierte Teilsysteme (Familien, Regionen, Nationen, Kontinente, Weltgesellschaft ...) und der Differenzierung nach sozialen Kategorien. Der Zugang zu sozioökonomischen und anderen Ressourcen ist nicht nur von Bedürfnissen und Fähigkeiten des Menschen abhängig, sondern auch von der Verfügung von Machtquellen, durch deren ungleiche Verteilung, ein Teil der Menschen problembelastet wird (vergl. Staub-Bernasconi 1994, S. 24ff.).

Kriterienprobleme

Diese beziehen sich auf Wertvorstellungen. Vergesellschaftlichte Werte werden zu Kriterien, die zur Be- und Verurteilung sozialer Problematiken genutzt werden. (vergl. Staub-Bernasconi 1994, S. 42f.) Sie „entstehen aus dem menschlichen Grundbedürfnis, sich Werte zu setzen, über das Bestehende hinauszugehen und bessere Welten zu antizipieren" (Ritscher 2002, S. 173).

Das auf diese Weise gefasste Soziale beziehungsweise die so gefassten sozialen Probleme werden in den Alltags- und Lebenssituationen der Menschen gelebt. Menschen in Situationen (person in environment) sind seit jeher Gegenstand sozialarbeiterischen Denkens und Handelns. Deshalb soll die Lebenssituation uns auch als zentrale Bezugsgröße für unsere Überlegungen zur Sozialtherapie dienen. Lebenssituationen schließen sowohl Zuweisungskriterien wie Alter, Geschlecht und Bildung ein, die die Lebenssituation insgesamt vorstrukturieren, als auch Spielräume zur individuellen Ausgestaltung, die sich aus individuellen Ressourcen- und Belastungsverteilungen (Berger und Hradil 1990) ergeben und in denen sich das Alltagshandeln der Menschen entfaltet. Konkrete Lebenssituationen stellen sich jeweils als einzigartig, multidimensional und damit hoch komplex dar. Es handelt sich dabei um je individuelle Lebensgeschichten, Lebensentwürfe und Alltagssituationen, die die Menschen im Rahmen Ihrer persönlichen und sozialen Begrenzungen und Möglichkeiten handelnd ausgestalten.

Das Soziale erweist sich somit als ein vielschichtiger, komplexer und diffuser Gegenstand, um den herum sich Sozialarbeit auf unterschiedliche

Weise entwickelt und dabei die unterschiedlichsten Formen angenommen hat (z. B. Streetwork, Einzelfallhilfe, Familienberatung, Gemeinwesenarbeit, Case Management). In dieser Uneinheitlichkeit spiegelt sich der komplexe Gegenstand der Sozialarbeit, dessen Kern soziale Problemlagen sind, die sich auf unterschiedlichste Art (z. B. Gewalt, Armut, Einsamkeit, Beziehungskonflikte) darstellen.

3.2 Indikationen

Spätestens an dieser Stelle möchten wir dem möglicherweise entstandenen Eindruck entgegentreten, wir würden eine Therapeutisierung sozialer Probleme und der Sozialen Arbeit betreiben wollen. Wir möchten deshalb hier betonen, dass natürlich nicht jedes soziales Problem sozialtherapeutisch zu bearbeiten ist. Andererseits – und damit betreten wir mit unseren Überlegungen möglicherweise Neuland in der Sozialen Arbeit – werden uns aus verschiedenen Arbeitsfeldern der Sozialen Arbeit immer wieder Fälle bekannt, in denen die sozialen Probleme so gravierend sind, dass die nicht (sozial) therapeutisch ausgebildeten und entsprechend arbeitenden SozialarbeiterInnen an die Grenzen ihres beruflichen Handlungsrepertoires stoßen und/oder überfordert sind. Vielfach werden solche Fälle – in denen eine *soziale* Problematik den Hilfebedarf dominiert – dann an die vermeintlich besser qualifizierten PsychotherapeutInnen und/oder (Fach)ÄrztInnen „abgegeben". Die Hoffnung, auf diese Weise Hilfe zu erhalten, erfüllt sich für KlientInnen wie auch für SozialarbeiterInnen nicht immer. Nicht selten werden solche KlientInnen, ohne dass eine nachhaltige Besserung erreicht werden konnte, mit den Etiketten „austherapiert", „fehlende Krankheitseinsicht", „irreversibel" oder „nicht therapiefähig" in die Arbeitsfelder der SozialarbeiterInnen zurück überwiesen, die sich dann vielfach den Einschätzungen der anderen Berufsgruppen anschließen und die KlientInnen in dem Sinne aufgeben, dass keine weiteren *eigenen* Versuche unternommen werden, an den sozialen Störungen therapeutisch zu arbeiten. Um genau diese Fälle geht es uns. Wir haben den Eindruck, dass das Hilfepotenzial der Sozialen Arbeit bei weitem nicht optimal ausgeschöpft wird beziehungsweise werden kann. Deshalb fühlen wir uns professionsethisch geradezu verpflichtet, über eine therapeutische Version professionellen Handelns in der Sozialen Arbeit nachzudenken.

Wir können zum gegenwärtigen Zeitpunkt, da es eine Sozialtherapie, wie wir sie uns vorstellen, erst in Ansätzen gibt, natürlich keine „fertige" Liste möglicher sozialer Probleme vorlegen, die eine sozialtherapeutische Behandlung indizieren. Die folgende Aufzählung ist deshalb als eine erste und vorläufige Benennung zu verstehen. Wir denken, dass Menschen mit folgenden Eigenschaften von einer Sozialtherapie profitieren könnten:

Menschen,
- die sozial zurückgezogen beziehungsweise sozial isoliert leben (vereinsamt sind);
- die in chronisch beziehungsweise chronifizierten konflikthaften Beziehungen (Partner, Eltern...) leben;
- die erhebliche Defizite in ihrer Soziabilität aufweisen, über geringe soziale Kompetenzen verfügen;
- die unter sozialen Anpassungsstörungen leiden (z. B. Migrantinnen);
- die von aufgrund sozialer Störungen von Exklusion bedroht sind (z. B. Schulverweigerer, Gemobbte);
- die aufgrund sichtbarer körperlicher Beeinträchtigungen von Exklusion bedroht sind;
- deren Lebensläufe durch Straffälligkeit und gerichtlichen Verurteilungen gekennzeichnet sind.

Solche Menschen sind zudem oft
- in ihren Kommunikationsmöglichkeiten eingeschränkt (können sich nicht gut artikulieren, haben nicht gelernt, anderen zuzuhören ...);
- in ihrer Beziehungsfähigkeit gestört (können schlecht Kontakte aufnehmen und halten, brechen Beziehungen ab);
- besonders schwierig zu erreichen und schwierig im Umgang (hard to reach);
- nicht therapiefähig im klassischen psychotherapeutischen Sinn und deshalb schlecht versorgt;
- an gesellschaftlicher Teilhabe eingeschränkt oder ausgeschlossen (z. B. Arbeit, Bildung, Geld);
- wenig in der Lage ihre Bedürfnisse zu formulieren und ihre Interessen zu vertreten;
- körperlich und/oder psychisch erkrankt.

3.3 Eigenschaften

Aus den vorausgegangenen Ausführungen zur Konzeptualisierung sozialer Probleme und der Komplexität der Alltags- und Lebenssituationen der Menschen folgt, dass Sozialtherapie nicht als eine einzige Form therapeutischer Arbeit (etwa analog zur Psychotherapie) entwickelt werden kann. Vielmehr ist sie als eine Vielfalt von Heran- und Umgehensweisen wie etwa Krisenintervention, Formen sozialer Unterstützung, Case Management und vieles mehr vorstellbar, die fallbezogen und flexibel zum Einsatz kommen können. Wir unterscheiden dennoch vier grundlegende Formen sozialtherapeutischer Praxis, die hier getrennt aufgeführt werden, sich aber in Wirklichkeit überschneiden und gegenseitig ergänzen:

Sozialtherapie als professionell arrangierte Lebenspraxis/Lebenssituation

Diese Variante der Sozialtherapie bezieht sich beispielsweise auf therapeutische Wohngemeinschaften, Betreutes Wohnen, stationäre Einrichtungen wie Behinderten- und Seniorenheime sowie Akut- und Rehabilitationskliniken, in denen Lebenssituationen mit kurz, mittel oder langfristiger Perspektive professionell arrangiert werden. Solche Arrangements beziehen sich sowohl auf soziale Aspekte des Zusammenlebens, als auch auf bauliche und infrastrukturelle Aspekte.

Sozialtherapie als Training

Sozialtherapie als Training meint alle Formen des Lernens und des Befähigens zu bestmöglicher Soziabilität. Dabei geht es um den Erwerb von sozialen Fähigkeiten beziehungsweise Kompetenzen (hierzu auch der Beitrag von Pareigis in diesem Buch).

Sozialtherapie als Gespräch

Gespräche über Soziale Probleme (ob als Zweiergespräch, Gruppengespräch oder Familiengespräch) sind grundsätzlich auch als soziale Ereignisse zu verstehen, in denen neben den aktuellen Gesprächsinhalten die

Beziehungen und Interaktionen zwischen Hilfesuchenden und HelferInnen von Bedeutung für den Gesundungsprozess sind. Beziehungen und Interaktionen haben in einem solchen Setting Modellcharakter für die KlientInnen, die daran lernen können, wie man miteinander in Gegenseitigkeit umgeht. Die Beziehungs- und Interaktionserfahrungen sollten thematisiert werden und von KlientInnen auf Situationen außerhalb des Hilfeangebots anwendbar sein.

Sozialtherapie als Begleitung

Begleitung meint, Menschen bei der Bewältigung beziehungsweise Bearbeitung ihrer sozialen Probleme verlässlich zur Seite zu stehen. Begleitung kann sich beispielsweise auf die Bewältigung einer Krise beziehen und kurzzeitig sowie intensiv erfolgen. Ebenso ist aber auch vorstellbar, dass Menschen über einen längeren Zeitraum, möglicherweise über Jahre, in unterschiedlicher Intensität begleitet werden müssen, bis sich ein nachhaltiger Erfolg einstellt.

Für die konkrete Hilfeplanung und den Hilfeprozess, gilt es in jedem Fall, Passungen zwischen den Hilfe suchenden Menschen, den Hilfeangeboten und den HelferInnen herzustellen. Solche Passungen beziehen sich immer auf die sog. konzeptionelle Dimension im Hilfeprozess, in der die Konzepte – also die Problemdefinitionen und Problemlösungsvorschläge – zwischen den Beteiligten ausgehandelt werden. Wenn diese stimmig sind, und von den Beteiligten als sinnvoll erlebt werden, kann Hilfe besonders gut wirksam werden. Ebenso gilt es personale Passungen auf der Beziehungsebene herzustellen. Manche KlientInnen mögen es, wenn HelferInnen ihnen ganz nah sind (wie ein Bruder oder eine Schwester oder eine gute Freundin), manchen ist zuviel Nähe und Vertraulichkeit suspekt. In solchen Fällen sind Beziehungsformen angemessen, die durch mehr Distanz gekennzeichnet sind. In jedem Fall ist durchgängig auszuloten, wie die Beziehung zwischen den Hilfe suchenden Menschen und HelferInnen im Sinne eines bestmöglichen Hilfeerfolges gestaltet werden kann. Eine solch flexible Ausgestaltung der konzeptionellen und personalen Dimension von Behandlung ist nur in einer reflektierenden Praxis (Schön 1983) möglich.

Gleichzeitig wird eine weitere Eigenschaft sichtbar. Sozialtherapie ist als ein dialogisches Hilfeangebot zu verstehen, in dem Hilfesuchende und HelferInnen in Gegenseitigkeit mit einander kommunizieren und interagieren. Mit diesem Vorgehen wird die Einzigartigkeit des Falles gewürdigt und nach individuellen Lösungen gesucht. Für ein solches Vorgehen kann es keine Handlungsanleitungen im Sinne von Rezepten zur Vorgehensweise geben. Vielmehr lässt sich ein solches Vorgehen als experimentelles Denken und Handeln kennzeichnen, mit dem in einem weitgehend offenen Hilfeprozess Problemlösungen verhandelt und ausgehandelt werden. Dafür müssen sozialtherapeutisch tätige SozialarbeiterInnen besonders gut qualifiziert sein. Hier sollen nur Stichworte genannt werden, die einem solchen Denken und Handeln eigen sind: Rollenflexibilität, Methodenvielfalt, Wissensvielfalt, Handlungsvielfalt, Prozesskompetenz, Kreativität. Lösungen lassen sich dann als Befähigungen zur Problemlösung verstehen und nicht mehr als Befolgen von Anweisungen.

Ein weiteres Kennzeichen sollte aus unserer Sicht die potenzielle Niedrigschwelligkeit der Sozialtherapie sein. Sozialtherapeutisch arbeitende SozialarbeiterInnen sollten in der Lage sein, *auch* an den Orten, wo die Hilfe suchenden Menschen leben und Hilfe benötigen (z.B. in deren Wohnungen) und nicht nur in Einrichtungen des Gesundheits- und Sozialwesens zu arbeiten.

Als Letztes soll hier noch erwähnt werden, dass Sozialtherapie ressourcenorientiert durchgeführt werden muss. Sie orientiert sich nicht nur an den Defiziten der Menschen. Vielmehr rückt sie die persönlichen und sozialen Ressourcen der Menschen in das Zentrum ihres Denkens und Handelns, um die Selbsthilfe- und Selbstheilungspotentiale der Menschen zu fördern und auszubauen.

Vor dem Hintergrund der hohen Zahl chronischer und chronifizierter gesundheitlicher Problemlagen in Deutschland, die die Lebensqualität der Menschen nachhaltig beeinflussen können, muss es möglich sein, Sozialtherapie als Akutbehandlung (z.B. im Sinne von Kriseninterventionen), insbesondere aber als Langzeitbehandlung zu planen und durchzuführen. In diesem Zusammenhang ist zu bedenken, dass in Zukunft integrative Behandlungs- und Versorgungsmodelle etwa im Bereich des *Disease Managements* vorstellbar sind, in denen sozialtherapeutische Aspekte eine bedeutende Rolle zu kommen könnte. Allein schon aus diesem Grund schließt sozialtherapeutische Praxis die selbstverständliche Bereitschaft zur Kooperation und des Zusammenwirkens mit anderen Disziplinen und Berufsgruppen im Sinne einer integrierten (biopsychosozialen) Gesundheitsversorgung ein. Dazu gehört auch im Bedarfsfall die Delegation von Hilfesuchenden an andere Einrichtungen und Fachkräfte.

3.4 Ziele

An das Ende dieses Kapitels haben wir die Ziele, die wir mit der Sozialtherapie verbinden, gestellt. Es sollte in unseren bisherigen Ausführungen deutlich geworden sein, dass es in der Sozialtherapie, die wir als eine Spezialform sozialarbeiterischen Denkens und Handelns verstehen, natürlich um die gleichen Ziele wie in der allgemeinen Sozialarbeit und der speziellen Klinischen Sozialarbeit geht. Es geht im Kern um die Förderung sozialer Kompetenzen, über die sich die Teilhabe am sozialen Leben in Gemeinschaft und Gesellschaft und am darin enthaltenen Unterstützungspotenzial für die Hilfe suchenden Menschen bestmöglich fördern und sichern lässt (so dass professionelle Hilfe nicht mehr benötigt wird).

4. AUSBLICK

Die von uns entworfene Sozialtherapie kann – davon sind wir überzeugt – einen wichtigen Beitrag zur besseren Versorgung und Behandlung sozial verletzlicher oder sozial verletzter Menschen leisten. Bis sie zu einer festen Größe in den Leistungskatalogen der Sozialversicherungen in Deutschland geworden ist, dürfte allerdings eine lange Zeit vergehen. Die Erfahrungen bei der mehr als zögerlichen Umsetzung der Soziotherapie (SGB V 37a) zeigen, dass in der sozialrechtlich begründeten Versorgungslandschaft niemand auf eine neue Behandlungsform wartet. Sozialtherapie wird deshalb beweisen müssen, dass sie wirkungsvoll Hilfe leistet und zugleich die Kassen der Sozialversicherungen nicht zusätzlich belastet.

Aus professionstheoretischer Sicht kann die von uns entworfene Sozialtherapie zur Entwicklung *eigener* Verstehensmodelle und Behandlungskonzepte der Sozialarbeit für soziale Problemlagen beziehungsweise die soziale Dimension biopsychosozial zu verstehender Gesundheit und Krankheit beitragen. Nur wenn dies gelingt, kann sich Klinische Sozialarbeit gegenüber den anderen helfenden Professionen legitimieren. Dabei wird es von besonderer Bedeutung sein, aus den Fragen und Antworten, die sich in der sozialtherapeutischen Praxis stellen, Praxeologien zu entwickeln. Diese könnten für die Aus- und Weiterbildung dringend benötigte Antworten auf die in den letzten Jahrzehnten in der Sozialarbeit vernachlässigte Frage liefern, die da lautet: Wie geht Sozialarbeit?

LITERATUR

Berger, P. A.; Hradil, S: Die Modernisierung sozialer Ungleichheit – und die neuen Konturen ihrer Erforschung. In: Berger, P. A.; Hradil, S. (Hrsg.): Lebenslagen, Lebensläufe, Lebensstile, Soziale Welt, Göttingen, Otto Schwartz & Co, Sonderband 7; (1990), S. 3–24

Geigges, W: Reflektierte Kasuistik als Instrument der Forschung und Lehre einer Integrierten Medizin; In: Th. v. Uexküll; W. Geigges und R. Plassmann (Hrsg.): Integrierte Medizin – Modell und klinische Praxis. Stuttgart, Schattauer; (2001) Manuskript zu Kap. 1.2 Download unter http://www.int-med.de/kleinebibl/kleinebibl.htm

Mielck, A.: Soziale Ungleichheit und Gesundheit. Einführung in die aktuelle Diskussion. Bern, Göttingen, Toronto, Seattle, Verlag Hans Huber; (2005)

Obrecht, W.: Umrisse einer biopsychosoziokulturellen Theorie menschlicher Bedürfnisse, Hochschule für Soziale Arbeit, Zürich; (2005)

Ortmann, K.; Schaub, H.-A.: Zu den Beziehungen zwischen Sozialarbeit und Gesundheitswissenschaften. In: Zeitschrift für Gesundheitswissenschaften; Jg. 11, (2003), S. 80–92

Ritscher, W.: Systemische Modelle für die Soziale Arbeit; Heidelberg, Carl-Auer-Systeme Verlag; (2002)

Robert-Koch-Institut (Hrsg.): Arbeitslosigkeit und Gesundheit, Gesundheitsberichterstattung des Bundes; Heft 13, (2003), S. 12

Robert-Koch-Institut (Hrsg.): Gesundheit alleinerziehender Mütter und Väter, Gesundheitsberichterstattung des Bundes; Heft 14, (2003a), S. 11

Schön, D. A.: The Reflective Practitioner. How Professionals think in Action. New York, Basic Books; (1983)

Sektion Sozialtherapie im Deutschen Arbeitskreis Gruppenpsychotherapie und Gruppendynamik (1997): Standards für Sozialtherapie und psychosoziale Praxis, http://www.sozialtherapie-dagg.de (14.02.07)

Staub-Bernasconi, S.: Soziale Probleme – Soziale Berufe – Soziale Praxis. In: Heiner, M, Meihold, M; von Spiegel, H.; Staub.Bernaskoni, S.: Methodisches Handeln in der Sozialen Arbeit; Freiburg im Breisgau, Lambertus-Verlag; (1994)

Uexküll, Th. v.; Wesiack, W.: Wissenschaftstheorie: ein bio-psychosoziales Modell. In: Uexküll, Th. v. (Hrsg.): Psychosomatische Medizin, 5. neubearbeitete und erweiterte Auflage, , München, Wien, Baltimore, Urban & Schwarzenberg; (1996), S. 13–52

Waller, H.: Gesundheitswissenschaft. Eine Einführung in Grundlagen und Praxis von Public Health. 3. Auflage, Stuttgart, Berlin, Köln, Kohlhammer; (2002)

WHO: Ottawa Charta http://www.euro.who.int/main/WHO/Home/TopPage?language=German (14.02.07)

TEIL 2

PRAXIS

Klinische Sozialarbeit in kommunalen Erziehungs- und Familienberatungsstellen am Beispiel des Handlungsfeldes Kinderschutz

Ellen Becker

In meinen Ausführungen greife ich einen kleinen, aber wichtigen Ausschnitt von Erziehungs- und Familienberatung heraus, nämlich die professionelle und institutionalisierte Erziehungs- und Familienberatung innerhalb der öffentlichen Jugendhilfe. Dahlbender gibt folgende Beschreibung von institutionalisierter Beratung: sie gehe von „fließenden Grenzen zwischen Reifungskrisen und Fehlentwicklungen in der Entwicklung von Individuen, Paaren, Familien- und Lebensgemeinschaften aus. Die Krise als Chance zur Neuorientierung ist der primäre Beratungsansatz“ (Dahlbender 2000, S. 30f.). Die persönliche Kommunikation in unterschiedlichen Konstellationen steht als Mittel der Beratung im Vordergrund.
Unterstützung erfolgt für KlientInnen in „schwierigen Lebenssituationen, ohne dass dazu eine Krankheitsdefinition beziehungsweise eine Symptomatik mit Krankheitswert wie bei einer Psychotherapie nötig wäre“ (Vossler 2003, S. 20). Soziale Arbeit war seit der Gründung von Erziehungsberatungsstellen (EFB im Folgenden gleichbedeutend für Erziehungs- und Familienberatung; EFBSt für Erziehungs- und Familienberatungsstelle/n) fester Bestandteil des multiprofessionellen Beratungsansatzes für die unterschiedlichsten Problemlagen von Ratsuchenden.
Ausgangspunkt für meine Überlegungen ist die leitende Hypothese, dass Klinische Sozialarbeit im Arbeitsfeld der EFBSt einen zeitgemäßen, unverzichtbaren Beitrag zur Aufgabenwahrnehmung leisten kann, der den gesellschaftlichen sowie methodischen Anforderungen der qualifizierten Unterstützung von dort Ratsuchenden beziehungsweise dorthin überwiesenen KlientInnen entspricht.
Von diesem angenommenen Grundverständnis ausgehend und in Eingrenzung des Themas werde ich exemplarisch auf Perspektiven Klinischer Sozialarbeit im Handlungsfeld Kinderschutz innerhalb der EFB anhand eines Fallbeispieles eingehen, da das Agieren bei Kindeswohlgefährdung für Professionelle eine besondere fachliche und persönliche Herausforderung darstellt.

Die Bewältigung derartiger Situationen macht nicht nur einen besonderen Zugang zu den rat- oder schutzsuchenden KlientInnen erforderlich, sondern bedarf auch einer vertrauensfördernden Kooperation mit beteiligten KollegInnen – auch aus anderen Professionen, deren fachliche Ansätze zu unterstützen sind.
Das Thema Kindeswohlgefährdung eignet sich deshalb im besonderen Maße, um Sichtweisen und Handlungskonzepte der Klinischen Sozialarbeit im Bereich der Erziehungs- und Familienberatung herauszuarbeiten.

GRUNDLAGEN DER ARBEIT VON ERZIEHUNGS- UND FAMILIENBERATUNGSSTELLEN

Die gesetzliche Grundlage für die Arbeit von Erziehungs- und Familienberatungsstellen ist durch § 28 des ab 1991 geltenden Kinder- und Jugendhilfegesetzes (abgekürzt: KJHG) oder Sozialgesetzbuch Achter Teil, (abgekürzt: SGB VIII) präzisiert worden:

„Erziehungsberatungsstellen und andere Beratungsdienste und -einrichtungen sollen Kinder, Jugendliche, Eltern und andere Erziehungsberechtigte bei der Klärung und Bewältigung individueller und familienbezogener Probleme und der zugrunde liegenden Faktoren, bei der Lösung von Erziehungsfragen sowie bei Trennung und Scheidung unterstützen. Dabei sollen Fachkräfte verschiedener Fachrichtungen zusammenwirken, die mit unterschiedlichen methodischen Ansätzen vertraut sind."

Der Staat fördert Erziehungsberatung nach § 28 SGB VIII als ein Teil der Hilfen zur Erziehung in Form von Beratungsstellen in freier und öffentlicher Trägerschaft. Damit wurde die Erziehungs- und Familienberatung in den Kanon der Hilfen zur Erziehung als eine ihrer Sonderformen eingegliedert und ist nach § 36 SGB VIII Teil eines vereinfachten Hilfeplanverfahrens. Dieser „Einbezug … impliziert eine stärkere Hinwendung der Erziehungsberatungsstellen und ihrer Angebote zu Klientengruppen in besonders schwierigen Lebens- und Benachteiligungssituationen, die vom Allgemeinen Sozialdienst (ASD) aufgefangen werden" (Deutscher Verein 1994, zitiert in: Vossler 2003, S. 25). Hundsalz (2004, S. 978 f.) trifft hierzu folgende Aussagen für die Arbeit: „Wichtige und zum Teil neue Entwicklungen für die Erziehungsberatung skizziert das KJHG vor allem in folgenden Bereichen

- Parteinahme für Kinder und ggf. aktiver Schutz des Kindes (z.B. bei Misshandlung und sexuellem Missbrauch),
- Parteinahme für benachteiligte Kinder und ihre Familien,
- Mitwirkung an der Gestaltung von Lebenswelten für Kinder und deren Familien beziehungsweise an deren Verbesserung."

Nach den Empfehlungen der Bundeskonferenz für Erziehungsberatung zur Qualitätssicherung von EFBSt sollen für die Einzelfallarbeit maximal 60 Prozent der Arbeitszeit und demgegenüber „für präventive Angebote und Vernetzungsaktivitäten ... 25 Prozent der Kapazität der Einrichtung bereitgehalten werden" (Menne 1998, S. 156). Mit Wendt (2006) lässt sich für die fallbezogene, fallübergreifende und fallunabhängige Tätigkeit von EFBSt als gesellschaftliche Funktion postulieren, dass sie „Kompetenzzentren im lokalen Gemeinwesen für die Aufarbeitung von Familien-, Erziehungs- und Partnerschaftsproblemen" in Krisen und Konfliktlagen darstellen, besonders dann, wenn der aufsuchende Aspekt im Angebot berücksichtigt wird.
Der ökonomische Druck und die daraus resultierenden Sparzwänge, die infolge der angespannten Haushaltslage in der Jugendhilfe auf allen kommunalen und freien Beratungsstellen lasten, haben dazu geführt, dass die früher üblichen langfristigen Therapie- und Beratungsangebote für Familien und Einzelpersonen zugunsten von kurz- und mittelfristigen Beratungsansätzen deutlich eingeschränkt worden sind. Zielsetzung ist es auch, auf diese Weise lange Wartezeiten zu vermeiden und weitaus mehr Familien als zuvor zu „bedienen". In der Regel wird ein Erstgesprächstermin in Beratungsstellen innerhalb von zwei Wochen nach Anmeldung, in Krisenfällen auch kurzfristig, vergeben.
Erziehungsberatung ist demnach eine Hilfe, „... bei der kurz- und mittelfristige Interventionsformen überwiegen" (Menne 1998, S. 230). Längerfristige Beratungsprozesse haben laut Hundsalz (2004, S. 983) ihre Berechtigung bei den „so genannten Multi-Problemfamilien ..., bei denen beraterische, therapeutische und informatorische Interventionen sich abwechseln". Nestmann, Engel und Sickendieck (2004, S. 601) kommen zu dem Schluss: „Rat suchende und Berater nutzen im günstigen Fall die

klar definierte und begrenzt zur Verfügung stehende Zeit effektiv. Unterstützungskonzepte beschränken sich sodann auf enge problembezogene und zielgerichtete Beratung…, statt auf die Rekonstruktion und komplette Durcharbeitung von Lebenssituationen und Lebensgeschichten."

SCHUTZAUFTRAG DES § 8A SOZIALGESETZBUCH VIII

Mit dem seit dem 01.10.2005 gültigen Kinder- und Jugendhilfeweiterentwicklungsgesetz (KICK) ist durch den § 8a SGB VIII der Schutzauftrag der freien und öffentlichen Jugendhilfe vertiefend geregelt worden. Die vom Gesetz geforderte Risikoabschätzung bei Kindeswohlgefährdung ist im Zusammenwirken von mehreren Fachkräften vorzunehmen, nach Möglichkeit unter Einbeziehung der Minderjährigen und ihrer Eltern. Hilfen sind anzubieten und – bei fehlender Elternkooperation – erforderlichenfalls über Inobhutnahmen, Einschaltung der Familiengerichte und Polizei zu realisieren. Alle freien Träger der Jugendhilfe haben gemäß § 8a Abs. 2 SGB VIII insbesondere dann in derartigen Fällen mit dem Jugendamt zu kooperieren, wenn Eltern nicht gewillt sind, vorgeschlagene Hilfen zur Abwendung der Gefährdung anzunehmen.

Die in der gesetzlichen Definition von Erziehungs- und Familienberatung verankerte Multidisziplinarität ermöglicht eine sehr differenzierte Betrachtung von Fällen aus unterschiedlichen fachlichen Perspektiven. Kommunale EFBSt werden ebenso wie alle anderen Jugendhilfe-Einrichtungen durch die Bestimmung des § 8a SGB VIII dazu angehalten, bei Kindeswohlgefährdung zur Risikoabwägung und weiteren Hilfeplanung eine oder mehrere besonders geschulte Fachkräfte, die Erfahrungen in der Risikoabwägung bei Kindeswohlgefährdung und der darauf basierenden Hilfeplanung gesammelt haben, zu betrauen. Diese können die für Kinderschutzfälle federführenden SozialarbeiterInnen vom Allgemeinen Sozialpädagogischen Dienst des Jugendamtes durch fachdienstliche Stellungnahmen zur Erziehungsfähigkeit von Eltern, Abklärung von Misshandlungs-, Missbrauchs- und Vernachlässigungsverdacht bei Kindern und Jugendlichen sowie Beteiligung an der Krisenintervention und weiteren Hilfeplanung unterstützen. Nach Auffassung der Bundeskonferenz für Erziehungsberatung kann in Einzelfällen die EFBSt einen Beitrag zur familiengerichtlichen Sachverhaltsklärung leisten (bke 2006, S. 19).

Zur Aufarbeitung von Gewalt wird von den Fachkräften psychosoziale Behandlung in dem Fall angemessenen Settings (Einzel-, Familien- und Gruppenberatung) direkt angeboten.

KLINISCHE SOZIALARBEIT UND IHR SPEZIFISCHER BEITRAG IN DER PSYCHOSOZIALEN BEHANDLUNG

Nach dem Profil Klinischer Sozialarbeit beschäftigen sie sich auf der einen Ebene im direkten Kontakt mit der besonders schwierigen Situation von Kindern und Jugendlichen und ihren Angehörigen, die innerhalb der Familie oder außerhalb Gewalt erleiden. Auf der zweiten Ebene arbeiten sie in weit gespannten Hilfesystemen und beteiligen sich an besonders verantwortlichen Aufgaben bei der Steuerung von Hilfeprozessen für betroffene Kinder und Jugendliche. Die Begleitung von Professionellen aus anderen, junge Menschen betreuenden Institutionen (z.B. LehrerInnen, ErzieherInnen etc.) in fachberaterisch- supervisorischer Hinsicht kann über den Einzelfall hinausgehend einen wünschenswerten Multiplikationseffekt bewirken. Die Durchführung von Elternabenden, von Schulungen und Seminaren für z.B. MitarbeiterInnen aus Kindertagesstätten und Freizeiteinrichtungen für Kinder und Jugendliche gehören ebenfalls zu ihren Pflichten.

Fachlich anzustreben ist zukünftig der Einsatz von Klinischen SozialarbeiterInnen in den Kinderschutz-Sonderarbeitsgebieten von Jugendämtern. In Anbetracht der verantwortlichen Aufgabenstellung ist ein hohes Maß an Ausbildung, fundierter Methodenkompetenz und Praxiserfahrung zur Kinderschutzproblematik (z.B. Arbeit im ASD oder Tätigkeit bei ambulanten oder stationären Einrichtungen in freier Trägerschaft) unverzichtbar.

FALLBEISPIEL

Anhand eines für diesen Zweck aufbereiteten verdichteten anonymisierten Falles sollen die besonderen Tätigkeiten von Klinischer Sozialarbeit herausgearbeitet werden.

Nachdem ihre 7-jährigeTochter Hülya sich einer Klassenkameradin anvertraut und über sexuelle Übergriffe eines Hort-Erziehers an einer bis vor einem halben Jahr besuchten Schule berichtet hatte, erstattete die alleinerziehende Mutter von Hülya bei der Kriminalpolizei Anzeige gegen den Erzieher. Nach der Vernehmung des Kindes durchsuchte die Polizei die Wohnung des Erziehers und sicherte umfangreiches kinderpornografisches Material (auch Fotos von Hülya) im PC. Der Erzieher war aufgrund der eindeutigen Beweislage geständig und wurde in Untersuchungshaft genommen. Bei der letzten Sommerreise der Kindergruppe nach Süddeutschland hatte der Erzieher täglich erforderliche Zeckenkontrollen zum Anlass nehmend, Hülya wiederholt missbraucht und dabei fotografiert. Das Mädchen ist seit der Reise in vielfacher Weise verändert, von der Stimmung bedrückt und gegenüber der Mutter „klammerig“, wie die Mutter im Nachhinein als Merkwürdigkeit einordnen kann. In der Schule ist Hülya oft unkonzentriert und ängstlich. Sie wird als isoliert von SchulkameradInnen wahrgenommen. Diese Verhaltensweisen wurden vor der Eröffnung Hülyas als etwas übertriebene „Eingewöhnungsschwierigkeiten“ in eine neue, umzugsbedingte Schulsituation interpretiert.

Die fallbezogene Unterstützung hat folgende Dimensionen:

Aufgaben in der Phase Krisenintervention

- Mitgestaltung eines Elternabends gemeinsam mit der Erzieherin, erste Informationen zur Thematik von sexuellem Missbrauch durch pädophile Täter in Institutionen und damit zusammenhängende, zu berücksichtigende Fragestellungen.
- Einzelberatung für Hülyas Mutter; Unterstützung für das Ermittlungsverfahren durch informatorische und beraterische Arbeit: Information zur Nebenklage und hierfür spezialisierte RechtsanwältInnen, zur sozialpädagogischen Begleitung kindlicher OpferzeugInnen im Strafverfahren bei Anklageerhebung, Umgang mit gesteigerten Ängsten und faktischen Möglichkeiten von Schutzvorkehrungen nach der Entlassung des Erziehers aus der nur wenige Tage andauernden Untersuchungshaft.
- Fachberatung und Supervision der Erzieherin über mehrere Monate

zum persönlichen Umgang mit dem Problem, dass ein langjähriger Kollege ein Kind missbraucht hat, Besprechung von Erinnerungen an einzelne Situationen, die rückblickend die Deutung als grenzüberschreitendes Verhalten des Erziehers zulassen, Vor- und Nachbereitung der polizeilichen Vernehmung mit der Durchsicht des für die Erzieherin extrem belastenden Bildmaterials.

- Erste Abklärung auf der professionellen Ebene mit der Erzieherin, den LehrerInnen und der Schulleitung, ob weitere Kinder betroffen sind.
- Beratung der Schulleitung und der Schulaufsicht über mögliche arbeitsrechtliche Schritte gegen den Erzieher nach der Haftentlassung und deren Folgen, Informationen zu thematisch versierten, auch im Arbeitsrecht erfahrenen RechtsanwältInnen.
- Unterstützung des Schulleiters und der zuständigen Schulrätin bei einem Gespräch mit dem Erzieher zum Tatvorwurf und ersten arbeitsrechtlichen Konsequenzen (sofortige Suspendierung).
- Beratung der aufgebrachten und verunsicherten Eltern aus dem Hort in Einzelgesprächen, insbesondere nach der Entlassung des Erziehers aus der Untersuchungshaft, nachdem von ihm Briefe an alle Eltern und Kinder verschickt worden sind. Diese Briefe sind als „Entschuldigung“ von dem Erzieher deklariert worden, beinhalten aber pädophiles Gedankengut, auf das die Eltern und die ErzieherInnen zum Teil sehr emotional, mit Aggressionen und Wünschen nach Selbstjustiz reagieren.
- Der Erzieher taucht im Wohnumfeld einiger Kinder auf beziehungsweise ruft bei ihnen an. Hierüber sind die Eltern ebenfalls sehr beunruhigt, und es erfolgt Beratung zu evtl. in Frage kommenden Schutzmaßnahmen (Anzeige bei Polizei und/ oder Antrag beim Familiengericht wegen Stalking nach dem Gewaltschutzgesetz).

Aufgaben in der Phase Clearing und Beratung

- Diagnostische Abklärung mit Hülya und ihrer Mutter zur Frage von weiter erforderlichen Hilfen zur therapeutischen Aufarbeitung des Missbrauchs (Behandlungsplanung).
- Bis zum tatsächlichen Einsetzen der Hilfe Kurzzeit-Therapie in der Krise für die Übergangszeit, Beratung bezüglich der Auffälligkeiten

von Hülya zuhause und in der Schule unter Einbeziehung der Klassenlehrerin und Hort- ErzieherInnen an ihrer neuen Schule.

- Fachberatung und Supervision der Erzieherin, zwei weiteren ErzieherInnen in Vertretung des abwesenden beschuldigten Kollegen sowie der LehrerInnen der Kinder über mehrere Monate zum pädagogischen Umgang im Unterricht und im Hort mit den Kindern. Bearbeitung einer kaum zu regulierenden Atmosphäre von sexualisierter Sprache und sexuell eingefärbten Spielen; zu Gefühlen von Trauer und Verlust gegenüber dem früher bei einigen Kindern sehr beliebten Erzieher; zu ausufernden Fantasien und Ängsten nach der Haftentlassung.
- Durchführung von zwei Elternabenden im Verlauf der nächsten Monate mit der Schule und gemeinsam mit einem Projekt zur Prävention von Gewalt und sexuellem Missbrauch.
- Gruppengespräch mit fünf Jungen im Alter von 8 – 10 Jahren aus dem Hort, die in der Kindergruppe verbal sehr sexualisiert und gegenüber anderen Kindern aggressiv auftreten, zu den Themen Gefühle gegenüber Hülya, dem Erzieher und der Erzieherin, eigenen Ängsten etc.
- Gespräche und diagnostische Abklärung mit drei auffälligen Kindern und deren Eltern zur Fragestellung, ob die Kinder ebenfalls sexuellen Übergriffen ausgesetzt waren. Ergebnis: keine näheren Anhaltspunkte, aber in den Familien dieser drei Kinder zeichnen sich massive Probleme ab; Hilfebedarf nach dem Katalog der §§ 27ff. SGB VIII wird nachgegangen, fachdienstliche Stellungnahmen zu den einzelnen Hilfen (Tagesgruppe, sozialpädagogische Familienhilfe und Gruppenarbeit).
- Mehrere vertrauliche telefonische Kontakte mit dem Landeskriminalamt zum Stand der Ermittlungen, Integration dieser Information in die interne Fallbewertung.
- Überweisung von Hülya und ihrer Mutter sowie den drei anderen Familien mit Hilfebedarf an den ASD mittels Durchführung eines ersten gemeinsamen Elterngespräches in allen Fällen beim ASD.
- Fortlaufende Kontakte mit mehreren SozialarbeiterInnen vom ASD bezüglich des Sachstandes im Fall Hülya und den anderen drei Familien in Form von telefonischen und persönlichen Einzelabstimmungen sowie mehreren Hilfekonferenzen, Koordination zwischen EFB und

ASD, wer seitens des Jugendamtes welche Teilaufgaben übernimmt.
- Mehrere fehlgeschlagene Versuche, nach der Haftentlassung ein Gespräch mit dem Erzieher gemeinsam mit ASD über die Briefe und seine anderen unangemessenen Bemühungen um Kontaktaufnahme zu den Kindern zu führen; Ziel: Unterlassung, Stärkung der Motivation für Aufnahme einer Tätertherapie bei einer hierfür spezialisierten Beratungsstelle.

Aufgaben in der Phase erneuter Krisenintervention und in der Abschlussphase

- Beratungsgespräche kurz vor, während und nach dem Strafprozess (10 Monate nach Anzeigenerstattung): nach Beruhigung der Situation in den vergangenen Monaten erneute Krise im Zusammenhang mit der Hauptverhandlung beim Strafgericht, Aktualisierung der Gefühle von Angst, Bedrohung, Schuld, Scham, Wut und Ambivalenz gegenüber dem Erzieher bei dem Opfer, seinen Angehörigen und den betreuenden Institutionen; Stress für kindliche Opferzeugin und alle anderen vorgeladenen ZeugInnen (Mutter, Hülyas neue Lehrerin, Erzieherin aus dem Hort, Schulleiter).
- Nachsorgende Gespräche über einen längeren Zeitraum für die Fall-Beteiligten auf der KlientInnen- und auf der Professionellen-Ebene zu weiter erforderlichen Hilfen, fachliche Stellungnahmen hierzu.
- Evaluation des Falls in unterschiedlichen internen und externen beruflichen Zusammenhängen (z.B. Supervision).

Der Erzieher war nach seiner kurzzeitigen Inhaftierung sofort vom Dienst im Hort für die gesamte Dauer des Ermittlungsverfahrens suspendiert worden; er wird in der Hauptverhandlung zu einer Bewährungsstrafe verurteilt. Strafmildernd wird sein Geständnis gewertet und der Umstand, dass er nicht einschlägig vorbestraft ist. Er erhält eine Therapie-Auflage sowie ein Verbot, als Erzieher mit Kindern im Vorschul- und Schulalter zu arbeiten. Er entscheidet sich mit Billigung des Gerichts und seines Bewährungshelfers für eine krankenkassenfinanzierte, psychoanalytische Einzeltherapie und nicht für die von den Fachkräften des Jugendamtes dringend empfohlene Tätertherapie bei einer spezialisierten Beratungsstelle. Die Schulbehörde kündigt den Arbeitsvertrag, da es für ihn im Schulbereich keine alternativen Einsatzmöglichkeiten gibt. Er wohnt weiter im Bezirk. Hülyas Mutter ist über das langwierige Verfahren und die – aus ihrer Sicht – milde Entscheidung des Gerichts sehr enttäuscht; sie hat kürzlich einen neuen Partner kennen gelernt und zieht mit Hülya zu ihm, auch um das Risiko von Begegnungen mit dem Erzieher zu mindern. Einige Eltern haben ihre Kinder aus dem Schulhort oder sogar ganz aus der Schule herausgenommen, da ihr Vertrauen zur Schule nachhaltig gestört worden ist. Ein Junge aus dem Schulhort, der weiter auffällig ist und zu den Familien zählt, die vom Jugendamt Hilfen zur Erziehung erhalten, hat sich mittlerweile gegenüber seinem Familienhelfer eröffnet, dass er ebenfalls durch den Erzieher sexuell missbraucht worden ist. Ein neuer Beratungsprozess beginnt.

AUSWERTUNG UND SCHLUSSFOLGERUNGEN

Das Fallbeispiel Schulhort macht den Facettenreichtum des multidimensionalen sozialpädagogischen Handelns aus einem kindeswohlzentrierten, aber dennoch multiperspektivischen Blickwinkel deutlich: fall- und institutionsbezogene Krisenintervention, Diagnostik und Behandlungsplanung durch intensive Einzelfallberatung mit KlientInnen, Information über Verfahrensabläufe und rechtliche Schritte, familienorientierte systemische Kurzzeit-Therapie, themenzentrierte Gruppenarbeit mit Erwachsenen und Kindern, Prävention und Netzwerkarbeit, systemische Supervision/ systemisches Coaching und Fachberatung.
Anhand der Skizzierung des Falls und den daraus abgeleiteten Aufgaben für Klinische Sozialarbeit mit dem Aufgabenschwerpunkt Kinderschutz kann nur angedeutet werden, mit welchen Phänomenen von Irritation, Widerstand, Ambivalenz, Verleugnung, Identifizierungs- und Spaltungsprozessen Sozialarbeit in dieser Funktion bei den Kindern, ihren Angehörigen und auf der institutionellen/ professionellen Ebene konfrontiert ist.

Von dem in mehrere Beziehungsgeflechte übergreifenden und über Jahre sowohl für die betroffenen Kinder und ihre Eltern, als auch für psychosoziale Arbeit und andere Berufsgruppen/Institutionen relevanten Fall von sexuellem Missbrauch durch Professionelle lässt sich für eine zielorientierte gelungene Intervention ableiten, dass folgende Themen einem permanenten Abwägungs- und Entscheidungsprozess zu unterziehen sind:

- Wie ist der Fall zum jeweiligen Erkenntnisstand aus sozialpädagogischer, jugendamtlicher Sicht zu bewerten (assessment)?
- Wie ist die bei Kinderschutzfällen zwingend erforderliche fortlaufende Dokumentation bei zeitlich begrenzten Ressourcen zu leisten?
- Wie geht Sozialarbeit mit dem Doppel-Fokus von jugendamtlichem Auftrag – Hilfe und Kontrolle – in den verschiedenen Phasen um?
- Welche Aufgaben kann und soll Sozialarbeit direkt übernehmen, welche werden delegiert; welche werden in Kooperation mit Jugendamts- KollegInnen (EFBSt/ ASD) intern erfüllt, welche mit externen Fachkräften? Wie können „Doppel- und Mehrfachmandate“ für KlientInnen/Professionelle vermieden werden?
- Wie ist die Prioritätenfestlegung, wer hat Hilfen vorrangig nötig, welche Interventionen sind zurückzustellen und Schritt für Schritt abzuarbeiten?
- Wie wird in dieser von Verstörung und Misstrauen geprägten Situation in der Beratung bei allen Beteiligten ein Klima von Vertrauen, Sicherheit und Handlungsfähigkeit erzeugt?
- Wie kann die familiäre Situation Hülyas geschützt werden? Wie wird Vertraulichkeit im Umgang mit den Einzelheiten ihres Missbrauchs durch den Erzieher – den Umgang der Polizei/Justiz mit Informationen berücksichtigend – gewahrt und gleichzeitig eine Aufklärung der anderen Eltern und Kinder im Hort beziehungsweise die elterliche Kooperation zur Verdachts-Abklärung bei den evtl. ebenfalls betroffenen Kindern gefördert? Wie wird die Privatsphäre des Erziehers geschützt und dennoch der Aufdeckungsprozess nicht behindert?
- Wer übernimmt die fallübergreifende koordinierende Federführung?

KINDERSCHUTZ IM JUGENDAMT

Der komplexe Kinderschutzfall von sexuellem Missbrauch durch Professionelle in Institutionen gehört in der Gesamtsicht der Fälle trotz aller Erschwernisse zu einer Fallgruppe, die in der Beratung und Intervention verhältnismäßig gut zu handhaben ist. Viel schwieriger gestaltet sich

das sozialpädagogische Vorgehen bei intrafamiliärer Gewalt mit oftmals nicht kooperierenden Eltern. Dann sind Entscheidungen im Sinne einer Güterabwägung von notwendigen Schutzmaßnahmen und von Eingriffen in das elterliche Sorgerecht zu treffen und im Gefährdungsfall mittels Inobhutnahme und Fremdplatzierung eines gefährdeten Kindes oder eines/einer Jugendlichen durchzusetzen. Diese Interventionen zeichnen sich durch eine um ein Vielfaches gesteigerte Tragweite aus und gehen mit einer hohen arbeitsmäßigen, zeitlichen und emotionalen Belastung der SozialpädagogInnen im Jugendamt einher.
Fritz bezeichnet die Inobhutnahme nach § 42 SGB VIII als eine der typischen Kriseninterventionen in der Jugendhilfe. Trotz der seit Ende der 90er Jahre geführten Debatte um die Verletzung der Garantenpflicht nach Artikel 6 Grundgesetz durch öffentliche Jugendhilfeträger, wurde die Auseinandersetzung über die Entwicklung und Erprobung von Methoden für Krisensituationen nicht stringent fortgesetzt. Fritz zufolge bedeutet das, dass die „Krisenintervention innerhalb der Jugendhilfe unterschiedlich und unüberschaubar geblieben [ist] und insgesamt eher einrichtungs- und mitarbeiterabhängig als methodisch fundiert und gesteuert ausgeübt" wird (Fritz in Fegert und Schrapper 2004, S. 170). Er merkt an, dass die Theorie und Begrifflichkeit von Krisen sich allgemein auf individuelle Notlagen beziehen, die in der Regel 4–6 Wochen andauern. Die lang anhaltenden Krisen im Hilfesystem in Fällen von zu schützenden traumatisierten Kindern und Jugendlichen ist kaum erforscht, und es mangelt an standardisierten Handlungsabläufen. Die Integration professioneller Kriseninterventionskonzepte aus anderen Praxisfeldern in die Herangehensweisen bei Inobhutnahmen ist überfällig und kann eine „Aufwertung von Belastungs- und Gefährdungssituationen, welchen eine Vielzahl an MitarbeiterInnen immer wieder ausgesetzt sind" (a.a.O., S. 172) bedeuten.
Zu den professionellen Handlungsgrundsätzen gehört es, den fallimmanenten Doppelauftrag von Hilfe und Kontrolle zu erkennen und anzunehmen. In der Kooperation der beiden jugendamtlichen Dienste EFB und ASD lassen sich aufgrund unterschiedlicher Aufgabenstellungen, die in enger Kooperation miteinander erfüllt werden, folgende Akzentuierungen ableiten:
Die SozialarbeiterInnen des ASD nehmen vorrangig die Kontroll- und Schutzfunktion wahr, die sich aus der Garantenpflicht des Jugendamtes ergibt. In diesem Zusammenhang leiten und koordinieren sie die gesamte

Hilfeplanung für die einzelnen Kinder und Familien; sollte deren Schutz in der Familie nicht gewährleistet sein, wird das Familiengericht eingeschaltet zwecks Auflagen an die Eltern beziehungsweise Einschränkung der elterlichen Erziehungsrechte; bei akuter Kindeswohlgefährdung stellt der ASD den Schutz eines Kindes – zunächst auch ohne Familiengericht – durch das Instrument der Inobhutnahme sicher.
SozialarbeiterInnen in der EFB mit der Spezialisierung Kinderschutz leisten fachdienstliche Unterstützung und übernehmen einen Teil der Schutz- und Kontrollfunktionen für Kinder und Familien im Rahmen von diagnostischem Clearing, Beratung und Therapie. Die EFBSt erarbeitet ergänzende Stellungnahmen zur Berichterstattung des ASD an das Familiengericht und gewährt kollegiale Unterstützung bei einzelnen brisanten Gesprächen mit Eltern und Kindern. Die spezialisierten Fachkräfte sind koordinierend zuständig bei Missbrauch von mehreren Kindern durch Pädophile, bei ihnen liegt bei dieser Konstellation die Planung und Durchführung von Hilfekonferenzen sowie die Überwachung von Hilfeprozessen (Zeitmanagement, Aufgabenerfüllung und Evaluation). Fachberatung und Unterstützung der professionell Beteiligten (ErzieherInnen, LehrerInnen Schulleiter, Mitarbeiter der Schulaufsicht) sowie supervisorische Angebote sind ausschließlich in der EFBSt angesiedelt, ebenso wie die präventiven und psychoedukativen Aktivitäten im Schulhort beziehungsweise mit den Eltern und einer Gruppe von Jungen. Das Gespräch mit dem Täter ist eine gemeinsame Aufgabe von ASD und EFBSt, da hier die Elemente von Schutz und Kontrolle für die einzelnen Kinder und Jugendlichen sich ergänzen mit dem einzelfallübergreifenden präventiven Intentionen der Fachkräfte der EFBSt.

ZUR KONZEPTION KLINISCHER SOZIALARBEIT IN ERZIEHUNGS- UND FAMILIENBERATUNGSSTELLEN

Klinische Sozialarbeit in einer EFBSt zeichnet sich durch folgende schon teilweise im Fall erkennbare Kompetenzen und spezielle Wissensbestände für Kinderschutz-Aufgaben aus:

- Fähigkeit zur Kommunikation mit jungen Menschen in unterschiedlichen Alters- und Entwicklungsstufen, Kenntnis von Störungsbildern, Erfahrung in der Risikoeinschätzung;

- Kompetenz zur psychosozialen Diagnostik;
- Kompetenz zur Kommunikation mit Erziehungsberechtigten (Kenntnisse zu Täterstrategien, Umgang mit Bagatellisierung, Verleugnung, Schuldzuweisungen und Drohungen);
- Kenntnis rechtlicher Rahmenbedingungen (z.B. Bürgerliches Gesetzbuch, Kinder- und Jugendhilferecht, Gewaltschutzgesetz, Strafrecht, Datenschutz); Kenntnis von familiengerichtlichen und strafrechtlichen Verfahrensabläufen; Kenntnis von Rechtsprechung und gutachterlicher Tätigkeit;
- Fähigkeit zur Gestaltung interner Verfahren im Jugendamt: Umgang mit Gefährdungsmeldungen, Dokumentation des Hilfeprozesses, Inobhutnahme und anschließende Elternarbeit, Umgang mit Bedrohung von Professionellen durch Klienten, Erarbeitung von fachlichen Standards;
- Kenntnis der regionalen und überregionalen Trägerlandschaft (ambulant und stationär) für Hilfen nach dem KJHG sowie Kooperationserfahrung mit Trägern;
- Fähigkeit zur Gestaltung und zum Aufbau von Kooperationsstrukturen und Netzwerken, multiplikatorische Tätigkeit und Öffentlichkeitsarbeit;
- Methodische Kompetenzen für Einzel-, Familien- und Gruppenberatung;
- Kenntnis der Fachliteratur, Bezug zu Wissenschaft und Forschung;
- Kenntnis und Erfahrung in der Anwendung von Evaluations-Instrumenten;
- Kenntnis relevanter berufsethischer Prinzipien;
- Haltung von Respekt gegenüber allen KlientInnen (auch gegenüber Gewalt ausübenden Eltern/Erwachsenen/ Jugendlichen/Kindern), Wertschätzung von KollegInnen, VertreterInnen von anderen Professionen/Institutionen.

An dem geschilderten Fall konnte aufgezeigt werden, dass ein rein psychotherapeutisches Unterstützungsangebot den unterschiedlichen Hilfebedarfen nicht gerecht werden kann. Zwar bieten sowohl Therapie als auch Beratung Wege zur besseren Lebensbewältigung an, aber die bei Kindeswohlgefährdung zwingend erforderlichen Hilfestellungen beziehen sich eben auch auf die Professionellen im Hilfesystem, die wieder-

um befähigt werden sollen, im Interesse der Klientel ihren jeweiligen Aufgaben in verantwortlicher Weise nachzugehen.
Klinische Sozialarbeit hat in ihren Fachpublikationen sehr genau die Zielgruppen in der Jugendhilfe im Visier (u.a. Geißler Piltz et al. 2005, S. 47–52), zu denen einerseits als wichtige AdressatInnen die durch Gewalterleben traumatisierten Kinder und Jugendlichen zählen, und andererseits gewalttätige dissoziale Personen. Wenn sich Klinische Sozialarbeit dieser speziellen Problematik widmen will, bleibt ihr eine dezidierte theoretische Auseinandersetzung nicht erspart, die die selbst gesetzten allgemeinen ethischen Postulate von Freiwilligkeit, Vertraulichkeit, Autonomie und gemeinsamer Aushandlung des Beratungsprozesses (vergl. Pauls 2004, S. 13,18) mit der Klientel überdenkt, und „Ausnahmeregelungen" für Fallgruppen zulässt, die keine Einzelfälle sind. Diese Reflektion sollte nicht im Verborgenen stattfinden und die Weiterentwicklung eines angemessenen Instrumentariums zum Ziel haben. Für die Klientel und die verantwortlichen SozialarbeiterInnen würde es einen enormen Fortschritt bedeuten, die „Schmuddelecke" negativ bewerteter fürsorgerischer Maßnahmen hinter sich zu lassen und eine positive Bewertung der oben beschriebenen Arbeitsansätze zu erfahren.

Es ist vorstellbar, dass sich Elemente des Vorgehens von Klinischer Sozialarbeit in den Fällen von Kindesmisshandlung, -vernachlässigung und sexuellem Missbrauch – in Form von intensiver Einzelfallhilfe, Krisenintervention, Diagnose und Behandlungsplanung, therapeutischer Unterstützung, Prävention, Psychoedukation, Kooperation mit anderen Berufsgruppen und Institutionen – modifiziert auf folgende Problembereiche übertragen lassen:
- Beratung bei häuslicher Gewalt,
- Beratung von Multi-Problemfamilien,
- Beratung bei hoch eskalierten Elternkonflikten infolge Trennung und Scheidung.

In den angesprochenen Handlungsfeldern für Klinische Sozialarbeit klingen die Themen seelischer Verletzung sowie Trennung und Verlust von vertrauten, zum Teil aber auch sehr negativen und schädigenden Bindungen mit an. Intensive professionelle Behandlung ist notwendig. Es können ähnliche Handlungs- und Ablaufstrukturen festgestellt werden, und Wissen um unterstützende und hindernde Faktoren kann ähnliche Klärungsvarianten mit sich bringen.

Erziehungs- und Familienberatungsstellen stellen sich mit ihrer Tätigkeit nach und nach auf die gesellschaftlichen Erfordernisse nach qualifizierter Unterstützung für Menschen in Notsituationen jenseits traditioneller Therapie-Konzepte ein. Sozialpädagogische Ansätze gewinnen zunehmend an Bedeutung. Mit der Sozialraum- und Lebensweltorientierung können EFBSt aber auch Fehleinschätzungen in der Fallbetrachtung unterliegen: Stolz (in Geißler-Piltz et al. 2005, S. 39–55) hinterfragt den Ansatz, wonach, das „subjekt-, ressourcen- und kontextorientierte Hilfeparadigma"...Menschen voraussetzt, die noch „über Potentiale und Stärken" verfügen. „Bedeutet Ressourcenorientierung also letztlich das Verdrängen und Ausschließen der gänzlich Unbrauchbaren?" Zu Recht kritisiert Stolz, dass sich hinter der Betonung von Teilhabe- und Selbstbestimmungsrechten eine professionelle Abwehr verbergen kann, sich mit den ModernisierungsverliererInnen in der Gesellschaft – den Menschen in extremen Notlagen – zu beschäftigen, welche die Bedingungen von Partizipation auch nicht minimal erfüllen.

Alice Salomon hat sehr früh den Handlungsbedarf bei Kindeswohlgefährdung erkannt und die erforderliche Zusammenarbeit zwischen Sozialer Arbeit und anderen Institutionen, wie Gericht, für eine effektive Hilfe betont (Salomon 1903). Die von ihr mitbegründete Einzelfallhilfe, welche heute in ihrer Ausdifferenzierung als Klinische Sozialarbeit bezeichnet werden kann, bietet hierfür ein offenes reiches Methodenspektrum und fundiertes Erfahrungswissen an, das es noch zu systematisieren gilt.

LITERATUR

Bundeskonferenz für Erziehungsberatung e.V.: Kinderschutz und Beratung, Empfehlungen zur Umsetzung des Schutzauftrages nach § 8a SGB VIII, Materialien zur Beratung, Band 13, Fürth; (2006)

Dahlbender, R. W.: Psychotherapeutische Versorgungsstrukturen. In: Senf, W.; Broda, M. (Hrsg.): Praxis der Psychotherapie. 2. Auflage. Stuttgart, New York, Thieme; (2000)

Birgmeier, B. R.: Coaching und Soziale Arbeit. Grundlagen einer Theorie sozialpädagogischen Coachings. München und Weinheim, Juventa; (2005)

Fritz, W.: Krisenintervention als Aufgabe der Jugendhilfe. In: Fegert, J. M.; Schrapper, C. (Hrsg.): Handbuch Jugendhilfe – Jugendpsychiatrie. Interdisziplinäre Kooperation. Weinheim und München, Juventa; (2004)

Geißler-Piltz, B.; Mühlum, A.; Pauls, H.: Klinische Sozialarbeit. München, Reinhardt UTB; (2005)

Hundsalz, A.: In Nestmann, .F.; Engel, F.; Sickendiek, U. (Hrsg.): Das Handbuch der Beratung Bd. 1: Disziplinen und Zugänge. Bd.2: Ansätze, Methoden und Felder. Tübingen, dgvt-Verlag; (2004)

Menne, K. (Hrsg.): Qualität in Beratung und Therapie. Evaluation und Qualitätssicherung für die Erziehungs- und Familienberatung. Weinheim und München, Juventa; (1998)

Nestmann, F.; Engel, F.; Sickendiek, U. (Hrsg.): Das Handbuch der Beratung Bd. 1: Disziplinen und Zugänge. Bd.2: Ansätze, Methoden und Felder. Tübingen, Juventa; (2004)

Pauls, H.: Klinische Sozialarbeit. Grundlagen und Methoden psychosozialer Behandlung. Weinheim und München, Juventa; (2004)

Salomon, A.: Die Jugendfürsorge. Berlin, Verlag der Deutschen Zentrale für Jugendfürsorge e.V., 4.Jg., Nr.3; (März 1903), S.154–163

Stolz, P.: Die Zwiespältigkeit psychosozialer Diagnosen in der Sozialen Arbeit. In: Geißler-Piltz, B.; Gahleitner, S. B.; Becker-Bikowski, K.; Kurlemann, U. (Hrsg.): Psychosoziale Diagnosen und Behandlung in Arbeitsfeldern der Klinischen Sozialarbeit. Münster, LIT Verlag; (2005)

Vossler, A.: Perspektiven der Erziehungsberatung. Tübingen, dgvt-Verlag; (2003)

Wendt, W. R.: Was Familienberatung leistet. Ihre Ökonomie und ihr Beitrag zur Kompetenz von Familien. Download: http://www.dgsinfo.de/pdf/wendt_familienberatung.pdf (Stand: 01.12.06)

Das Projekt „Psychosoziale Beratungsstelle“ an der Katholischen Hochschule für Sozialwesen Berlin

Karlheinz Ortmann, Norbert Gurris, Ralf-Bruno Zimmermann

1. ZIELSETZUNG DER BERATUNGSSTELLE

Mit dem Projekt „Psychosoziale Beratungsstelle“ an der Katholischen Hochschule für Sozialwesen Berlin (KHSB) sollen die ausbildungsrelevanten Komponenten Praxis, Theorie, Forschung und Lehre in der gesundheitsorientierten Sozialarbeit besser miteinander verzahnt werden. Die Beratungsstelle übernimmt modellhaft Versorgungsaufgaben für die Bevölkerung und dient zugleich der Entwicklung innovativer Handlungs- und Forschungskonzepte der gesundheitsorientierten Sozialarbeit. Im Einzelnen verfolgt die Beratungsstelle folgende Zielsetzungen:

1.1 Beratung

In der Beratungsstelle sollen Menschen beraten werden, die sich in hausärztlicher, fachärztlicher und/oder psychotherapeutischer Behandlung wegen körperlicher und/oder psychosomatischer und/oder psychischer Störungen befinden, die mit erkennbaren oder vermuteten sozialen Problemen einhergehen.

Neben den originären Theorien und Konzepten der Sozialarbeit, die die Arbeit der Beratungsstelle begründen, bildet das biopsychosoziale Modell (Uexküll und Wesiack 1996) einen wesentlichen Bezugspunkt für die Sozialarbeit in der Beratungsstelle. Nach diesem Modell lassen sich gesundheitliche Problemlagen somatischen, psychischen und sozialen Systemebenen zuordnen, die miteinander kommunizieren, sich gegenseitig (mit)bedingen und somit untrennbar bio-psychosozial verwoben sind. Somatische Vorgänge können psychosozial wirken und psychosoziale Vorgänge somatisch. Über die genaue Bedeutung der sozialen Systemebene für die Entstehung und Behandlung von Gesundheitsstörungen ist noch wenig bekannt, da deren Bearbeitung in unserem Gesundheitssystem nicht systematisch erfolgt. Insofern wird mit der Arbeit der Beratungsstelle, die sowohl die soziale Dimension gesundheitlicher Problemlagen systematisch in den Blick nimmt, als auch die Wechselwirkungen zu den somatischen und psychischen Problemebenen thematisiert und reflektiert, Pionierarbeit geleistet.

Der Begriff Beratung steht für eine Vielzahl unterschiedlicher Unterstützungsformen und bezieht sich inhaltlich insbesondere auf das Konzept der sozialen Unterstützung (siehe hierzu den Beitrag von Dehmel in diesem Buch). In Deutschland ist dieses Konzept bisher in der Sozialarbeit kaum zur Kenntnis genommen worden, obwohl sich damit die unmittelbare Gesundheitsrelevanz der Sozialarbeit begründen lässt.

1.2 Praxisbezogene Ausbildung

Die Beratungsstelle soll den Studierenden der KHSB neue Lernfelder und Lernformen erschließen. Die Qualifizierung der Studierenden im Rahmen der Mitarbeit in der Beratungsstelle erfolgt entlang den von Pauls und Mühlum (2007) formulierten „klinischen Kompetenzen“. Danach sollen die Studierenden insbesondere folgende Fähigkeiten erwerben, die an dieser Stelle nur gekürzt wiedergeben werden können:

- Fähigkeit zum Aufbau einer personalen Arbeitsbeziehung zu KlientInnen in schwierigen Lebenslagen;
- Fähigkeit zur Etablierung angemessener Rahmenbedingungen für diese Arbeit: zur Konkretisierung eines für den individuellen Fall geeigneten Rahmens oder Settings;
- Fähigkeit zur Abklärung (Assessment, Diagnose) und differenzierten psychosozialen Indikations- und Prognosestellung;
- Fähigkeit zur Auswahl und Anwendung (ggf. auch Vermittlung) geeigneter Beratungs- und Therapieverfahren im Setting psycho-sozialer Anwendungen;
- Fähigkeit zur Einbeziehung des sozialen Umfeldes mittels direkter und indirekter Interventionen, zum Aufbau eines Netzes sozialer Unterstützung und zur Integration des klinisch-sozialarbeiterischen Beitrages in das vorhandene professionelle Behandlungsnetz;
- Fähigkeit zur Nutzung des Systems sozialer Sicherung im Gesundheitsbereich mit entsprechenden rechtlichen, ökonomischen und sozialpolitischen Kenntnissen und Netzwerkkompetenzen;

- Fähigkeit zur Anwendung eines kompetenten Unterstützungs- beziehungsweise Case Managements, gesundheitsdienlichen Sozialmanagements und klienten- beziehungsweise patientenbezogener sozialer Anwaltschaft;
- Fähigkeit zur empirischen Forschung im Hinblick auf Grundlagen, Methodik und Wirksamkeit klinisch-sozialarbeiterischer Interventionen;
- Fähigkeit zu Prozess begleitender Evaluation, zur Entwicklung und Handhabung von Qualitätssicherungsmaßnahmen;
- Insgesamt: Die Fähigkeit zur Beratung, Unterstützung und Behandlung von Menschen in krisenhaften Situationen im Sinne einer geplanten, zielgerichteten, theoriegeleiteten und methodenbewussten psychosozialen Arbeit.

Derzeit erwerben die Studierenden solche Fähigkeiten primär in der Beratungsarbeit, die durch die beteiligten Hochschullehrer begleitet wird. Eine intensivere Verschränkung der Beratungsarbeit insbesondere mit Methodenseminaren ist geplant.

1.3 Forschung

Die derzeitigen Forschungsaktivitäten beziehen sich im Wesentlichen auf zwei Forschungsbereiche:

Versorgungs- und Behandlungsforschung

Die Generalhypothese für diese Forschungsaktivitäten in der Beratungsstelle lautet: In einem biopsychosozialen Gesamtverständnis von Gesundheit und Krankheit sind sozial beratende und intervenierende Maßnahmen genauso erforderlich, wie biomedizinische, psychiatrische und psychotherapeutische Maßnahmen. Durch den systematischen Einbezug psychosozialer Unterstützung und Beratung werden Heilungsprozesse qualitativ verbessert und beschleunigt. Die verbesserte Nachhaltigkeit senkt Rückfallquoten und wirkt tertiärpräventiv. Es ist zu erwarten, dass diese systematische Einbeziehung und Vernetzung psychosozialer Hilfen gesundheitsorientierter Sozialarbeit unmittelbar dazu beiträgt, das Gesundheitswesen qualitativ effektiver und effizienter zu machen, mithin auch Kosten im Gesundheitswesen zu senken. Das besondere Augenmerk gilt dabei den Zusammenhängen zwischen sozialer Benachteiligung, schwierigen Lebenslagen und Gesundheit.

In diesem Rahmen sollen sich Forschungsvorhaben als Versorgungs- und Behandlungsforschung bewegen. Konkret wird derzeit an folgenden Themen gearbeitet:

- Dokumentation und Evaluation,
    - der Hilfe- und Unterstützungsbedarfe von PatientInnen mit chronischen oder chronifizierten somatischen, psychosomatischen und psychischen beziehungsweise psychiatrischen Störungen/ Erkrankungen,
    - der sozialen Diagnostik
    - der Beratungs-/Interventionsplanung
- Effizienzerhebungen beraterischer und sozialtherapeutischer Interventionen.

Die Arbeit der Beratungsstelle wird dazu umfassend dokumentiert. Die Dokumentation erfolgt anhand eines Dokumentationssystems, das im Rahmen eines Werkvertrags eigens für die Beratungsstelle entwickelt wurde (1). Die Beratungsstelle verfügt außerdem über eine eigene internetgestützte Datenbank mit umfangreichen Informationen zur sozialen Infrastruktur Berlins und zu sozialrechtlichen Leistungen. Die Datenbank wird laufend aktualisiert und vervollständigt.

Lehr-/Lernforschung

Im Mittelpunkt dieser Forschungsaktivitäten steht die Qualität der Lehre und des Lernens im Kontext der Beratungsstelle. Die Tätigkeit der Studierenden in der Beratungsstelle soll insbesondere unter dem Blickwinkel des Zugewinns an Kompetenzen (z. B. Kommunikation, Beziehungsgestaltung, Kooperation) untersucht werden. Konkret wird derzeit an folgendem Vorhaben gearbeitet:

- Befragung (problemzentrierte Interviews) von beraterisch tätigen Studierenden des Studienschwerpunkts „Gesundheitsorientierte Soziale Arbeit“.
- Fallbeschreibungen und -analysen (im Rahmen von Diplom-, Bachelor- und Masterarbeiten).

Im Sommersemester 2007 wird eine erste gründliche Evaluierung des Projekts vorgenommen. Anhand der Ergebnisse wird entschieden, welche Forschungsarbeiten intensiviert werden sollen, um auch Drittmittel zu beantragen zu können.

2. AUFBAU UND ORGANISATION DER BERATUNGSSTELLE

Die Beratungsstelle wurde zunächst als Bestandteil des Studienschwerpunkts „Gesundheitsorientierte Soziale Arbeit" im Rahmen des damaligen Diplom- und jetzigen Bachelorstudiengangs Soziale Arbeit aufgebaut. Sie bezieht sich inhaltlich aber auch auf den postgradualen Masterstudiengang „Klinische Sozialarbeit" und eröffnet den dort Lehrenden und Studierenden ebenfalls Möglichkeiten der Beteiligung. Nach einer Planungs- und Pilotphase (Wintersemester 2004/2005 und Sommersemester 2005), an der die Studierenden des Studienschwerpunkts „Gesundheitsorientierte Soziale Arbeit" mitwirkten, wurde die Nutzung von Räumlichkeiten und eine Anschubfinanzierung für Honorarmittel bei der Hochschulleitung beantragt und von dieser bewilligt. Somit kann das Beratungsangebot für die KlientInnen kostenlos und ohne Antragsverfahren für eine Kostenübernahme erfolgen.

Entsprechend der Zielsetzung – Beratung für Menschen, die sich in hausärztlicher, fachärztlicher und psychotherapeutischer Behandlung wegen körperlicher und/oder psychosomatischer und/oder psychischer Störungen befinden, die mit erkennbaren oder vermuteten sozialen Problemen einhergehen – wurden seit Beginn des Wintersemesters 2005/2006 Kooperationen zu niedergelassenen ÄrztInnen und PsychotherapeutInnen im Berliner Bezirk Lichtenberg (dort ist auch die KHSB angesiedelt) aufgebaut. Dazu wurden zunächst alle HausärztInnen und PsychotherapeutInnen zu einer Informationsveranstaltung in die Hochschule eingeladen und über das Projekt informiert. Aus der so gewonnenen kleinen Gruppe interessierter HausärztInnen und PsychotherapeutInnen, die sich inzwischen um FachärztInnen erweitert hat, haben sich stabile Kooperationsbeziehungen entwickelt.

Die KooperationspartnerInnen vermitteln PatientInnen mit sozialem Unterstützungsbedarf – deren Einverständnis vorausgesetzt – an die Beratungsstelle der KHSB, wo sie von Studierenden des Studienschwerpunkts „Gesundheitsorientierte Soziale Arbeit“ unter Anleitung der Autoren dieses Beitrags beraten und betreut werden. Die Studierenden des Studienschwerpunkts werden fallbezogen auf ihre Tätigkeiten vorbereitet und bei Ihren Tätigkeiten fachlich begleitet und supervidiert.

3. ZUM STAND DER DINGE

Die Beratungsstelle verfügt derzeit über einen Büro- und einen Beratungsraum. Durch die Einstellung von zwei Praktikantinnen (2) wurde es möglich, die Beratungsstelle verlässlich montags bis freitags zwischen 10 und 16 Uhr zu besetzen. Zusätzliche Öffnungszeiten sind möglich und richten sich nach den Erfordernissen der jeweiligen Beratungen und den zeitlichen Möglichkeiten der Studierenden und Lehrenden. Montags ist eine auf Honorarbasis beschäftigte Sozialarbeiterin (3) in der Beratungsstelle tätig. Sie fungiert zugleich als Ansprechpartnerin für die Studierenden, insbesondere bei sozialrechtlichen Fragen.

Derzeit befinden sich wöchentlich etwa 10 KlientInnen jeweils über einen Zeitraum von 1–6 Monaten in der Beratung. Die Beratungen werden in der Regel jeweils von zwei Studierenden gemeinsam durchgeführt. Ebenso in der Regel werden die KlientInnen im Beratungsverlauf mindestens ein Mal auch von einem der beteiligten Hochschullehrer kennen gelernt. Bei schwierigen Verläufen oder Unklarheiten bezüglich des Vorgehens (z.B. in Krisensituationen) besteht zudem die Möglichkeit der akuten Teilnahme der Hochschullehrer oder der Sozialarbeiterin an der Beratung.

3.1 Wer kommt in die Beratungsstelle?

In die Beratungsstelle kommen in erster Linie Menschen mit folgenden somatischen, psychischen und psychosomatischen Störungen beziehungsweise Erkrankungen:

- Uni- und bipolare affektive Störungen,
- Angststörungen, Zwangsstörungen, Anpassungsstörungen, Posttraumatische Belastungsstörungen, dissoziative Störungen, somatoforme Störungen,

- Persönlichkeitsstörungen,
- chronische organische Erkrankungen,
- Schizophrenien,
- Psychische und Verhaltensstörungen durch psychotrope Substanzen.

In der Regel werden die KlientInnen von den oben erwähnten KooperationspartnerInnen an die Beratungsstelle überwiesen. Um den fachlichen Austausch mit den KooperationspartnerInnen zu ermöglichen, werden diese jeweils schriftlich von Ihrer Schweigepflicht entbunden. In letzter Zeit kommen auch KlientInnen, denen die Beratungsstelle von anderen KlientInnen empfohlen wurde.

In der Beratungsarbeit stehen die komplexen Alltags- und Lebenssituationen der KlientInnen im Vordergrund, die durch ein großes Spektrum sozialer Problemlagen gekennzeichnet sind. Als solche seien hier genannt:

- (Langzeit)Arbeitslosigkeit, Arbeitssuche
- Unsichere finanzielle Verhältnisse (Überschuldung)
- Ungeklärte sozialrechtliche Probleme (z. B. SGB II, SGB V, SGB IX, SGB XI, SGB XII)
- Probleme mit Behörden
- Beziehungsstörungen (insbesondere Familien- beziehungsweise Paarkonflikte
- Trennungen/Scheidungen)
- Soziale Rückzüge (bis hin zu Einsamkeit)
- Materielle Notlagen (Möbel, Hilfsmittel, Wohnungsmangel)
- Soziale Ängste

Vielfach kumulieren soziale Einzelaspekte zu massiven Problembündeln, die die betroffenen Menschen erheblich belasten. In manchen Fällen lassen sich durch „einfache“ Interventionen (ein Brief an das Jobcenter, ein klärender Anruf, ein eingelegter Widerspruch), die als Sofortmaßnahmen zu verstehen sind, bereits kurzfristig Erfolge erzielen, die die Betroffenen sofort entlasten. In anderen Fällen erweisen sich die sozialen Problemlagen als „chronifiziert“, die Problemlagen sind komplex und zunächst unübersichtlich, sodass Hilfeangebote als langfristige Prozesse angelegt werden müssen.

Das besondere Augenmerk gilt den vorangegangen Hilfeangeboten und deren Wirkungen sowie den parallel zur Beratungsstelle aktuell in Anspruch genommenen Hilfen. Da viele Rat suchenden Menschen oft ihre Problembereiche nicht sofort und umfassend schildern, wird erst im Beratungsprozess deutlich, welche Personen und Einrichtungen aktuell involviert sind oder es früher einmal waren.

3.2 Welche Hilfeformen werden geboten?

Die Beratungsstelle bietet ein breites Spektrum an Hilfemöglichkeiten. Dieses umfasst insbesondere:

- Unterstützung und Beratung innerhalb der Beratungsstelle an der KHSB zu vereinbarten Terminen,
- aufsuchende Sozialarbeit im Lebensumfeld der KlientInnen und ihrer Angehörigen,
- Begleitung und Unterstützung der KlientInnen im Feld (Behörden, Verkehrsmittel, Veranstaltungen, Aufnahme sozialer Beziehungen).

Das angebotene Hilfeinstrumentarium beziehungsweise -repertoire lässt sich mit folgenden Stichworten kennzeichnen:

- Sozialanamnese
- Sozialdiagnostische Verfahren
- Empowerment, Ressourcenentwicklung und -stärkung
- Soziale Unterstützung (konkrete Interaktionen, Vermittlung von Kognitionen und Emotionen)
- Systemische Beratung/Intervention
- Case Management
- Psychoedukation
- Stabilisierung bei Belastungsstörungen und Anpassungsstörungen
- Aufbau und Strukturierung von Alltagsaktivitäten
- In-sensu- und In-vivo-Abbau von sozialen und anderen phobischen Ängsten
- Aufbau und Festigung von sozialen Beziehungen
- Verbesserung der Medikamenten-Compliance, wenn in Absprache mit den behandelnden ÄrztInnen indiziert
- Soziales Kompetenztraining

- Unterstützung der beruflichen und sozialen Rehabilitation
- Vermittlung an geeignete Anbieter spezifischer Hilfen

Darüber hinaus arbeitet die Beratungsstelle mit Einrichtungen der medizinischen, pflegerischen, psychosozialen und gemeinde-psychiatrischen Versorgung zusammen. Selbstverständlich – das sei hier betont, weil es ein Markenzeichen der Beratungsstelle ist – wird mit allen Berufsgruppen und Institutionen kooperiert, um den jeweils bestmöglichen Hilfeerfolg zu erzielen. Auch die KooperationspartnerInnen der Beratungsstelle werden über die Hilfeangebote der Beratungsstelle informiert. Es wird seitens der Beratungsstelle angestrebt, Vorgehensweisen auch gemeinsam zu besprechen und abzustimmen.

Das große Hilferepertoire findet seinen Ausdruck auch in flexiblen Beziehungs- und Interaktionsgestaltungen zwischen BeraterInnen und KlientInnen. Die Beratungsstelle verfügt ausdrücklich über kein starres Beratungskonzept, in dem bestimmte Interaktions- und Beziehungsformen festgeschrieben sind. Vielmehr ist beabsichtigt, dass die jeweilige Ausgestaltung der Beziehungen und Interaktionen gemeinsam zwischen BeraterInnen und KlientInnen ausgehandelt wird. Der Grund dafür liegt darin, dass viele der hier angesprochenen KlientInnen gerade an limitierten Interaktions- und Beziehungsformen in „klassischen" therapeutischen Settings scheitern oder gescheitert sind. Daher wird in der Beratungsstelle auf eine „besondere Natürlichkeit" (hierzu auch Lüssi 2001, S. 276ff) in der Beratungsarbeit gesetzt, mit der es nach den bisherigen Erfahrungen sehr gut gelingt, die Rat suchenden Menschen anzusprechen und zu erreichen. Bei solchen Formen niedrigschwelliger Beratungsarbeit ist es dann allerdings besonders wichtig, Nähe- und Distanz-Probleme zu beachten, zu reflektieren und kritisch zu steuern.

4. ERSTE ERFAHRUNGEN

Nach einem guten Jahr Erfahrung mit der Beratungsarbeit ist es sicher noch zu früh, um nachhaltige Erfolge (oder Misserfolge) vorweisen zu können. Auch ist die Fallzahl – bislang haben rund 30 Klienten die Beratungsstelle in Anspruch genommen – noch zu gering, um hier Muster oder Ähnlichkeiten präsentieren zu können, die sich fallübergreifend zeigen. Deshalb können hier lediglich erste Tendenzen aufgeführt werden, die unsere weitere Aufmerksamkeit verdienen.

4.1 KlientInnen

Die KlientInnen registrieren die Aufmerksamkeit für ihre Probleme und die Hilfsbereitschaft der BeraterInnen. Es entsteht manchmal der Eindruck, dass Klientinnen erstmals in zum Teil langjährigen Problemsituationen Gelegenheit haben, ihre ganzen „Geschichten“ in ihren je eigenen Sinnkonstruktionen zu erzählen. Allein dies scheint Ihnen bereits gut zu tun. Daran anknüpfend ergeben sich für das weitere Vorgehen zum Teil ganz neue Perspektiven und Strategien, die bisher noch nicht gesehen wurden beziehungsweise gesehen werden konnten.

Dabei ist möglicherweise der Standort der Beratungsstelle, außerhalb des üblichen Versorgungsnetzes, insbesondere außerhalb des psychiatrischen, für einige KlientInnen von besonderer Bedeutung. Dies könnte die Kontaktaufnahme ebenso fördern, wie die Bereitschaft, sich in einem anderen Rahmen auch auf andere Weise mitzuteilen.

In einem dramatischen Fall mit hoher Inanspruchnahme medizinischer und psychosozialer Hilfen ist es im Zeitverlauf der Beratung zu einer „Beruhigung“ gekommen. Ambulante und stationäre medizinische Behandlungen werden jetzt deutlich seltener in Anspruch genommen. Der Zusammenhang zwischen diesen Effekten und einer mehrmonatigen intensiven Begleitung durch eine Studentin ist evident.

4.2 KooperationspartnerInnen

Für die kooperierenden ÄrztInnen und PsychotherapeutInnen ist es nicht immer selbstverständlich, dass SozialarbeiterInnen –beziehungsweise Studierende der Sozialen Arbeit – in „Augenhöhe“ mit Rückfragen und Vorschlägen an sie herantreten.

In seltenen Fällen entstand der Eindruck, dass PatientInnen an die Beratungsstelle delegiert werden, damit dort lediglich Anträge auf Sozialleistungen formuliert und gestellt werden. In den Beratungsgesprächen zeigte sich dann vielfach, dass erheblich größerer Hilfebedarf vorlag, dessen Ausmaß den KooperationspartnerInnen so nicht bekannt war. Dies weist darauf hin, dass das Soziale in ärztlichen und psychotherapeutischen Kontexten nicht systematisch thematisiert und bearbeitet wird beziehungsweise werden kann und unterstreicht die Bedeutung eines solchen Beratungsangebots, das sich als Ergänzung des medizinischen und psychotherapeutischen Behandlungsrepertoires versteht.

4.3 Studierende

Die Mitarbeit der Studierenden des Studienschwerpunkts erfolgt auf freiwilliger Basis. Bisher haben sich immer genügend Studierende gefunden, die daran interessiert sind, ihr Studium durch das Sammeln praktischer Erfahrungen in der Beratung zu bereichern. Diejenigen, die sich für die Beratungsarbeit entschieden haben, sind überaus engagiert tätig und berichten über große Kompetenzzuwächse, die sich insbesondere auf Kompetenzen in der Anwendung sozialarbeiterischer Methoden, Kompetenzen in professioneller Auseinandersetzung mit schwierigen Lebenslagen von Klienten und Kompetenzen zur Zusammenarbeit mit verschiedenen Berufsgruppen und Institutionen beziehen.

LITERATUR

Lüssi, P.: Systemische Sozialarbeit. Praktisches Lehrbuch der Sozialberatung, 5. durchgesehene Auflage, Bern, Stuttgart, Wien, Verlag Paul Haupt; (2001)

Pauls, H./Mühlum, A. : Klinische Kompetenzen. Eine Ortsbestimmung der Sektion Klinische Sozialarbeit. In: http://www.klinische-sozialarbeit.de (16.01.2007)

Uexküll, Th. v.; Wesiack, W. : Wissenschaftstheorie: ein bio-psycho-soziales Modell. In: Uexküll, Th. v. (Hg.): Psychosomatische Medizin, 5. neu bearbeitete und erweiterte Auflage. München, Wien, Baltimore, Urban & Schwarzenberg; (1996), S. 13–52

(1) Unser Dank gilt Ulrich Binner für die Entwicklung des Dokumentationssystems.
(2) Anna Raether und Jenny Zirnstein waren die ersten Praktikantinnen. Mit Ihrem großen Engagement haben Sie wesentlich zum derzeitigen Gelingen der Beratungsstelle beigetragen.
(3) Sandra Kruse danken wir für die Unterstützung bei den ersten Gehversuchen der Beratungsarbeit und für die Begleitung der Studierenden.

Klinische Sozialarbeit im Krankenhaus

Hildegard Hegeler

1. SOZIALE ARBEIT IM KRANKENHAUS

„Soziale Arbeit im Krankenhaus unterstützt und ergänzt die medizinische Behandlung des Patienten. Sie nimmt dabei besonders die psychosozialen Folgen von Krankheit und ihre Auswirkungen auf den Alltag und die nachstationären Versorgungssysteme in den Blick. Sie kooperiert mit den an der Behandlung beteiligten Berufsgruppen sowie mit den Partnern im Netzwerk des Gesundheitswesens. Sie koordiniert den Behandlungsprozess im Hinblick auf die sozialen Fragestellungen und verschafft Zugang zu persönlichen, gesellschaftlichen und sozialen sowie materiellen Unterstützungssystemen. Sie orientiert sich an der Würde und am Selbstbestimmungsrecht des Menschen.“ (DVSK 1999)

1.1 Gesetzliche Grundlagen

Die rechtlichen Grundlagen für die Sozialarbeit im Krankenhaus finden sich in den Sozialgesetzbüchern V und IX sowie in den meisten Landeskrankenhausgesetzen.

Das SGB V, Gesetzliche Krankenversicherung, sichert im §112 Abs. 2 Nr. 4 u. 5 den PatientInnen/Versicherten soziale Beratung und Betreuung sowie einen nahtlosen Übergang von der Krankenhausbehandlung zur Rehabilitation oder Pflege zu.

Im SGB IX, Gesetz zur Rehabilitation und Teilhabe behinderter oder von Behinderung bedrohter Menschen, das 2001 in Kraft getreten ist, werden Leistungen beschrieben, die zum großen Teil durch den Sozialdienst im Krankenhaus erbracht werden:

- Frühest mögliche und themenübergreifende Information sowie individuelle Beratung,
- Unterstützung von PatientInnen und ihren Angehörigen bei der Klä-

rung des zuständigen Leistungsträgers und ggf. Antragstellung,
- umfassende Rehabedarfsklärung (Weis 2001).

Der § 26 Abs. 3 Nr. 1–7 SGB IX nennt die Leistungen zur medizinischen Rehabilitation, für deren Umsetzung SozialarbeiterInnen im Krankenhaus mit ihrer klinischen Kompetenz gefragt sind:

- Hilfen zur Unterstützung bei der Krankheits- und Behinderungsverarbeitung.
- Aktivierung von Selbsthilfepotentialen.
- Information und Beratung von PartnerInnen und Angehörigen sowie von Vorgesetzten und KollegInnen unter der Voraussetzung der Zustimmung des/der Leistungsberechtigten.
- Hilfen zur seelischen Stabilisierung und zur Förderung der sozialen Kompetenz, unter anderem durch Training sozialer und kommunikativer Fähigkeiten und im Umgang mit Krisensituationen.
- Anleitung und Motivation zur Inanspruchnahme von Leistungen der medizinischen Rehabilitation.

Das Sozialgesetzbuch IX bildet somit eine Basis zur Umsetzung psychosozialer Handlungsansätze. Seine Entstehung ist eine Reaktion des Gesetzgebers auf sozial- und gesundheitswissenschaftliche Erkenntnisse über die Bedeutung psychosozialer Faktoren in der Entstehung und im Verlauf komplikationsreicher Erkrankungen. Hintergrund sind das biopsychosoziale Modell und die internationalen Klassifikationen der Funktionen (ICF) der WHO. Mit dem biopsychosozialen Modell wird ein bedeutender Paradigmenwechsel vollzogen: funktionale Probleme sind nicht mehr Attribute einer Person, sondern das negative Ergebnis einer Wechselwirkung (BAR, 2006, S.12).

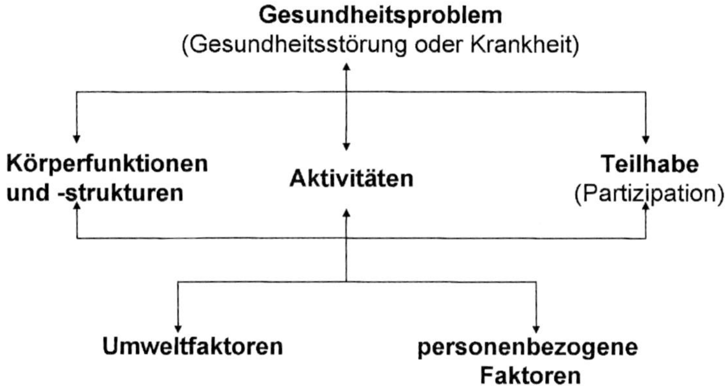

Das bio-psycho-soziale Modell der WHO (BAR, 2006, S. 11)

„Das wichtigste Konzept der ICF ist das Konzept der Teilhabe. Es bezieht sich auf Menschen als Subjekt der Gesellschaft und Umwelt. *Teilhabe* ist das Einbezogensein einer Person in eine Lebenssituation oder einen Lebensbereich. Beeinträchtigungen der Teilhabe sind Probleme, die eine Person beim Einbezogensein in eine Lebenssituation oder einen Lebensbereich hat. Im Teilhabekonzept sind Aspekte der Menschenrechte und der subjektiven Erfahrung integriert. Die Wiederherstellung oder Verbesserung der Teilhabe ist das Ziel jeder Rehabilitation." (Schian et al. 2006, S. 24)

In den Landeskrankenhausgesetzen werden Auftrag und Bedeutung der Sozialarbeit/sozialen Beratung sehr unterschiedlich formuliert und festgesetzt. Die personelle Ausstattung ist nicht bundesweit standardisiert; die berufliche Qualifikation der SozialdienstmitarbeiterInnen nicht festgeschrieben, nur Berlin, Brandenburg und Saarland schreiben den Einsatz von SozialarbeiterInnen/SozialpädagogInnen vor. In den Landeskrankenhausgesetzen von Bayern, Bremen, Niedersachsen, Sachsen-Anhalt und Schleswig-Holstein finden sich gar keine Festsetzungen für soziale Beratung.
Aus den beschriebenen gesetzlichen Grundlagen ist klar erkennbar, dass Krankenhäuser verpflichtet sind, eine persönliche soziale Beratung und

Begleitung der PatientInnen sicherzustellen, deren Lebenssituation sich durch Krankheit und Behinderung auf psychischer, sozialer, physischer und wirtschaftlicher Ebene verändert.

1.2 Strukturelle Rahmenbedingungen

Im Krankenhausfinanzierungsgesetz (KHG) findet man die Einteilung in Krankenhäuser der Grund-, Regel-, Schwerpunkt- oder Maximalversorgung. Sie sind als Teil des Gesundheitswesens Orte und mit der neuen Entwicklung nach dem Gesetz zur Modernisierung des Gesundheitswesens (GMG vom 01.01.2004) auch Zentren (z.B. Brustzentrum) der Heilbehandlung. Integrierte Versorgungsmodelle mit ganzheitlichen Behandlungsansätzen im Sinne des biopsycho-sozialen Modells beginnen, nahtlose Behandlungsabläufe in den einzelnen Sektoren Arztpraxis – Akutkrankenhaus – Rehaklinik – nachgehende Versorgungsangebote zu etablieren. Sozialarbeit wird damit Bestandteil eines multiprofessionellen Behandlungsteams und Teil des Behandlungsauftrages der Institution Krankenhaus. Sie wird vermehrt zu einem bedeutsamen Element im Behandlungszusammenhang und damit auf jeden Fall zur Klinischen Sozialarbeit.

Bis Ende der 1990er Jahre war der Sozialdienst in den meisten Krankenhäusern der Verwaltung/der Verwaltungsdirektion zugeordnet. Seither hat es in vielen Häusern einen Zuordnungswechsel gegeben und die Sozialarbeit wird der Pflegedirektion beziehungsweise Pflegedienstleitung unterstellt. Hier ist auch strukturell eine eindeutige Hinwendung zu den behandelnden Berufsgruppen zu erkennen: PhysiotherapeutInnen sind im Krankenhaus in der Regel ebenfalls der Pflegedirektion unterstellt.

1.3 Finanzielle Rahmenbedingungen und die Auswirkungen auf die Klinische Sozialarbeit

Soziale Arbeit im Krankenhaus zählt zu den allgemeinen Krankenhausleistungen. Die Kosten dafür sind in den Behandlungspauschalen enthalten, den DRGs (Diagnosis Related Groups). Diese bezeichnen ein ökonomisch-medizinisches Klassifikationssystem, bei dem PatientInnen anhand ihrer Diagnose und der durchgeführten Behandlungen in Fallgruppen klassifiziert werden. Maßgebliche Kriterien für die Zuordnung des Behandlungsfalles zu einer diagnosebezogenen Fallgruppe sind die Hauptdiagnose, die im Krankenhaus durchgeführten Prozeduren und andere. Für die Prozeduren gibt es einen gesonderten Schlüssel, OPS (Operations- und Prozedurenschlüssel), mit dem auch psychosoziale Leistungen der klinischen Sozialarbeit erfasst und verschlüsselt werden können (BAG-PVA, Leitfaden zum OPS).

Die Einführung dieses Fallpauschalensystems (KHG § 17b) hat dazu geführt, dass die Verweildauer der PatientInnen sich erheblich verkürzt hat (Ansen, Gödecker-Geenen und Nau 2004, S. 53ff) und noch weiterhin verkürzen wird. Durch weitere Straffung der Behandlungsabläufe sowie Verlagerung medizinischer Behandlung in klinisch ambulante Verfahren, wird Klinische Sozialarbeit ihre Beratungszeiten erheblich komprimieren müssen. Sowohl die sozialrechtlichen als auch die psychosozialen Aspekte der Beratung müssen auf aktuell notwendige Themen beschränkt werden, weitere notwendige Beratungsthemen an die nachfolgenden BehandlerInnen übergeben werden.

Aktuell notwendige Themen sind abhängig von den individuell auftretenden psychosozialen Problematiken und den aus der Sicht des interprofessionellen Behandlungsteams weiteren notwendigen Behandlungsschritten. So ist es z.B. möglich nach der Methode lösungsorientierter Beratung den nächsten kleinen Schritt zur Verbesserung der individuellen Lebenssituation von PatientInnen im Gespräch herauszuarbeiten, aber auch gleichzeitig konkrete Hilfe anzubieten, wie Ausdrucken und Ausfüllen bestimmter Anträge oder den zuständigen Alg-II-Sachbearbeiter und dessen Telefonnummer zu eruieren. Sozialrechtliche und psychosoziale Behandlung und Beratung bleiben dabei jedoch eine untrennbare Einheit. Eine Anpassung der Beratungsmethodik ist angesagt. Durch ihre spezielle Kompetenz ist die Klinische Sozialarbeit in der Lage, auch in relativ kurzer Zeit ihren Beitrag zur Lösung aktueller Problematiken zu leisten.

2. METHODEN UND ERGEBNISSE KLINISCH SOZIALARBEITERISCHER INTERVENTIONEN

2.1 Die psychosoziale Dimension der Krankenhausbehandlung

Der primäre Grund für eine Aufnahme im Krankenhaus ist in der Regel eine somatische Erkrankung, die durch – zunächst einmal – ärztliche Behandlung geheilt oder gelindert, im Falle einer Chronifizierung zumeist mit Hilfe von Medikamenten auf einem stabilen Niveau gehalten werden soll. Für viele PatientInnen entwickeln sich während des Aufenthaltes eine Reihe psychosozialer Krankheitsfolgen, die einerseits Auswirkungen auf ihr zukünftiges Leben haben, andererseits auch den Heilungsprozess beziehungsweise den Stabilisierungserfolg verzögern können. Oftmals sind psychosoziale Probleme auch bei der Entstehung oder Verschlechterung einer Krankheit beteiligt: ein typisch psychosoziales Problem ist z.B. Armut. Nach Befunden der Armutsforschung ist der Gesundheitszustand armer Menschen schlechter als derjenige wohlhabender Bevölkerungsgruppen (RKI 2006, S. 83 f.). Besonders chronisch-degenerative Erkrankungen, zerebrovaskuläre Erkrankungen, Atemwegserkrankungen, Bronchialkarzinome, Diabetes mellitus und Aids sind häufiger in ärmeren Bevölkerungsgruppen anzutreffen. Ausschlaggebend sind dafür belastende Lebens- und Arbeitsbedingungen, häufige Arbeitslosigkeit, gesundheitsschädliche Lebensstile sowie sozialer und emotionaler Stress (vgl. Ansen, Gödecker-Geenen und Nau, 2004, S. 64). Eine Nichtberücksichtigung oder Nichtbehandlung psychosozialer Problematiken wird demnach eher negative Folgen für den Heilungs- oder Stabilisierungsprozess nach sich ziehen.

Konkret werden PatientInnen mit Folgen wie Pflegebedürftigkeit, Behinderung, beruflichen und sozialen Änderungen oder Einschnitten während des Krankenhausaufenthaltes konfrontiert. Ängste vor dem weiteren Krankheitsverlauf und Ungewissheit über die Zukunft beeinflussen nicht nur die PatientInnen selbst, sondern auch deren Familien, deren soziale Bezugssysteme. Die Klinische Sozialarbeit setzt hier auf der Ebene psychosozialer und sozialrechtlicher Beratung an und bietet dadurch PatientInnen die Möglichkeit, Perspektiven für die Zukunft zu entwickeln. Zielgruppen der Sozialarbeit im Akutkrankenhaus sind vor allem

- PatientInnen mit onkologischen Erkrankungen,
- PatientInnen mit chronischen Erkrankungen,
- PatientInnen in Armut,
- PatientInnen nach Unfällen mit erheblichen Behinderungen,
- PatientInnen mit psychosomatischen Erkrankungen,
- PatientInnen mit Suchterkrankungen,
- PatientInnen nach Amputationen der unteren Gliedmaße,
- Angehörige schwerkranker oder alter, nicht mehr entscheidungsfähiger PatientInnen.

Versteht man also Sozialarbeit im Krankenhaus als den Teil der Sozialarbeit im Gesundheitswesen, der die psychosozialen Fragestellungen im Behandlungszusammenhang mit dem Behandlungsteam und mit den PatientInnen klärt und bearbeitet, so ergibt sich folgerichtig die Bezeichnung *Klinische Sozialarbeit*: „Gegenstand Klinischer Sozialarbeit sind psychosoziale Störungen und körperliche Beeinträchtigungen in ihrem sozialen Zusammenhang, wobei mit der professionellen Kompetenz Sozialer Arbeit auf Heilung, Linderung und Besserung hingewirkt wird. Entweder setzt Klinische Sozialarbeit im System der Gesundheitsversorgung an, wenn Erkrankungen eine soziale Problematik mit sich bringen, die behandelt werden muss, oder therapeutisches, präventives oder rehabilitatives Handeln ist in einem sozialen Kontext angebracht, um Gesundheit wiederherzustellen, zu bessern oder zu erhalten.“ (Wendt 2000, S. 6).

2.2 Beratungs- und Unterstützungsbedarf durch die Klinische Sozialarbeit im Krankenhaus – Ergebnisse einer Evaluationsstudie

Die Deutsche Vereinigung für Sozialarbeit im Krankenhaus (seit 2003 DVSG = Deutsche Vereinigung für Sozialarbeit im Gesundheitswesen) hat im Jahr 2001 eine Evaluationsstudie zur Ermittlung des sozialarbeiterischen Beratungsbedarfs und zur Wirksamkeit sozialarbeiterischer Interventionen durchgeführt (vgl. Gödecker-Geenen, Nau und Weis 2003; die Seitenangaben im weiteren Verlauf von 2.2 beziehen sich auf diese Veröffentlichung).

Die im Folgenden aufgeführten Ergebnisse der Studie belegen den psychosozialen Zusammenhang der klinischen Beratung: Für 98% der Befragten war der Kontakt zum Sozialdienst „wichtig“ bis „sehr wichtig“ (S. 37). Etwa zwei Drittel hatte ein hohes Maß an Unterstützungsbedarf im Bereich der Krankheitsbewältigung. Dieses Ergebnis bestätigte die Vermutung, dass die anderen beteiligten Berufsgruppen entweder nur wenig Zeit für Gespräche zu diesem wichtigen Thema haben beziehungsweise nicht die entsprechenden Kompetenzen, dieses Thema zu bearbeiten. Diese Vermutung wurde zusätzlich durch das Ergebnis gestützt, dass fast 50% der Befragten angaben, nach Gesprächen mit den SozialarbeiterInnen „ihre Krankheit besser zu verstehen“ oder „die Auswirkungen der Erkrankung besser einschätzen oder akzeptieren zu können“. 43% meinten, dass sie durch die Gespräche gelernt haben, „trotz Krankheit ja zum Leben zu sagen“ (S. 40).

Dabei war im Einzelnen hilfreich: das Verständnis des Beraters/der Beraterin (67%), Unterstützung (61%), Entlastung (32%), Anregungen (43%), Informationen (67%), Hinweise auf andere Dienste (22%) (S. 44).

Die Antworten auf die Frage nach der subjektiven Befindlichkeit nach den Gesprächen mit den SozialdienstmitarbeiterInnen bestätigt die oben genannten Ergebnisse: 28% fühlten sich sehr gut, 52% deutlich besser als zuvor, 13% etwas besser, 7% unverändert (S. 40).

Die Ergebnisse zeigen deutlich den Einfluss Klinischer Sozialarbeit auf die Bereiche Krankheitsbewältigung und -verarbeitung stationärer PatientInnen im Akutkrankenhaus.

Die konkreten Beratungsthemen bilden eine breite Palette, wobei pro PatientIn auch mehrere Themen Gegenstand der Beratung gewesen sein können. Die jeweils angesprochenen Probleme verteilen sich wie folgt (Mehrfachnennungen waren möglich):

- Rückkehr nach Hause/Situation nach der Entlassung (43%)
- Ambulante Versorgung/häusliche Krankenpflege (22%)
- Wohnen in einem Heim (17%)
- Arbeitsverhältnis (13%)
- Anschlussheilbehandlung –AHB– (56%)

- andere Rehabilitationsmaßnahme (z.B. Kur, Umschulung) (24%)
- Sozialversicherung (z.B. Krankenkasse, Pflegevers., Rente) (27%)
- Finanzielle beziehungsweise wirtschaftliche Situation (18%)
- Beratungsstellen / Selbsthilfegruppen (17%)
- Familiäre Probleme (19%)
- Bauliche Probleme / Wohnungsausstattung (2%) (S. 38).

Besonders aufschlussreich für die Klinische Sozialarbeit ist, dass fast 60% der Befragten angaben, dass mit ihnen „konkrete Perspektiven für die Zukunft" entwickelt wurden und 67% angaben, dass bereits konkrete Schritte geplant seien.

3. SOZIALARBEITERISCHE BERATUNGS- UND HANDLUNGSKOMPETENZEN

Klinische Sozialarbeit ist immer auch Beziehungsarbeit, die nach einer umfassenden psychosozialen Anamnese und psychosozialen Diagnostik geeignete Versorgungslösungen mit den PatientInnen gemeinsam erarbeitet und umsetzt. Basis für die Klinische Sozialarbeit im Krankenhaus ist ein Grundverständnis für medizinische Fragen, sozialrechtliche und institutionelle Kenntnisse in Bezug auf Krankheiten und Behinderungen sowie kommunikative Beratungskompetenzen.

3.1 Generalistische Kompetenz

Nach der bisher gültigen Ausbildung zum/zur Diplom-SozialarbeiterIn kann als „Markenzeichen" die generalistische Kompetenz gelten. Diplom-SozialarbeiterInnen im klinisch-sozialarbeiterischen Handlungsgefüge haben die Fähigkeit, für die Lösung kognitiver, emotionaler und praktischer Problemagglomerate folgende Kenntnisse einzusetzen und die Bereiche mit ihren unterschiedlichen Berufsgruppen und Spezifikationen miteinander zu verknüpfen.

- Kompetenz zum Aufbau einer Beratungs- und Arbeitsbeziehung zu PatientInnen in schwierigen Lebenslagen;
- Beratungs- und Behandlungskompetenz von Menschen in krisenhaften gesundheitlichen Situationen;

- Kompetenz zur Nutzung des Systems der sozialen Sicherung im Gesundheitswesen mit den entsprechenden rechtlichen und sozialpolitischen Kenntnissen;
- Assessment- und Diagnostikkompetenz;
- Netzwerkkompetenz bezogen sowohl auf die Unterstützung beim Aufbau eines individuellen sozialen Netzwerkes als auch auf den integrativen Zugriff auf vorhandene soziale Netzwerke;
- Kompetenz der Kommunikation und professionellen Abgrenzung im multiprofessionellen Team (nach Pauls und Mühlum 2004, S. 3–4).

3.2 Case-Management

Als Basistheorie bietet das Case-Management gerade auch für die klinisch tätige Sozialarbeit im Krankenhaus eine Struktur, in die auch die benachbarten intramuralen Berufsgruppen ÄrztInnen und Pflegepersonal gut eingebunden werden können. Die Methode ist prozessorientiert, dokumentarisch nachvollziehbar und evaluierbar. Das Hauptziel ist, gemeinsam mit PatientInnen verschiedene Hilfsmöglichkeiten unter komplexen Bedingungen zu erarbeiten und aufeinander abzustimmen. Die PatientInnen sollen befähigt werden, Unterstützungsleistungen und soziale Dienstleistungen in bestehenden sozialen Netzwerken zu erschließen und zu nutzen. Für das Modell und seine verschiedenen Phasen des Beratungsprozesses sei hier auf die Grundlagenliteratur und Fachpublikationen hingewiesen (Raiff und Shore 1993, Wendt 2001).

3.3 Spezielle Beratungskompetenzen

Grundlegende kommunikative Beratungskompetenz wurde bisher ebenfalls im Diplomstudiengang erworben, z.B. klientenzentrierte Gesprächsführung nach Rogers (2005). Eigene Befragungen der Autorin unter KollegInnen ergaben, dass ca. 60% der im Klinikbereich tätigen SozialarbeiterInnen zusätzliche kommunikative Kompetenzen erworben haben. Das umfangreiche Angebot auf dem Weiterbildungsmarkt ermöglicht es den Professionellen die für sie passende Methode zu erlernen, zu vertiefen oder verschiedene Methoden miteinander zu verknüpfen wie z.B. systemische und lösungsorientierte Beratung, Gestaltberatung oder psychoonkologische Beratung als diagnosespezifische Beratungs- und Behandlungskompetenz.

3.4 Weitere spezifische Kompetenzen

Die klinisch sozialarbeiterischen Beratungsschwerpunkte „psychosoziale Betreuung“, „sozialrechtliche Beratung“, „soziale Rehabilitation“, „medizinische Rehabilitation“ und „berufliche Rehabilitation“ erfordern außer den genannten Basiskompetenzen auch Teamorientierung (Behandlungsteam) und Netzwerkorientierung (Witthöft 2000, S. 188–194).

4. MULTIPROFESSIONELLE ZUSAMMENARBEIT

Wie unter Punkt 1.3 beschrieben, hat sich die Entlassungspraxis im Krankenhaus dahingehend verändert, dass sich die Behandlungs- und Verweildauer immer weiter reduziert.

Die multiprofessionelle Kooperation und die damit verbundene interne Vernetzung ist das inzwischen bedeutendste Element im Entlassungsmanagement. In ihrem Positionspapier aus dem Jahre 2004 definiert die DVSG: „Entlassungsmanagement ist ein konzeptionelles professionelles Vorgehen der Sozialarbeit im Krankenhaus, um im Falle multipler Problemlagen mit dem Patienten und seinen Bezugspersonen im interprofessionellen Rahmen eine tragfähige Entscheidung für die nachstationäre Versorgung zu erarbeiten und umzusetzen“ (DVSG 2004, S.1).

Grundlage erfolgreicher Klinischer Sozialarbeit im Krankenhaus ist die permanente Zusammenarbeit mit den beteiligten Berufsgruppen ÄrztInnen, Pflege/Fachpflege wie z.B. Onkologiefachpflege, Pflege für Schmerz- und Wundmanagement sowie TherapeutInnen, wie z. B. Physiotherapie und Logopädie. Diese Zusammenarbeit sollte standardmäßig festgelegt sein und regelmäßige Besprechungen beinhalten.

4.1 Das Beispiel Sozialvisite

Gesundheitliche Leistungen müssen sich daran messen lassen, ob sie für die PatientInnen jeweils bedarfsgerecht sind und nachhaltig wirken. Soziale und psychische Dimensionen sind einzubeziehen und Gesundheitsziele neu zu definieren. Durch eine integrationsorientierte Ausrichtung steigt die Chance der Teilhabe von kranken und behinderten Menschen im Sinne des SGB IX und der ICF.

Im Luisen-Hospital in Aachen wurde darum im Jahre 2002 (nach einer Projektphase im Jahre 2001) auf Initiative des Sozialdienstes und der Pflegedirektion die Sozialvisite als interprofessionelle wöchentliche Besprechung verbindlich auf allen Stationen, in der medizinischen Klinik verbindlich auch für alle AssistenzärztInnen, festgelegt. In den chirurgischen Kliniken (allgemein-, gefäß-, und plastisch chirurgisch) ist die Teilnahme der AssistenzärztInnen abhängig vom jeweiligen OP-Plan. Im Brustzentrum ist die Klinische Sozialarbeit durch entsprechende strukturelle Vorgaben in den Behandlungsprozess im multiprofessionellen Team eingebunden. Teilnehmende der wöchentlich zu einer festgelegten Zeit stattfindenden Kurven"visite" sind die Sozialarbeiterin, der Assistenzarzt/die Assistenzärztin und die Bereichspflege beziehungsweise die Stationsleitung. Bei Bedarf kann die Physiotherapie ebenfalls hinzugezogen werden.
Die Sozialvisite ist ein berufsübergreifender Ansatz, mit dem die psychosoziale Dimension von Krankheit im Behandlungsteam so früh wie möglich in den Gesamtkontext einbezogen wird. Zwei Aspekte stehen dabei im Vordergrund:

- „Die Entlassung beginnt bei der Aufnahme", d.h. die am Behandlungsprozess beteiligten Berufsgruppen müssen für eine gute und funktionierende Kooperation und Kommunikation sorgen; die Interessen von PatientInnen werden dabei umfassend berücksichtigt.
- Die psychosoziale Dimension von Krankheit wird von Beginn des Behandlungsprozesses an von allen daran Beteiligten berücksichtigt. So können die verschiedenen Gesichtspunkte der vor- und nachstationären Versorgung frühzeitig betrachtet und diskutiert werden, um geeignete Lösungen für PatientInnen zu erreichen (Hegeler 2002).

Ziel des Entlassmanagements im Krankenhaus ist es, im Rahmen der ganzheitlichen sozialarbeiterischen Sichtweise auch in Zeiten reduzierter Verweildauer die im klinischen Bereich erreichten gesundheitlichen Ergebnisse für die PatientInnen im nachstationären Lebensraum über einen möglichst langen Zeitraum zu sichern.

Die Sozialvisite ist ein Instrument, das neben der Einzelfalldiskussion auch dazu dient, allgemein Fragen an die jeweils anderen Berufsgruppen zu richten, um unabhängig vom Einzelfall bestimmte Arbeitsschritte als allgemein notwendige Verfahrensabläufe zu erkennen und in den Ablauf zu implementieren: z.B. Fragen des aufnehmenden Arztes und/oder der (Bereichs-) Pflegekraft zum sozialen Umfeld sowie die Dokumentation der Antworten; präzise Dokumentation der Namen und Telefonnummern von Angehörigen, Bevollmächtigten beziehungsweise gesetzlichem Betreuer; Hinweis auf die Sozialarbeit und Aushändigen der Visitenkarte (oder vergleichbarem Handout) des zuständigen Mitarbeiters.

Anhand eines fiktiven Fallbeispiels soll im Folgenden die interprofessionelle Kooperation rund um die Sozialvisite vorgestellt werden:

Frau B., 47 Jahre alt, ist verwitwet und lebt mit ihrer 16-jährigen Tochter, die noch zur Schule geht, in einer mittleren Großstadt zusammen. Sie hat noch einen 25-jährigen Sohn, der 130 km entfernt wohnt und verheiratet ist. Ihre 73-jährige Mutter lebt 300 km entfernt, es besteht regelmäßiger telefonischer Kontakt, aber wegen der Entfernung und schwieriger wirtschaftlicher Verhältnisse sind Besuche selten möglich. Frau B. lebt zurückgezogen und hat außer einer befreundeten Nachbarin, Frau M., keine weiteren sozialen Kontakte.
Nach einer Ovarialkrebsoperation in der Frauenklinik des Luisen-Hospitals vor drei Jahren mit anschließender Chemotherapie wurde Frau B. in einer Rehaklinik aufgenommen. Wegen Verschlechterung des Allgemeinzustandes und Beschwerden, die nicht mehr durch den Hausarzt und den niedergelassenen Onkologen behandelbar waren, wurde Frau B. erneut im Luisenhospital in der Medizinischen Klinik aufgenommen. Sie bezieht seit ihrem Reha-Aufenthalt eine Rente auf Zeit.

In der Sozialvisite stellten der Arzt seine medizinischen Untersuchungsergebnisse und die Bereichspflege ihre Erfahrung der letzten vier Tage mit der Patientin vor. Die familiäre Situation – alleinerziehende Mutter, relative soziale Isolation – war bekannt.
Der Arzt berichtet, dass die Verschlechterung des Allgemeinzustandes durch Metastasenbildung hervorgerufen werde, die weitere Lebensdau-

er nicht vorauszusagen sei; eine gute Entlassungsvorbereitung mit häuslicher Unterstützung müsse erfolgen, damit die Patientin ihrem Wunsch gemäß möglichst bald nach Hause entlassen werden könne. Er habe ihr die Diagnose und Prognose im ruhigen Gespräch erklärt und sich versichert, dass sie seine Erklärung auch verstanden habe.
Die Bereichspflege berichtet von unterschiedlich notwendiger pflegerischer Unterstützung. Beratung durch die Schmerztherapeutin ist für den nächsten Vormittag terminiert.
Die Sozialarbeiterin hatte die Patientin aufgrund eines Sozialkonsils wenige Stunden vor der Sozialvisite kennen gelernt und dabei die Wirkung des Arzt-Patientinnen-Gesprächs schon von Frau B. erfahren können: diese machte sich nun die allergrößten Sorgen, wie es mit ihr weitergehen solle, die Versorgung und Betreuung ihrer Tochter habe sie bereits auf die befreundete Nachbarin übertragen, aber sie glaube auch nicht, dass alles so stimme, was der Arzt gesagt habe und sie wolle auf jeden Fall in ihre Wohnung zurück; ihre Mutter werde kommen und ihr behilflich sein und dann werde alles schon irgendwie gehen.
In der interprofessionellen Gesprächsrunde wird in dieser – zwar fiktiven, aber durchaus realistischen – Situation von jeder Profession das eingebracht, was zum Gelingen einer Entlassung wünschenswert, notwendig, realistisch und realisierbar erscheint und was dazu von den einzelnen Teammitgliedern geleistet werden muss.

In diesem Falle:
- Ein weiteres Arzt-Patientin-Gespräch, um die Patientin zu einer realistischen medizinischen Einschätzung ihrer Situation zu befähigen;
- Überlegungen, das Jugendamt einzuschalten zur Vorbereitung auf die Situation, dass die Mutter ihre gesetzlichen Pflichten gegenüber ihrer Tochter nicht mehr wahrnehmen kann (wegen der Schwere der Erkrankung oder weil sie verstirbt) sowie die dazu notwendigen Gespräche der Sozialarbeiterin und des Arztes mit der Patientin;
- Weiteres Gespräch (oder auch mehrere) Sozialarbeiterin–Patientin zur Klärung der Wünsche und Ziele im Hinblick auf eine Rückkehr nach Hause;
- Vorbereitung eines Gespräches Patientin-Arzt-befreundete Nachbarin;
- Vorbereitung eines familiären Rundgespräches, an der auch der Sohn und die Tochter teilnehmen sollen;

- Austausch zu pflegerischen Aspekten und Notwendigkeit von Antrag bei der Pflegeversicherung;
- Eventuell Vorbereitung notwendiger ärztlicher Atteste.

Nach dieser Sozialvisite ist festgelegt, wer wann welche Gespräche führt und wie die Rückmeldung der Berufsgruppen untereinander erfolgen soll. Dazu ist auch wichtig mitzuteilen, wann die Beteiligten Früh-, Spät-, Bereitschaftsdienst oder frei haben und wer ggf. die Vertretung übernimmt. Es ist geklärt, in welchen Fall welche Bescheinigung geschrieben wird und wer diese an die entsprechenden Institutionen faxt oder schickt: das heißt, es wird eine Art Fahrplan erstellt, damit alle Beteiligten zur selben Zeit den gleichen Wissensstand haben und dann den nächsten notwendigen Schritt tun können.

„Circulog“ in der Behandlung

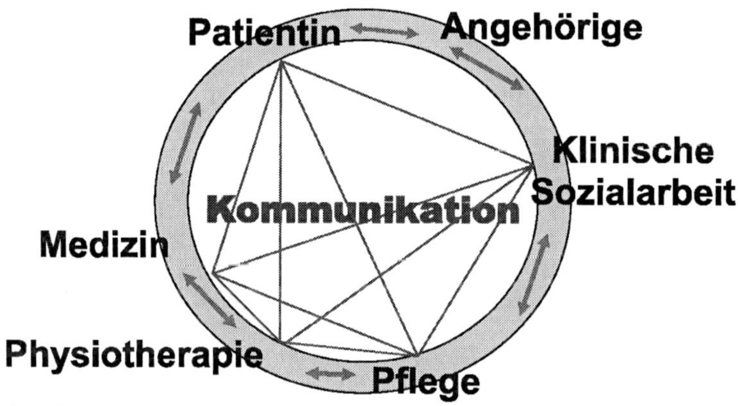

(erweitert nach Jakobs und Röh 2005)

Die besondere Kompetenz der Klinischen Sozialarbeit in diesem Geschehen ist es, die Erkenntnisse und Zielvorstellungen aller Beteiligten zu bündeln und zu koordinieren. Was zunächst wie zusätzliche Arbeit

aussah, stellte sich sehr schnell als Entlastung für alle Beteiligten heraus, da Informationen gebündelt werden und viele zusätzliche Kommunikationswege entfallen.
Es konnte der Nachweis erbracht werden, dass durch eine systematische und zeitnahe Begleitung und Betreuung der PatientInnen mit psychosozialen Defiziten nicht nur eine optimierte Entlassung erfolgen und die Patientenzufriedenheit erhöht werden, sondern auch ein wirtschaftlicher Gewinn für das Luisen-Hospital erzielt werden kann: eine optimierte Entlassungsvorbereitung minimiert die so genannten Drehtüreffekte, Brüche in der Weiterversorgung werden vermieden, der erreichte Gesundheitsstatus der PatientInnen soll lange Zeit über die Entlassung hinaus Bestand haben. Der ökonomische Vorteil liegt zum einen darin, dass die mittlere Verweildauer eingehalten oder auch leicht unterschritten wird, zum anderen darin, dass PatientInnen nicht innerhalb der 14-Tagesfrist wieder aufgenommen werden müssen, in der das Krankenhaus, bei gleicher Aufnahmediagnose wie zuvor, keine Kosten in Rechung stellen kann. Damit ist dann die optimale Erlössituation für das Krankenhaus erreicht.

LITERATUR

Ansen, H.; Gödecker-Geenen, N.; Nau, H.: Soziale Arbeit im Krankenhaus, München, Reinhardt UTB; (2004)

BAR – Bundesarbeitsgemeinschaft für Rehabilitation : ICF-Praxisleitfaden, Frankfurt/Main, Eigenverlag; (2006)

BAG-PVA – Bundesarbeitsgemeinschaft psychosoziale Versorgung im Akutkrankenhaus: Kodierleitfaden BAG, Frankfurt/ Main, z.B. über www.dvsg.org; (2007)

DVSG – Deutsche Vereinigung für Sozialarbeit im Gesundheitswesen: Entlassungsmanagement – Positionspapier der DVSG, Mainz, Homepage der DVSG: www.dvsg.org; (2004)

DVSK – Deutsche Vereinigung für den Sozialdienst im Krankenhaus e.V. (Hg): Manual zum Qualitätsmanagement für Sozialarbeit im Krankenhaus, Mainz, Eigenverlag; (1999)

Gödecker-Geenen, N.; Nau, H.; Weis, I. (Hg),: Der Patient im Krankenhaus und sein Bedarf an psychosozialer Beratung, Münster, LIT-Verlag; (2003)

Hegeler, H.: DRGs: Sozialvisite als Erfolgsfaktor im Krankenhaus. Forum Krankenhaussozialarbeit 1, Mainz, Eigenverlag; (2002), S. 52–53

Jakobs, S.; Röh, D.: Soziale Diagnose und Dialog. Anforderungen an die Ausbildung der Sozialen Arbeit für die Herausbildung einer Diagnosekompetenz. In: Soziale Arbeit 7/8 2005, S. 10–14

Mühlum, A.; Pauls, H. (o.A.): Klinische Kompetenzen, Sersheim, www.deutsche-gesellschaft-fuer-sozialarbeit.de

Raiff, N. R.; Shore, B. K.: Advanced Case Management, New Strategies for the Nineties; Newbury Park, CA; SAGE publications; (1993)

RKI – Robert Koch Institut: Gesundheit in Deutschland, Berlin, Eigenverlag; (2006)

Rogers, C.R.: Die nicht- direktive Beratung, Frankfurt/ Main, Fischer-Verlag; (2005)

Schian, H.-M. et al. (Hg): Teilhabe behinderter Menschen gezielt fördern! – Die ICF als globaler Maßstab – , Heidelberg, DVfR; (2006)

Weis, I.: Das SGB IX aus der Sicht der DVSK. Unveröffentlichtes Manuskript, Berlin; (2001)

Wendt, W. R.: Zukunftsperspektiven für die Klinische Sozialarbeit an der Schwelle zum nächsten Jahrtausend. Eröffnungsvortrag zum Bundeskongress 1999 der DVSK. In: DVSK (Hg): Kongressband zum Bundesskongress 1999, Mainz, Eigenverlag; (2000), S. 4–17

Wendt, W. R.: Case-Management im Sozial- und Gesundheitswesen, Freiburg, Lambertus Verlag; (2001)

Witthöft, E.: Sozialdienst im Allgemeinkrankenhaus und in der Rehaklinik.; In: Sing, S.; Zurhorst, G. (Hg): Gesundheit und Soziale Arbeit, Weinheim/ München, Juventa Verlag; (2000), S. 188–194

Innerbetriebliche Rehabilitation – Klinische Sozialarbeit als verbindender Faktor

Silke Jakobs, Ruth Haas, Harro Ohlenburg

Dieser Beitrag entstand aus der Arbeit im Forschungsschwerpunkt „Entwicklung von Modellen und Standards integrativer Versorgung im Bereich der Rehabilitation von Menschen mit motorischen Störungen“ (im Folgenden kurz: Forschungsschwerpunkt Rehabilitation) an der Fachhochschule Oldenburg/ Ostfriesland/ Wilhelmshaven des Fachbereichs Soziale Arbeit und Gesundheit am Standort Emden. Neben den VerfasserInnen wirken Herr Prof. Dr. Dieter Röh, Herr Dipl.-Motologe Bernd Glauninger und Herr Helmut Tiemann, BA Physiotherapie im Forschungsschwerpunkt mit.

ALLER ANFANG IST SCHWER … GELEBTE INTERDISZIPLINARITÄT

Im Jahr 2003 wurde der Forschungsschwerpunkt Rehabilitation ins Leben gerufen, um Modelle und Standards für die integrative Versorgung von Menschen mit motorischen Störungen im Arbeitsfeld der Rehabilitation zu entwickeln. Gefördert wird dieses Projekt von der Volkswagen-Stiftung mit einer Laufzeit von fünf Jahren.
Neben den Professionen Physiotherapie und Motologie ist die Klinische Sozialarbeit die dritte beteiligte behandelnde Profession. Das Ziel des Forschungsschwerpunktes – die Entwicklung eines bio-psycho-sozialen Rehabilitationsmodells – erforderte die interdisziplinäre Zusammenarbeit der oben aufgeführten Professionen und besonders eine Feststellung des professionellen Beitrages der Klinischen Sozialarbeit innerhalb des Rehabilitationskontextes. Das was sich auf dem Papier, sprich im Projektantrag, so leicht liest, forderte von den Beteiligten allerdings einen langen Prozess der Annäherung. Denn der in theoretischen Konzepten so oft benutzte Begriff Interdisziplinarität erweist sich in der praktischen und konkreten Umsetzung häufig als sehr problematisch, zum Beispiel aufgrund des unterschiedlich starken Selbstverständnisses und Identitätsbewusstseins in Bezug auf die eigene Profession. Diese auch in dem

Forschungsschwerpunkt anfänglich auftauchenden grundsätzlichen Schwierigkeiten führten zu einer durchgeplanten und gesteuerten schrittweisen Annäherung der drei beteiligten Fachdisziplinen. In diesem Prozess der Annäherung wurde deutlich, dass „es besonders reflexive Effekte [sind], die fächerübergreifende Forschung fruchtbar machen. Wohl niemals sonst legt man mehr Rechenschaft über die eigenen Annahmen, Begriffe und Konzepte ab, als wenn man einem Kollegen aus einer anderen Disziplin zu erklären versucht, warum man diesen oder jenen Untersuchungsschritt vorschlägt. Dabei lernt man viel über die Reichweite und die Begrenztheit der eigenen Perspektive“ (Welzer 2006, S. 37).
Darüber hinaus kam die Klinische Sozialarbeit nicht umhin, sich konzeptionelle Gedanken über die Kooperation mit ÄrztInnen zu machen, da im zu bearbeitenden Arbeitsfeld „Rehabilitation von Menschen mit motorischen Störungen“ die ÄrztInnen Ausgangspunkt einer jeden Maßnahme sind. Dagegen ist die Kooperation zwischen den Fächern Medizin sowie Physiotherapie und Motologie durch die gewohnte gemeinsame Arbeit in Kliniken untereinander klar hierarchisch geregelt und wird darüber hinaus durch eine gemeinsame Fachsprache erleichtert.
Der Sozialpsychologe Harald Welzer gibt eine weitere Handlungsanweisung für interdisziplinäre Teams: „Interdisziplinarität funktioniert nur pragmatisch, in der exakten Definition eines gemeinsam erschließbaren Gegenstandsbereichs und in der Abstimmung erprobter Instrumente und Methoden“ (Welzer 2006, S. 37). In diesem Sinne wurde das bio-psycho-soziale Gesundheitsverständnis schon im Projektantrag als gemeinsame Arbeitsgrundlage ausgewählt, da sich ein an diesem Ansatz orientiertes Behandlungsmodell folglich nur interdisziplinär mit biologisch (somatisch), psychologisch und sozial geschulten Fachkräften umsetzen lässt. Es herrschte zudem Konsens darüber, dass alle drei Professionen ein Handlungskonzept verfolgen, dass sich durch Anamnese, Diagnostik, Beratung und Behandlung auszeichnet. Wobei intensiv diskutiert wurde, inwiefern die Klinische Sozialarbeit eine Behandlung durchführt. Dieses Thema wurde im weiteren Verlauf aber bewusst nicht weiter erörtert, was u.E. Voraussetzung dafür war, dass eine produktive gemeinsame Zusammenarbeit zu Stande kommen konnte. Die Diskurse der einzelnen Fachdisziplinen und die Beziehungen – oder auch zugespitzt formuliert: die Abhängigkeiten der Disziplinen untereinander, sind von daher aus den Teamsitzungen „verbannt“ worden. Allerdings haben es

sich die MitarbeiterInnen des Teilprojekts Klinische Sozialarbeit daraufhin zur Aufgabe gemacht, den eigenen Standort innerhalb der Wissenschaftsdisziplinen – unabhängig vom Forschungsschwerpunkt – näher zu beleuchten und zu reflektieren, um daraus Rückschlüsse für Handlungsleitlinien und –inhalte zukünftiger interdisziplinärer Zusammenarbeit ableiten zu können. Diese Leitlinien mit den anderen beteiligten Professionen zu diskutieren, wird ein Ziel am Ende des Projektes sein.
Den Abschluss der Konzeptionsarbeit bildete die Festlegung gemeinsamer Forschungsinhalte und Zielsetzungen, die im Gegensatz zu den vorherigen Punkten zügig zu einem gemeinsamen Konsens führten. Ebenso unproblematisch war die Auswahl wissenschaftlicher Methoden (standardisierte und eigene Fragebögen und Leitfaden gestützte Interviews) zur Beantwortung der Forschungsfragen und die Festlegung des systematischen Ablaufs. Nach zwei Kurz-Projekten in einer Emder Akutklinik, einem Kooperationspartner des Forschungsschwerpunktes, in der eine bio-psycho-soziale Rehabilitationsbehandlung durchgeführt wurde, plante der Forschungsschwerpunkt gemeinsam mit dem Kooperationspartner ein umfassenderes Rehabilitationskonzept in einem Automobilwerk, da dieser Industriebetrieb die besten Voraussetzungen bot, das interdisziplinäre, bio-psycho-soziale Rehabilitationsmodell optimal umzusetzen. Ein großer Vorteil ist der zentrale Ort des unter anderem mit medizinischen Trainingsgeräten und Trainings- und Beratungsräumen ausgestatteten Rehabilitationszentrums, welches im Gebäude der werksärztlichen Versorgung, also mitten im Automobilwerk liegt und somit im wahrsten Sinne des Wortes den Mittelpunkt eines Rehabilitations-Netzwerkes bilden kann, wo alle beteiligten Fachkräfte wie ÄrztInnen, SanitäterInnen und TherapeutInnen wie in einer Klinik verortet und die Kommunikationswege dementsprechend kurz sind. Die kurze Wegstrecke und gute Erreichbarkeit für die WerksmitarbeiterInnen, die Möglichkeit für die BehandlerInnen, die Vorgesetzen und die Arbeitsplätze kurzfristig auf suchen zu können und die schon vorhandene Akquise der RehabilitationsteilnehmerInnen sind ideale Bedingungen, um Rehabilitation und Betrieb miteinander zu verbinden. Das Automobilwerk konnte als Kooperationspartner gewonnen und das Konzept und die Durchführung gemeinsam mit den dortigen WerksärztInnen des Automobilwerkes abgestimmt werden.

INNERBETRIEBLICHE REHABILITATION – DEFINITION UND UMSETZUNG

Durch die vielen neuen (zum Teil auch gesetzlichen) Entwicklungen im Bereich der Rehabilitation (siehe dazu auch Müller-Fahrnow und Radoschewski 2006) aber auch der betrieblichen Gesundheitsförderung, ist an dieser Stelle eine Begriffsklärung sinnvoll, wobei zugleich ein Ausblick auf das inhaltliche Konzept des Forschungsschwerpunktes gegeben wird.
„Betriebliches Gesundheitsmanagement", „Betriebliche Gesundheitsförderung", „Betriebliches Eingliederungsmanagement", „Berufliche Rehabilitation", „Medizinisch-beruflich-orientierte Rehabilitation (MBO-Rehabilitation)" und „betriebliche Rehabilitation" sind Begriffe, die in unterschiedlichen Kontexten benutzt werden, aber alle das gleiche Ziel haben: Menschen durch bestimmte Maßnahmen zu fördern, um die Leistungsfähigkeit zu erhalten, wiederherzustellen oder zu verbessern. „Die medizinische Rehabilitation der Rentenversicherung ist ihrem gesetzlichen Auftrag entsprechend immer auf den Abbau gesundheitsbedingter erheblicher Gefährdungen oder Beeinträchtigungen der Teilhabe der Versicherten am Erwerbsleben ausgerichtet (§§ 9,10 SGB VI)" (Müller-Fahrnow und Radoschewski 2006, S. 37). Die MBO-Rehabilitation zeichnet sich darüber hinaus durch eine differenzierte Diagnostik und Therapie in Bezug auf die spezifischen beruflichen Problemlagen aus (ebd.). Von daher soll mit dem Begriff „innerbetriebliche Rehabilitation" im Forschungsschwerpunkt im weitesten Sinne ein Tätigkeitsfeld beschrieben werden, das die Grundsätze einer Rehabilitation vertritt und gleichzeitig die modernen Ansätze einer betrieblichen Gesundheitspolitik verfolgt. Es grenzt sich allerdings stark von betrieblichen Rehabilitationsmodellen ab, in denen Umschulungen oder Fortbildungen in oder mit einem Betrieb angeboten werden.

KONZEPTBESCHREIBUNG

Ein prozesshaftes, innerbetriebliches, interdisziplinäres und individualisiertes bio-psycho-soziales Rehabilitationsmodell – so lautet die detaillierte Bezeichnung des von allen am Forschungsschwerpunkt Mitwirkenden gemeinsam entworfenen Konzepts, das jetzt im folgenden

Abschnitt beschrieben wird. Die übergeordneten strukturellen Ziele des Modells sind der Aufbau von nachhaltigen Versorgungsstrukturen für eine innerbetriebliche Rehabilitation und die Vernetzung eines umfassenden Gesundheitsmanagements innerhalb und außerhalb des Betriebes, um als langfristiges Ziel zum einen den Krankenstand im Betrieb zu senken und zum anderen durch die (Wieder-) Herstellung subjektiver Zufriedenheit, die Arbeitsmotivation der WerksmitarbeiterInnen zu erhöhen. Zu den inhaltlichen Zielen gehören die Verbesserung der objektiven und subjektiven Belastbarkeit, die Verbesserung des Gesundheitsbewusstseins und Gesundheitshandelns der WerksmitarbeiterInnen und darüber hinaus die Reintegration in den Arbeitsbereich. Die Ergebnisse der Evaluation und speziell der Datenauswertung dieses Rehabilitationsmodells können hier noch nicht dargestellt werden, da sich das Projekt noch in der Endauswertung befindet.

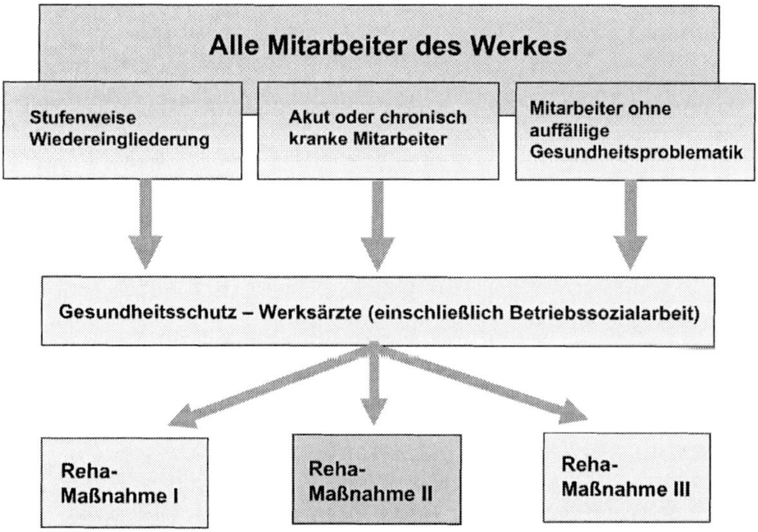

Die Abbildung zeigt den Ablauf für die MitarbeiterInnen des Automobilwerkes. Alle Beschäftigen des Werkes können dieses Rehabilitationsprogramm in Anspruch nehmen, wenn sie eine langsame Annäherung an die Arbeitstätigkeit verwirklichen wollen, akute oder chronische

Beschwerden haben oder präventiv ihre Fitness trainieren wollen. Die zukünftigen RehabilitationsteilnehmerInnen melden sich bei den WerksärztInnen, die die Rehabilitationsmaßnahme einleiten. Um den unterschiedlichen Bedürfnissen der WerksmitarbeiterInnen gerecht zu werden, wird in drei Maßnahmen unterschieden:

Reha-Maßnahme I

Dieses Programmangebot ist vorgesehen für WerksmitarbeiterInnen mit musculo-skelettalen Erkrankungen, die entweder aufgrund einer längeren Erkrankung im Sinne einer medizinischen Rehabilitation eine stufenweise Wiedereingliederung (nach §75 SGB V in Verbindung mit §28 SGB IX sowie §275 SGB V) durchführen oder aufgrund von akuten oder chronischen Beschwerden eine Rehabilitationsmaßnahme beginnen möchten. Die Maßnahme beinhaltet nach einer Befundaufnahme ein Trainingsprogramm, welches aus Medizinischer Trainingstherapie (MTT) und Gruppengymnastik zusammengesetzt ist, die mit unterschiedlichen Schwerpunkten durchgeführt wird. Finanziert wird die Maßnahme I ausnahmslos durch die Deutsche Betriebskrankenkasse, der ungefähr 97 Prozent der MitarbeiterInnen des Automobilwerks angehören.

Rcha-Maßnahme II

Der Forschungsschwerpunkt führt hier gemeinsam mit PhysiotherapeutInnen des Kooperationspartners die Rehabilitationsmaßnahme durch. Folgender Ablauf kann beschrieben werden:
Die MitarbeiterInnen des Werkes melden sich wie oben erwähnt aufgrund von akuten Schmerzen, körperlichen, psychischen oder auch sozialen Problemen oder nach langer Erkrankung bei den WerksärztInnen. Falls eine dort erstellte Erstdiagnose ergibt, dass ein komplexeres Beschwerdebild mit Störungen auf somatischer, psychischer beziehungsweise sozialer Ebene vorliegt, werden diese WerksmitarbeiterInnen der Reha-Maßnahme II zugeordnet und für ein ausführlicheres Anamnesegespräch eingeladen. Mit Hilfe eines vorgegebenen Leitfadens wird das Erstgespräch gleichzeitig und gemeinsam vom gesamten Behandlungsteam des Forschungsschwerpunktes (Physiotherapeut, Motologe und

Körperpsychotherapeut, Klinische Sozialarbeiterin) durchgeführt. Der Leitfaden enthält Fragen zu den Bereichen Arbeit und Arbeitsumfeld, Gesundheit, familiäres Lebensumfeld, Freizeitaktivitäten und Lebensgewohnheiten, gesundheitliche Risikofaktoren, sowie zu den Zielen und Erwartungen bezüglich der Rehabilitation. Gleichzeitig werden in diesem ersten Gespräch die Evaluationsbögen zum Rehabilitationsbeginn ausgegeben. Dies sind:

- der Gesundheitsfragebogen SF-36 (Bullinger und Kirchberger 1998), ein internationaler in der Rehabilitation oft verwendeter Fragebogen als ökonomisches und krankheitsübergreifendes Messinstrument, mit dessen Hilfe die gesundheitsbezogene Lebensqualität ermittelt wird,
- der Emdax (Emder Fragebogen zur Arbeitszufriedenheit), der im Studiengang Sozialmanagement an der Fachhochschule Oldenburg/ Ostfriesland/ Wilhelmshaven am Standort Emden entwickelt wurde, um Faktoren wie zum Beispiel die Identifikation mit der Arbeit und Wertschätzung durch KollegInnen und Vorgesetzte abzufragen
- und zudem ein selbst entwickelter Fragebogen zur Rehabilitationsmotivation, in dem die Gründe und Ziele für die Rehabilitation erfasst werden.

In der zweiten Diagnostikphase erfolgen Einzelgespräche der beteiligten Professionen, wobei eine jeweils für die Fachdisziplin entsprechende eigene Diagnostik unter Einbezug der arbeitsplatzbezogenen Belastungen durchgeführt wird. Die Klinische Sozialarbeiterin setzt dabei eine Sozialanamnese einschließlich Familiengenogramm als Diagnostikinstrument ein. Nach einer ausführlichen gemeinsamen Fallbesprechung der Fachprofessionen, in der nach dem Zusammentragen aller relevanten Daten ein Therapie-Vorschlag erarbeitet wird, wird dieser gemeinsam mit den RehabilitationsteilnehmerInnen besprochen und gegebenenfalls auf deren Wunsch hin verändert. Diese Therapievereinbarung wird unter Wahrung der vereinbarten Schweigepflicht in Bezug auf therapeutische Inhalte an die WerksärztInnen weitergemeldet und für die MitarbeiterInnen beginnt eine Rehabilitationszeit von ungefähr 18 Wochen.

Das Therapieangebot erstreckt sich über Einzelangebote der jeweiligen Professionen des Behandlungsteams des Forschungsschwerpunktes, zudem wird parallel eine MTT durchführt und Gruppenprogramme zu

Themen wie Stressvermeidung, Ernährung und Entspannung angeboten. Zum Ende der Rehabilitation werden Abschlussbefunde von Physiotherapie, Motologie und Klinischer Sozialarbeit erstellt und ein Evaluationsgespräch durch eine unabhängige Person, die dem vierten übergeordneten Teilgebiet „Evaluation und Qualitätssicherung" des Forschungsschwerpunktes, aber nicht dem Behandlungsteam angehört, durchgeführt. Dort wird die Behandlungszufriedenheit der RehabilitationsteilnehmerInnen systematisch erfasst und der Gesundheitsfragebogen SF-36 zum Rehabilitationsende beantwortet.
Es wird ein arbeitsbezogener Gesamtabschlussbefund mit Empfehlungen zum weiteren Arbeitseinsatz und zur weiteren Gesundheitsförderung von den beteiligten Fachkräften erstellt und in einer Abschlussbesprechung mit den WerksärztInnen besprochen. Die sich daraus ergebenen weiteren Planungsschritte obliegen den WerksärztInnen.

Reha-Maßnahme III

Die dritte Maßnahme ist ein Präventivprogramm, an dem alle MitarbeiterInnen teilnehmen können, die ein Fitnessprogramm durchführen möchten, ohne dass ein aktuelles Beschwerdebild vorhanden ist. Diese Maßnahme wird durch die TeilnehmerInnen selbst finanziert, indem diese einen geringen Monatsbeitrag bezahlen. Das Training wird mit Hilfe von computergestützten Trainingsprogrammen an medizinischen Trainingsgeräten in den genannten Räumen des Rehabilitationszentrums direkt im Automobilwerk durchgeführt und von PhysiotherapeutInnen begleitet.

AUFGABENBEREICH DER KLINISCHEN SOZIALARBEIT

Neben der schon oben beschriebenen interdisziplinären Diagnostik und der Einzeldiagnostik, die alle RehabilitationsteilnehmerInnen der Maßnahme II durchlaufen, erstreckt sich der konkrete Aufgabenbereich der Klinischen Sozialarbeit über psychosoziale Einzelberatung bis hin zu Gruppenangeboten zu Themen wie Stress und Sozialkompetenztraining. Die Auswirkungen der Erkrankung auf die Aktivitäten der RehabilitationsteilnehmerInnen, deren Lebensgestaltung und deren Teilhabe am

Leben werden individuell im Dialog mit den Betroffenen unter besonderer Berücksichtigung der für den Gesundungsprozess förderlichen oder behindernden Kontextfaktoren erarbeitet. Themen, die häufig in Einzelterminen besprochen werden, sind:

- Arbeitsmotivation
- familiäre Probleme
- Angst vor großen Gruppen
- finanzielle Schwierigkeiten
- Mobbing
- soziale Isolation.

In einigen Fällen der Beratung werden auch Familienmitglieder oder andere Angehörige wie auch weiterführende Institutionen in die Beratung mit einbezogen. Der Einbezug von ArbeitskollegInnen und Vorgesetzen erwies sich bisher als schwierig, da die WerksmitarbeiterInnen die Verbreitung ihrer Probleme auf jeden Fall vermeiden wollen, weil sie dadurch eine Benachteiligung befürchten. Da die psychosoziale Einzelberatung in diesem Rehabilitationsmodell nur kurzzeitig angelegt ist, bildet in chronifizierten Fällen die Vermittlung und gegebenenfalls auch eine begleitete Überleitung an externe Institutionen, Selbsthilfegruppen und TherapeutInnen häufig den Abschluss der Beratung.
Die sozialrechtliche Beratung, insbesondere in Bezug auf stationäre Rehabilitation und die daran anschließenden Gespräche über die geeignete Rehabilitationsklinik, nimmt ebenfalls einen größeren Anteil der KlientenInnenkontakte ein.
Ein übergeordneter Aufgabenbereich ergibt sich darüber hinaus aus der interdisziplinären Ausrichtung des Rehabilitationsmodells. Die Fallkoordination liegt dabei zumeist in den Händen der Klinischen Sozialarbeiterin, die die einzelnen Fallinformationen der beteiligten Fachkräfte zusammenträgt, im kontinuierlichen Kontakt zu den Personen des Fallnetzwerkes steht und gegebenenfalls andere Personen in die Fallarbeit einbezieht oder Verbindungen zu verschiedenen externen Netzwerken knüpft. In einzelnen Fällen müssen auch ergänzende Informationen eingeholt werden, zum Beispiel durch die Besichtigung eines Arbeitsplatzes, um individuelle Stressfaktoren eines Erkrankten zu ermitteln, oder durch Kooperation mit dem Behindertenbeauftragten, um die Rechte eines Werksmitarbeiters zu wahren. Die Klinische

Sozialarbeit als gesundheitsbezogene Soziale Arbeit (Ortmann und Waller 2005) ist durch ihre multiperspektivischen Kenntnisse sozialer Probleme sowie institutioneller und kommunikativer Prozesse prädestiniert für die Gesamtkoordination der Behandlung im Sinne eines Case Managements, wobei sie obendrein besonders für die Schnittstellenproblematik sensibilisiert ist.

Die Ziele der Klinischen Sozialarbeit für dieses Modell der Rehabilitation sind

- die (Wieder-)Herstellung der subjektiven Zufriedenheit mit oder ohne objektive Genesung,
- die Bewältigung der in Folge von Krankheit aufgetretenen sozialen Probleme,
- die Förderung salutogener Ressourcen zur aktiven Lebensgestaltung,
- die Aufrechterhaltung sozialer Integration, d.h. die Einbindung in befriedigende und stützende Netzwerke und Beziehungen zu anderen Menschen.

FALLBESCHREIBUNG

Um die Problemlagen und die betrieblichen Zusammenhänge zu verdeutlichen, folgt an dieser Stelle ein ausführlicheres Fallbeispiel. Ausgewählt wurde der Fall eines Klienten mit Rückenschmerzen, der aufgrund seiner Pathologie prädestiniert ist für die Behandlung durch die Klinische Sozialarbeit, da bei ihm, wie bei „einer erheblichen Anzahl von Fällen (...) ein spezifisch pathologisches Korrelat des Rückenschmerzens nicht feststellbar ist“ (Greitemann 2006, S. 71). Diese unspezifische Form des Rückenschmerzes, die einen großen Anteil der Rückenerkrankungen ausmacht, darf nicht zur Folge haben, auch unspezifisch behandelt zu werden, sondern sie erfordert eine umfangreiche, differenzierte und intensive multiprofessionelle Eingangsdiagnostik, die eine differenzierte Analyse der jeweils im Vordergrund stehenden Problematik der Betroffenen möglich macht. Das vom Forschungsschwerpunkt entwickelte Konzept der Rehailitationsbehandlung in seiner bio-psycho-sozialen Ausrichtung ist besonders auf diese Problemfälle ausgelegt.

Herr B.
Der 37jährige Mitarbeiter war, bevor er die Rehabilitationsmaßnahme begann, seit über drei Jahren aufgrund von zwei Bandscheibenvorfällen, die beide operativ (vor drei bzw. vor zwei Jahren) behandelt wurden, arbeitsunfähig geschrieben. Einen Arbeitsversuch nach einem Jahr Krankheit musste er aufgrund von starken Schmerzen abbrechen. Durch die drohende Kürzung des Gehalts und einer drohenden Entlassung aus dem Betrieb wurde dann nach drei Jahren ein erneuter Arbeitsversuch gestartet. Dem Mitarbeiter wurde die Möglichkeit geboten, in einem Arbeitsbereich, in dem so genannte leistungsgewandelte Arbeitsplätze vorgehalten werden, zu arbeiten. Dieser Arbeitsbereich soll besonders langzeiterkrankte Mitarbeiter wieder zurück in die Arbeit führen. Die Arbeitsplätze sind so strukturiert, dass ein abwechslungsreicher und ausgleichender Tätigkeitsablauf kombiniert mit Ruhepausen möglich ist. In diesem Fall wird Herr B. im Fahrdienst eingesetzt, wo er Autos aus der Fertigung zu den unterschiedlichen Orten der Nacharbeit im Automobilwerk fährt. Seine dreijährige Krankengeschichte, die ihren Anfang schon vor über 15 Jahren nahm, wurde während der Diagnostikphase ausführlich dokumentiert.

Themenblock Arbeit

Herr B. ist seit 17 Jahren in dem Automobilwerk beschäftigt. Vorher hat er eine Ausbildung als Holzmechaniker gemacht. Allerdings hat er nie in seinem erlernten Beruf gearbeitet. In den vorherigen Jahren war Herr B. im Werk ausschließlich in der Lackiererei beschäftigt.

Themenblock Krankheit

Herr B. erzählt, dass er seit zwei Jahren eine hoch dosierte medikamentöse Schmerztherapie wahrnimmt, da die Schmerzen nicht nachlassen. Eine orthopädische Rehabilitation nach der ersten Bandscheibenoperation musste er abbrechen, eine weitere hat er dann nach der zweiten Operation über sechs Wochen durchführen können. Er selbst gibt im ersten Gespräch an, dass die Schmerzen nicht so stark sind, wie nach der ersten Operation, dass es aber keine Besserung gibt, sondern dass er die Stärke der Schmerzen als ein „auf und ab“ erlebt. Physiotherapeutische

Übungen kann er aufgrund der Schmerzen nicht durchführen. Nach seiner eigenen Idee der Krankheitsentstehung gefragt, meint Herr B. seine jetzigen Schmerzen haben ihre Ursache darin, dass das Narbengewebe auf bestimmte Nerven drückt. Die Schädigung der Wirbelsäule führt er auf die lange Zeit der Überkopfarbeit, dem ständigen Stehen und das häufige Bücken bei der Arbeit zurück.
Nach Auffälligkeiten in der Familie bezüglich Wirbelsäulenerkrankungen gefragt, gibt Herr B. an, dass sowohl seine Mutter wie auch sein Vater schon an der Bandscheibe operiert wurden.

Themenblock Freizeit und Familie

Herr B. gibt an, dass sein kompletter Alltag durch die Krankheit sehr eingeschränkt ist und dass er keine der Tätigkeiten (z.B. Segeln), die er früher gerne tat, mehr machen kann. Er kann keinerlei körperliche Tätigkeiten im Haushalt oder im Garten durchführen und liegt die meiste Zeit des Tages auf dem Sofa und sieht fern. Seine Tagesstruktur ist dadurch sehr unregelmäßig.
Seit drei Jahren lebt er getrennt von seiner Frau und seinen beiden Kindern. Eine Scheidung ist noch nicht rechtskräftig, da es immer noch Auseinandersetzungen bezüglich des Unterhaltes gibt. Die Kontakte zu den Kindern gestalten sich schwierig. Er lebt zurzeit in einer neuen Partnerschaft.

Themenblock Gesundheit

Abgesehen von seiner Rückenerkrankung fühlt sich Herr B. fit und gesund. Früher hat er gerne gesegelt, und in seiner Jugendzeit Fußball und Handball gespielt. Er bezeichnet sich jetzt allerdings selber als „absoluter Sportmuffel".
Die Frage nach den Risikofaktoren ergibt, dass er durch die vielen Medikamente oft unter Appetitlosigkeit leidet, dass seine Nervosität zu einem hohen Zigarettenkonsum führt, und dass er Alkohol wegen der Medikamente nicht zu sich nimmt.
Die Trennung von seiner Familie und die damit zusammenhängenden finanziellen Schwierigkeiten erlebt er als Belastungen, die sich ungünstig auf seine Gesundheit auswirken. Herr B. äußert zudem die Angst,

dass er wieder zurück an die „Linie“ (Fließbandarbeit) muss, da er äußerlich gesund wirkt. Seine neue Lebenspartnerin und dass er jetzt wieder arbeiten kann, gibt er als unterstützende Faktoren an, die ihm Mut machen. Als für ihn wichtig im Leben bezeichnet er seinen (langen) Weg, wieder gesund zu werden.

Themenblock Ziele und Erwartungen

Als Ziel nennt Herr B., dass er seine Schmerzen reduzieren möchte. Er hat für sich jedoch keine Ideen, was ihm helfen kann. Allerdings hofft er, dass ihm die Angst vor den Schmerzen genommen wird. Ansonsten ist er eher hoffnungslos, da er schon bezüglich medizinischer Behandlungen wie auch psychosozialer Unterstützung (z.B. Schuldnerberatung) so vieles ohne sichtbaren Erfolg ausprobiert hat.

Behandlungsvorgehen

Im gemeinsamen Therapievereinbarungsgespräch, in dem Herr B. auch mitteilt, dass er keine Schmerzmedikamente mehr einnimmt, da er sonst seiner Fahrertätigkeit nicht mehr nachgehen kann, wird deutlich, dass der Mitarbeiter nur aufgrund des äußeren Drucks (z.B. Verlust des Schonarbeitsplatzes) an der Rehabilitationsmaßnahme teilnimmt. Eine Eigenmotivation ist nicht zu erkennen. Gleichzeitig gibt er an, dass er die MTT nicht durchführen kann, da seine Schmerzen zu groß sind. Somit wird vereinbart, dass die Klinische Sozialarbeiterin mit einer psychosozialen Beratung beginnt, die dann zu einem späteren Zeitpunkt durch eine intensive Einzel-physiotherapie ergänzt wird. Ziel der psychosozialen Beratung soll sein, die derzeitigen Probleme auf finanzieller und familiärer Ebene zu behandeln und gleichzeitig den Mitarbeiter für ein anderes Krankheitsverständnis zu sensibilisieren und für eine physio-therapeutische Behandlung zu motivieren.
In der psychosozialen Beratung werden Themenschwerpunkte (Trennungsproblematik, Regelung der Finanzen, Kontaktaufnahme zu den Kindern, Finden einer Tages- und Wochenendstruktur) festgelegt und die Problematik in mehreren Sitzungen detailliert von Herrn B. beschrieben, wobei die Klinische Sozialarbeiterin ihn immer wieder anhält auch andere Blickwinkel, z.B. die der Kinder oder der Ehefrau einzunehmen. Mit

kleinen Hausaufgaben wird der Mitarbeiter gefordert, und darin bestärkt, eigenständig Lösungen zu entwickeln. Mit Hilfe der Geno- und Soziogrammarbeit wird dem Mitarbeiter verständlich gemacht, wie viele Möglichkeiten der Unterstützung in seinem sozialen Umfeld vorhanden sind. Herr B. gewinnt zunehmend an Selbstvertrauen und ihm wird deutlich, dass seine Situation nicht hoffnungslos ist und dass er für sich verschiedene Lösungsmöglichkeiten seiner Probleme finden kann. Die Einzel-physiotherapie, die nach zwei Monaten mit mindestens zwei Terminen in der Woche gestartet wird, zeigte ihm, dass er seinem Körper mehr zutrauen darf und seine Schonhaltung verlassen kann. Zwischen den an der Behandlung beteiligten Professionen besteht enger Kontakt in Form von regelmäßigen Fallbesprechungen, so dass die einzelnen Behandlungseinheiten in der Klinischen Sozialarbeit sich an die Inhalte der physiotherapeutischen Therapie anschließen und umgekehrt. Somit ist es möglich, ein eng ineinander verzahntes Behandlungsvorgehen zu schaffen. Wobei gleichzeitig verhindert wird, dass sich in der Behandlung widersprüchliche Ziele zwischen Patient und BehandlerInnen ergeben. Zusätzlich hält die Klinische Sozialarbeiterin – mit dem Einverständnis des Rehabilitations-Teilnehmers – Rücksprache mit den Werksärzten und den Vorgesetzten über das weitere Vorgehen im Hinblick auf die zukünftige Arbeitsplatzgestaltung.

Behandlungsende

Herr B. zeigt zum Ende der fünfmonatigen Behandlung eine Verbesserung seiner chronischen Schmerzproblematik. Der Arbeitsrhythmus am Arbeitsplatz fordert zudem von ihm eine feste Organisationsstruktur, was sich positiv auf die Reaktivierung seiner körperlichen Leistungsfähigkeit, aber auch auf seine psychosoziale Situation auswirkt. Verschiedene Bewegungsaktivitäten (z.B. regelmäßiges Walken) will Herr B. in seinen Alltag integrieren. Herr B. selber gibt an, dass er durch die Rehabilitation mehr Selbstbewusstsein gewonnen hat und dass er bezüglich seiner Kontaktaufnahme-Strategien schon erste Erfolge aus seinem sozialen Umfeld zu vermelden hat. Aber weiterhin bleibt er skeptisch, was seine familiäre Situation betrifft.

Durch die veränderte Sicht auf seinen Körper und auf seine psychosozialen Schwierigkeiten kann Herr B. dennoch zukünftig im Sinne der

Nachhaltigkeit einen eigenen Anteil zu seiner Gesundung beitragen, da er sich in der Lage fühlt, eigenständig Lösungen zu finden.

Als Fazit kann die Feststellung getroffen werden, dass die Vernetzung der beteiligten Professionen wesentlich zum Behandlungserfolg beigetragen hat, denn bei PatientInnen mit chronischer Schmerzproblematik, die schon einen langen erfolglosen Weg hinter sich haben, sind die chronischen Rückenschmerzen ein fester Bestandteil in ihrem bio-psycho-sozialen System geworden. Sie verlangen von daher ein multidimensionales Vorgehen, da die Problematik nicht nur auf körperlicher Ebene zu finden ist, sondern sich auch im Sinne der Aufwärts- und Abwärtseffekte im psychischen wie im sozialen Bereich manifestiert haben. Das bedeutet nach dem Verständnis des bio-psycho-sozialen Modells, dass zum Beispiel die auf der somatischen Ebene erlebten Vorgänge (hier Rückenschmerzen) sich durch Bedeutungskoppelungen auch auf die psychosoziale Ebene auswirken (hier Gefühl der Minderwertigkeit und drohender Verlust des Arbeitsplatzes) und ebenso umgekehrt Erlebnisse auf der sozialen Ebene körperliche Reaktionen auslösen können (siehe auch Adler und von Uexküll 1987; von Uexküll und Wesiack 2003). Von daher müssen nach dem bio-psycho-sozialen Modell „auf einer somatischen, einer psychischen und einer sozialen Ebene ständig Beziehungsfäden gesponnen und miteinander verwoben werden, wenn Gesundheit erzeugt und Krankheit abgewehrt werden soll“ (von Uexküll und Wesiack 2003, S. 38).

DER MEHRWERT DURCH DIE KLINISCHE SOZIALARBEIT

Es zeigt sich, dass betriebliche Rehabilitation als Komplexleistung zu konzipieren ist:
Diese muss neben „klassischen“ Rehabilitationsmaßnahmen auch bio-psycho-soziale Behandlungsangebote für MitarbeiterInnen enthalten, die diesen besonderen Therapiebedarf aufgrund eines komplexeren Krankheitsbildes benötigen, da in diesen Fällen ein einfaches Ursache-Wirkungs-Modell nicht greift. Daraus muss der Rückschluss gezogen werden, dass verschiedene Professionen am Rehabilitationsprozess beteiligt werden müssen und interdisziplinär (transdisziplinär) zusammen-

arbeiten sollten. Die Interdisziplinarität wird allerdings erst besonders effektiv, wenn die verschiedenen Kompetenzen zusammengeführt werden, um ein und dasselbe Thema umfassender zu erschließen, wobei die jeweiligen Spezialisierungen komplementär genutzt werden müssen. Genau dieses obliegt der Klinischen Sozialarbeit, die durch ihre spezielle Kompetenz, immer den gesamten Prozess im Blick zu haben, in der Lage ist, die verschiedenen beteiligten Fachkräfte und deren Sachverständigkeit zu bündeln und somit effektiv einzusetzen. Die Klinische Sozialarbeit richtet ihren Fokus zwar auf das Soziale und von dort aus gehen ihre gesamten Überlegungen und Interventionen aus, sie hat aber alle anderen Fachdisziplinen in ihrem Blickfeld mit eingeschlossen, knüpft im Sinne des Case Managements Kontakte und lässt damit die Informationen wie in einem „Circulog" (siehe Jakobs und Röh 2005, S. 42) fließen, um die Behandlung zu optimieren. Die Klinische Sozialarbeit stellt damit den verbindenden Faktor dar, der Interdisziplinarität möglich macht und zur Transdisziplinarität werden lässt.

Im oben genannten Fallbeispiel war es die Klinische Sozialarbeiterin, die durch den regelmäßigen Informationsaustausch die Verbindung der verschiedenen Maßnahmen erreichte. Ziel dieses interdisziplinären Austausches ist es, den Behandlungsprozess als Ganzes zu verstehen, sowohl auf körperlicher, psychischer und sozialer Ebene. Wenn den anderen am Prozess beteiligten Professionen eine Wahrnehmung der sozialen Problematik möglich und ihre Auswirkung auf die Psyche oder auf die somatischen Beschwerden deutlich wird und sie dieses in ihre Behandlung mit einbeziehen, hat die Klinische Sozialarbeit im Sinne der Transdisziplinarität gewirkt. Im oben genannten Fallbeispiel hat der behandelnde Physiotherapeut in seinem Abschlussbericht reflektiert, dass er beobachten konnte, „wie sich aktuelle Probleme im privaten Bereich des Patienten auf die Wahrnehmung seiner Rückenschmerzen und den damit verbundenen Folgen, wie eine geringere körperliche Belastbarkeit, eine schwache Konzentrationsfähigkeit und eine fehlende Motivation, auswirkten" (Stachowski 2006, S. 23). Ohne den zu Beginn beschrieben langwierigen Prozess der „gelebten Interdisziplinarität" der einzelnen Fachkräfte wäre u. E. diese Transdisziplinarität allerdings nicht möglich gewesen.

Als besonders bedeutsam für die Funktion der Klinischen Sozialarbeit im Prozess der Rehabilitation stellt sich auch die frühzeitige gleichberechtigte Beteiligung der Klinischen Sozialarbeit (als „Behandlungsinstanz“) im Erstgespräch heraus. Dort wird bereits vom ersten PatientInnenkontakt an und vor allem durch die sozialarbeiterische Diagnostik, die soziale Dimension von Gesundheit in den Behandlungsprozess mit einbezogen. Für die beteiligten Professionen (und auch für die PatientInnen) wird zugleich eine Transparenz in Bezug auf die Arbeit der Klinischen Sozialarbeit erreicht. Was kann Klinische Sozialarbeit leisten, welches Methodenrepertoire bringt sie mit und wo wird sie tätig, diese Fragen können im interdisziplinären Kontext geklärt und aufgezeigt werden. Somit wird entsprechend einer zukunftswirksamen Öffentlichkeitsarbeit Funktion, Gegenstand und Methoden von Klinischer Sozialarbeit im exemplarischen Tun vermittelt und damit die Wahrnehmung der Klinischen Sozialarbeit als Profession und Disziplin mit eigener Diagnostik und eigenen Interventionsverfahren intensiviert. Nach den Erfahrungen der Klinischen Sozialarbeiterin im Forschungsschwerpunkt gehört dazu allerdings auch ein sicheres Auftreten mit einem klaren Bewusstsein für die eigene Professionalität, zielbewusstes Einsetzen der gelernten Fähigkeiten und auch Anerkennung der fachspezifischen Grenzen, wobei der sichere Umgang mit den Methoden der Sozialen Arbeit dafür als Voraussetzung fungiert. Im Arbeitsfeld Gesundheit wird damit die Möglichkeit geschaffen, gegenüber anderen Zugängen wie Medizin, Physiotherapie, Psychotherapie und anderen bestehen zu können. Für die Ausbildung in der Sozialen Arbeit müssen allerdings verstärkt dementsprechende Rückschlüsse gezogen werden, um dieses professionelle Bewusstsein in Lehre und Praxis transportieren zu können.

Des Weiteren macht einen großen Teil des Mehrwerts die „Chamäleon-Fähigkeit“ der Klinischen Sozialarbeit aus. Die doch sehr unterschiedlichen Menschen, mit denen im Rahmen der Rehabilitationsprozesse gearbeitet wird, erfordern bei den Professionellen eine Fähigkeit, sich immer wieder auf andere Sprachniveaus einzustellen. Dieses gelingt der Klinischen Sozialarbeit durch ihre Kompetenz, zwar die sozialen Problemkonstellationen in vorderster Linie zu betrachten, jedoch gleichzeitig auch immer die somatischen und psychischen Probleme im Blick haben zu können. Außerdem gelingt es ihr durch Geduld und Empathie, sich auf die Sichtweisen und Kommunikationsebenen der anderen Professionellen einzustellen und auch einen schnellen und unkomplizierten Zugang zu Hilfesuchenden zu finden.

Das beschriebene Arbeitsfeld der innerbetrieblichen Rehabilitation mit den sehr unterschiedlich gelagerten und häufig mehrdimensionalen Erkrankungen (wie oben das Beispiel des chronisch-unspezifischen Rückenschmerzes zeigte), die eine sehr differenzierte und umfangreiche Diagnostik und Therapie verlangen, wird durch die Klinischen Sozialarbeit mit ihrer gesundheitsbezogenen Vorgehensweise professionell gelenkt. Die Erweiterung des Behandlungsvorgehens um eine soziale Diagnose wäre in diesem deutlich medizinisch geprägten Arbeitsfeld für die bio-psycho-soziale Behandlung von Vorteil (vgl. den Beitrag von Röh in diesem Band).

Die bisherigen Projekterfahrungen bestätigen die allgemeine Entwicklung in Deutschland, dass ein immer größerer Anteil der Fehlzeiten in einem Betrieb durch psychosoziale Belastungen entsteht. Das belegt die hohe Bedeutung psychosozialer Belastungen im betrieblichen Geschehen und die damit einhergehenden Krankheitsfolgen und -kosten. Was wiederum zur Notwendigkeit führt, eine umfassende soziale Beratung und Behandlung mit in das Gesamtgesundheitsmanagement eines Betriebes einzugliedern – und das nicht nur aus fachlichen, sondern auch aus wirtschaftlichen Gesichtspunkten.
Die Verbindung von berufsfeldorientierten, arbeitsplatzbezogenen, sozialen und gesundheitsbezogenen Vorgehen in der Funktion der Klinischen Sozialarbeit macht den Mehrwert aus, den der Einbezug dieser Berufsgruppe in das Behandlungsfeld Rehabilitation bewirkt. Ferner gelingt es hier, das umfangreiche Inventar der Sozialen Arbeit als gesundheitsbezogene Sozialarbeit zu nutzen und damit in einem neuen Handlungsfeld, nämlich der Gesundheitsförderung im Betrieb, anzuwenden und ihre Relevanz etwa zur Erklärung und zur Prävention von Krankheitsfolgen zu bestätigen.

LITERATUR

Adler, R. H.; Uexküll, Th. von: Individuelle Physiologie als Zukunftsaufgabe der Medizin. Schweizerische Rundschau für Medizin, 76, (1987), S.1275–1280

Bullinger, M.; Kirchberger, I.: Der SF-36-Fragebogen zum Gesundheitszustand (SF 36): Handbuch für die deutschsprachige Fragebogenversion. Göttingen, Hogrefe; (1998)

Greitemann, B.: Die beruflich-soziale Situation als Problembereich in der Rehabilitation. In: Müller-Fahrnow, W. et al.: Wissenschaftliche Grundlagen der medizinisch-beruflich orientierten Rehabilitation, Lengerich, Papst Science Publishers; (2006), S. 69–76

Jakobs, S.; Röh, D.: Soziale Diagnose als Dialog – Anforderungen an die Ausbildung der Sozialen Arbeit für die Herausbildung einer Diagnosekompetenz. In: Sozialmagazin, 7+8, (2005), S. 41–45

Müller-Fahrnow, W.; Radoschewski, M.: Theoretische Grundlagen der MBO-Rehabilitation. In: Müller-Fahrnow, W. et al.: Wissenschaftliche Grundlagen der medizinisch-beruflich orientierten Rehabilitation, Lengerich, Papst Science Publishers; (2006), S. 36–46

Ortmann, K.; Waller, H. (Hrsg.): Gesundheitsbezogene Sozialarbeit. Eine Erkundung der Praxisfelder. Baltmannsweiler, Schneider Verlag Hohengehren; (2005)

Stachowski, A.: Evidenzbasierte Physiotherapie, unveröffentlichter Projektbericht, Emden, (2006)

Uexküll, Th. von; Wesiack, W.: Integrierte Medizin als Gesamtkonzept der Heilkunde. In: Uexküll, Th. von: Psychosomatische Medizin. 6. Auflage, München und Jena; Urban und Fischer Verlag; (2003), S. 3–42

Welzer, H.: Nur nicht über Sinn reden. In: Die Zeit, 18, (2006), S. 37

Soziales Kompetenztraining in der Klinischen Sozialarbeit

Roland Alexander Pareigis

1. KOMMUNIKATION – SCHLÜSSELQUALIFIKATION DER SOZIALEN KOMPETENZ, UNVERZICHTBAR FÜR DIE TEILHABE AN DER GESELLSCHAFT

PatientInnen in der modernen Psychiatrie stehen im Mittelpunkt der Bemühungen multiprofessioneller Teams. Das Spektrum der Behandlung reicht von Pharmakotherapie, über verschiedene psychotherapeutische Verfahren bis hin zu weiteren Angeboten wie etwa Musik- und Tanztherapie, Ergotherapie oder Physiotherapie. Diverse Professionen bilden so im Idealfall eine starke Allianz für die PatientInnen. Diese stießen zuvor in ihrer Alltagswelt durch die Symptomatik ihrer Krankheit allzu oft auf Unverständnis oder lösten sogar, wie etwa in der Phase einer akuten Psychose, bei ihren Mitmenschen das Gefühl der Angst aus. Es ist nichts anderes als das Phänomen des Fremden in einer anscheinend reibungslos funktionierenden Gesellschaft, das uns hier begegnet und schließlich eindringlich die Frage stellt: Wie positioniert sich dazu die Gesellschaft?

Hier nun schlägt die Stunde der Profession, die auf diese Frage einer ihrer ureigensten Zielsetzungen ins Feld führt – die Antwort der Sozialen Arbeit heißt: Integration. Mehr noch, sie bietet zugleich eine Strategie an: die ressourcenorientierte Perspektive und eben nicht den defizitären Blick. Der nämlich lastet nicht selten wie ein unverrückbares Gesetz auf so manchen PatientInnen. Demnach gilt es also nicht zu fragen, was die PatientInnen nicht können, sondern was sie an Fähigkeiten mitbringen und welche ihnen evtl. im Krankheitsverlauf abhanden gekommen sind. Das Selbstverständnis der Sozialen Arbeit verpflichtet sie, hier neue Wege aufzuzeigen. Es gilt vorhandene Kompetenzen zu erkennen und wieder dem aktiven Handeln zu erschließen; endlich kann der Prozess beginnen, der PatientInnen dazu befördert, mehr und mehr ihre eigenen „Beweger" zu sein. Ein erster Schritt in diese Richtung besteht in der konkreten Arbeit während eines stationären Aufenthalts häufig darin, zusammen mit den PatientInnen das Chaos an diversen Zahlungsaufforderungen, Mahnungen und anderen Verpflichtungen zu sondieren, um so nicht selten gerade noch rechtzeitig schlimmere Konsequenzen wie etwa Wohnungslosigkeit oder Pfändungen zu verhindern. Die zuvor entstandene Resignation mit der damit einhergehenden Handlungsunfähigkeit, die eigenen Geschicke selbst zu vertreten, kann so im gemeinsamen Tun wiedererlernt werden. Nie ohne dabei außer Acht zu lassen, dass die dafür benötigten Fähigkeiten in früheren Zeiten einmal erfolgreicher angewandt wurden.

Wie aber kann es prinzipiell gelingen, dass Menschen die Gestaltung der eigenen Lebenssituation wieder in die Hand nehmen? Mehr noch, wie kann dies in einem sozialen Gefüge geschehen, in dem jeder Mensch eingebunden ist – und zwar eingedenk der Tatsache, dass hier von einem gesellschaftlichen Netz die Rede ist, das durch ein Komplex an Spielregeln, Rahmenbedingungen und Zwängen alles andere als leicht zu durchschauen ist. Ja, das zudem einem permanenten Wandel unterliegt, in dem nichts zu bleiben scheint, wie es ist. Der Bogen spannt sich rasch von Werten, Wertewandel bis hin zur Abwertung; was heute noch gilt, kann schon morgen gesellschaftlich unerwünscht sein.

Es liegt nahe, dass die menschliche Fähigkeit, sich in Beziehung mit anderen zu setzen, einmal mehr eine wirkliche Chance eröffnet, auch oder eben gerade in Anbetracht der steten gesellschaftlichen Herausforderungen. Wer diese Beziehungsfähigkeit nie richtig ausbilden konnte oder durch pathologische Prozesse starke Beeinträchtigungen hinnehmen musste, der hat im Repertoire der zwischenmenschlichen Interaktion nicht weniger als die Beschädigung oder gar den Verlust seiner Handlungsgrundlage zu beklagen. Gilt es doch letztlich, das Miteinander immer wieder neu zu entdecken; eine fruchtbarere Strategie gibt es nicht und sie ist somit alternativlos. Oder um es mit Martin Buber zu sagen: „Der Mensch wird am Du zum Ich." (Buber 1995, S. 28) Mit dieser Orientierung, oder besser noch – im Zeichen dieser humanen Berufung – kann das Kommende zur Zukunft aller werden.

Unabdingbar freilich ist dafür die Kommunikation. Wer diese negieren will, dem stellt sie sich bald in den Weg. Schließlich gilt, wer schweigt, der verschweigt nicht einfach nach eigenem Gutdünken, denn nicht nur das Schweigen an sich spricht Bände, indess nämlich erzählt die Körpersprache freimütig weiter. Daraus resultiert letztlich das Axiom: „Man kann nicht nicht kommunizieren“ (Watzlawick, Beavin und Jackson 1996, S. 53). Ein Perspektivwechsel aber lohnt sich. Wenn man auch einerseits sagen kann, dass, und diese Zuspitzung sei hier erlaubt, der Mensch per se zur Kommunikation verurteilt ist, so wird zugleich eindringlich erkennbar, dass es wiederum explizit diese Fähigkeit ist, das Beherrschen der zwischenmenschlichen Kommunikation, die es jener Spezies gestattet hat, eine bemerkenswerte Entwicklung absolviert zu haben.

Soziale Kompetenz komponiert gleichsam spezielle Fähigkeiten der Kommunikation zu einem des Menschen würdigen Handelns welches, wenn man so sagen darf, in der gemeinsamen Achtung der Menschenwürde seinen höchsten Ausdruck findet. Mit welcher Verabredung auch immer Menschen miteinander in Beziehung treten, belichtet die Ethik den Augenblick des Geschehens für das kollektive Gewissen. Menschliches Handeln, welches in einem amoralischen Vakuum stattfindet, gibt es nicht. Und: Wer kommuniziert, der partizipiert – der Schlüssel zur Teilhabe an der Gesellschaft.

Mit dem Anliegen, die durch psychische Störungen beeinträchtigte Kommunikation im Rahmen der Klinischen Sozialen Arbeit durch ein gezieltes Kompetenztraining zu fördern, geht es um nichts Geringeres, als die Teilhabe an der Gesellschaft durch eine Teilhabe unter Gleichen zu ermöglichen.

2. DAS SOZIALE KOMPETENZTRAINING

Das soziale Kompetenztraining biete ich jeweils für eine PatientInnengruppe auf einer psychotherapeutischen Station im St. Joseph-Krankenhaus Berlin-Weißensee an, welches zu den Einrichtungen der Gesellschaften der Alexianerbrüder gehört und ein Zentrum für Neurologie, Psychiatrie und Psychotherapie ist. Dort werden 316 PatientInnen klinisch versorgt, davon 65 in drei regionalen Tageskliniken; angegliedert sind Therapeutische Wohngemeinschaften sowie Institutsambulanzen.

Es besteht eine psychiatrische Pflichtversorgung für den Großbezirk Berlin-Pankow mit 340.000 Einwohnern. Der stationäre Aufenthalt dient der Krisenintervention und soll den Übergang von der stationären zur ambulanten psychiatrischen Versorgung leisten.

Die Teilnahme der PatientInnen am sozialen Kompetenztraining wird im Rahmen einer einmal wöchentlich stattfindenden „Soziobesprechung" festgelegt, eine Versammlung aller an der Behandlung der PatientInnen beteiligten Berufsgruppen. So wird ein Forum geschaffen, das einen direkten professionellen Austausch herstellt und somit ermöglicht, die unterschiedlichsten Beobachtungen zusammenzutragen, um eine möglichst umfassende, den PatientInnen jeweils gerechte Einschätzung herauszuarbeiten, um die weitere stationäre Behandlung zu planen. Das soziale Kompetenztraining betreffend, schätzen dann letztendlich, aus diesem Ergebnis resultierend, die jeweils behandelnden TherapeutInnen zusammen mit mir ein, für welche PatientInnen eine Teilnahme sinnvoll erscheint, also in erster Linie für jene, deren Kommunikation als gehemmt eingestuft wurde.

Sowohl die Personen wie auch die Teilnehmerzahl unterliegen bei einer durchschnittlichen stationären Behandlungsdauer von sechs bis acht Wochen durch Neuaufnahmen und Entlassungen einer starken Fluktuation, was naturgemäß eine große Dynamik in die Gruppe bringt. Immerhin ist es in der Regel aber möglich, die einzelnen TeilnehmerInnen meist über mehrere Wochen zu begleiten. Allein dieses Faktum stellt für nicht wenige PatientInnen einen Wert bzw. eine Neuerfahrung hinsichtlich der ausgehaltenen Beziehung dar; auch die Gruppensituation selbst bietet eine geeignete Plattform, in der bereits in der Einstiegsphase der neuen TeilnehmerInnen alle verfügbaren sozialen Kompetenzen zur Höchstleistung animiert werden, denn diese stehen unvermittelt unter allgemein interessierter, aber deshalb nicht minder kritischer Beobachtung.

2.1 Gruppenarbeit als Laborsituation: Experimente sind erlaubt!

Das Training wird einmal wöchentlich für ca. sechs bis zehn PatientInnen angeboten bei einer Sitzungsdauer von einer Stunde. Als hilfreich hat sich für die Arbeit das „Gruppentraining sozialer Kompetenzen

GSK“ von Hinsch und Pfingsten erwiesen; es bietet ein intensives, gut strukturiertes sowie zeitökonomisches Verfahren an. Dabei soll den PatientInnen geholfen werden, eigene Gefühle, Wünsche, Forderungen und Bedürfnisse in soziale Beziehungen einzubringen und für sich selbst befriedigend zu verwirklichen; in diesem Zusammenhang wurde folgende Definition formuliert: „Unter sozialer Kompetenz verstehen wir die Verfügbarkeit und Anwendung von kognitiven, emotionalen und motorischen Verhaltensweisen, die in bestimmten sozialen Situationen zu einem langfristig günstigen Verhältnis von positiven und negativen Konsequenzen für den Handelnden führen“ (Hinsch und Pfingsten 2002, S. 5).

Die Verfasser weisen ausdrücklich darauf hin, dass es um eine breite Vielfalt erforderlicher Verhaltensweisen geht, welche passgenau auf unterschiedliche soziale Situationen angewandt werden müssen. Gefragt ist nicht ein statisches Verhaltensmuster, das als grobe Schablone jedwede Situation umreißt und irgendwie gefügig macht, auch keine Universalformel angepassten Benehmens, noch ein Glücksgriff suggerierender Gefügigkeit. Das GSK arbeitet mit einer praktikablen Differenzierung, wobei es drei Typen sozialer Situationen benennt: Recht durchsetzen (Typ R, z.B. das Umtauschrecht einer mangelhaften Ware einfordern); Beziehungen (Typ B, z.B. Konflikte in einer Beziehung aushandeln oder aushalten); um Sympathie werben (Typ S, z.B. fremde Menschen auf einer Party ansprechen). Für jeden Typ werden bestimmte Rollenspielsituationen angeboten (Hinsch und Pfingsten 2002, S. 84ff.). Allerdings verwende ich das Konzept des GSK nicht als direkte Vorlage, sondern bediene mich seiner eher partiell.

Folgende Inhalte möchte ich als Arbeitsgrundlage benennen: Mit allen TeilnehmerInnen wird die gebräuchliche Gruppenregel vereinbart, dass alles, was in der Gruppe geschieht, auch in der Gruppe bleibt, also nicht auf der Station oder anderswo öffentlich gemacht wird, mit Ausnahme der jeweils behandelnden PsychotherapeutInnen. In der Rollenspielsituation gilt es darauf zu achten, den direkten Blickkontakt zum Gegenüber zu suchen und zu halten, um der Botschaft durch die persönliche Ansprache die nötige Überzeugung und Intensität zu verleihen. Das eigene Anliegen soll nicht mit einem verallgemeinernden „man“, sondern in der Ichform ausgedrückt werden und zudem in einer angemessenen Sprache, wodurch der Inhalt klarer und deutlicher transportiert wird. Gleichzeitig ist auf eine entspannte Körperhaltung zu achten, welche Selbstsicherheit signalisiert; eigene Gefühle sollen akzeptiert sowie verbalisiert werden. Den immer wieder auftretenden Fehler, die Botschaft mit einer Entschuldigung oder Relativierung einzuleiten, gilt es strikt zu vermeiden, denn so wird bereits im Ansatz wesentliches Überzeugungspotential absorbiert. Offene oder unterschwellige Aggressionen sind generell zu unterlassen, weil so das Gegenüber in eine Verteidigungsreaktion gedrängt würde und der Verhandlungsspielraum gegen Null tendiert. Außerdem ist stets parallel der Versuch zu aktivieren, auch „die Wahrheit des anderen" wahrzunehmen. Und nicht zuletzt sollten ggf. die Technik der allgemeinen Verstärkung, also dem anderen mit Wohlwollen zu begegnen (anlächeln, interessiert nachfragen, Komplimente platzieren), sowie die gezielte Verstärkung, d.h. jedes Zugeständnis des anderen gegenüber der eigenen Position sofort zu honorieren (im Gespräch aufgreifen und loben), zum Einsatz kommen. Ein weiterer Baustein des sozialen Kompetenztrainings besteht darin, diese Elemente der Kommunikation hinreichend zu erklären und auch immer wieder am praktischen Beispiel aktuell zu diskutieren.

Durchaus mag es sein, dass diese Arbeitsgrundlage auf den ersten Blick als ein kompliziertes Regelwerk erscheint, das allenfalls als Rüstzeug für „subspezialisierte Profis" taugt; doch zeigt die Erfahrung, dass schon nach zwei, drei Sitzungen häufig ein beachtliches Plus an Sicherheit im Umgang damit verzeichnet werden kann. Besonders wichtig ist mir schließlich der Hinweis, dass es bei allen Schwierigkeiten und Rückschlägen grundsätzlich in relativ kurzer Zeit möglich ist, eine vertrauensvolle Gruppenatmosphäre wachsen zu lassen und dass nicht selten auch der Spaß beim Rollenspiel mit von der Partie ist. Wohl nicht zuletzt deshalb, weil die TeilnehmerInnen ausdrücklich dahingehend orientiert werden, die Gruppe nicht nur als geschützten Raum zu nutzen, sondern das Rollenspiel gleichsam als Laborsituation zu begreifen, also einem Ort des Ausprobierens, wo manches vielleicht zunächst nicht gelingt und dies auch so sein darf. Immer aber bleibt dieselbe exklusive Einladung eine geduldige Konstante: Experimente sind erlaubt! Fürwahr, kein alltägliches Angebot.

2.2 Defizite erkennen, Ressourcen benennen

Wenn hier nun vom Erkennen der Defizite die Rede sein soll, so nicht ohne anfangs voranzustellen, dass dies keinesfalls defizitorientiert, sondern primär ressourcenorientiert geschehen soll. Denn es schleicht sich nur allzu leicht beim gesamten therapeutischen Team die Tendenz ein, lediglich zu sehen, was PatientInnen nicht können, als vielmehr das, was sie an Fähigkeiten mitbringen. Hier liegen die Anknüpfungspunkte und der konkrete Ansatz für die Klinische Sozialarbeit.
Um dies aber leisten zu können, bedarf es meiner Meinung nach noch eines „zweiten Blicks", mit welchem der/die Andere wahrgenommen werden sollte und auf den das Fundament des SichEinlassens aufbauen könnte. Schließlich ist dies die Voraussetzung allen Miteinanders, ansonsten monologisiert man vortrefflich zu zweit. Aber im wirklichen Hinsehen und Wahrnehmen des/der Anderen öffnet sich eine neue Dimension. Der Ethiker Emmanuel Lévinas antwortet auf die Frage, was sich ereignet, wenn sich Menschen einander ansehen, wie folgt: „Ich denke vielmehr, dass der Zugang zum Antlitz von vornherein ethischer Art ist. Wenn sie eine Nase, Augen, eine Stirn, ein Kinn sehen und sie beschreiben können, dann wenden sie sich dem Anderen wie einem Objekt zu. Die beste Art dem Anderen zu begegnen, liegt darin, nicht einmal seine Augenfarbe zu bemerken. Wenn man auf die Augenfarbe achtet, ist man nicht in einer sozialen Beziehung zum anderen. Die Beziehung zum Antlitz kann gewiss durch die Wahrnehmung beherrscht werden, aber das, was das Spezifische des Antlitzes ausmacht, ist das, was sich nicht darauf reduzieren lässt" (Lévinas 1992, S. 64). Es geht also um mehr – es geht um den Blick dahinter. Dieser zweite Blick kann dabei behilflich sein, die Wahrheit des/der Anderen, die absolut autonom neben der unseren existiert, wenn schon nicht immer zweifelsfrei zu analysieren, so aber doch zumindest ein gutes Stück erkennbarer zu machen, und immerhin scheint mir allein die Präsenz dieses Faktums im Denken der professionell Handelnden eine Gewähr dafür zu sein, nicht mit den allerbesten Absichten nahezu berührungsfrei am eigentlichen Bedarf der PatientInnen vorbeizuhandeln.

Die bekannte Frageformel: *Was ist der Fall? Wie ist es dazu gekommen? Wie kann ich es verändern?* ist ein geeignetes Instrument, diesen zweiten

Blick zu schärfen und, um im Bild zu bleiben, berufsbedingte „Sehschwächen“ auf ein erträgliches Maß zu korrigieren. Zudem korrespondiert diese Frageformel stimmig mit der Überlegung der Verhaltenstherapie, dass defizitäres Verhalten angelerntes Verhalten ist. Woraus wiederum ersichtlich wird, dass prinzipiell ein Umlernen des Verhaltens möglich sein sollte. Im Rollenspiel des sozialen Kompetenztrainings werden sozial unsichere sowie aggressive Verhaltensmuster rasch offensichtlich, was zu erwarten ist und häufig im Vorfeld von PatientInnen bereits befürchtet wird. Das Augenmerk des Trainers/der Trainerin muss hier insbesondere darauf liegen, dass die anschließende Rückmeldung aus Verstärkung, also der Würdigung der positiven Leistungen, besteht und ausschließlich konstruktive Kritik geübt werden darf, also hilfreiche, Alternativen aufzeigende Kritik; ebenso sollte eine Selbstkritik, die leicht in Ungeduld und Selbsthass münden kann vermieden werden, wobei die Prämisse beachtet werden sollte, dass nicht irgendein Ideal vor Augen stehen darf, sondern der relative Fortschritt (Hinsch und Pfingsten 2002, S. 103). Viel seltener jedoch wird von den PatientInnen erwartet, dass neben ihren Defiziten auch die Ressourcen nicht minder deutlich zum tragen kommen. Mitunter kann dann das darauf folgende positive Feedback kaum angenommen, ja bisweilen gar nicht nachvollzogen werden. Allein dieser Punkt, das Lob der anderen vorbehaltlos und ohne Abwertungen anzunehmen, stellt einen sehr wesentlichen Teil des Trainings dar. Idealerweise organisiert sich in der Gruppensituation eine Arbeitsatmosphäre des gegenseitigen Respekts, welcher der verschütteten Erfahrung wieder mehr und mehr Raum dahingehend gewinnen lässt, dass es eine Brücke zwischen dem Erkennen von Defiziten und dem Benennen von Ressourcen geben kann, und dass diese Brücke auch trägt!

2.3 Gemeinsam trainieren – zusammen lernen

Es wurde bereits hervorgehoben, dass die Gruppe ein förderliches Milieu bietet, wenn es darum geht, intensive Selbsterfahrung, mit sich und durch andere zu erleben. In einem Aufsatz über „das Glück als zentrale Kategorie der Sozialen Arbeit“ führt Noack aus, dass jeder auch durch anderen geschenktes Glück glücklich werden könne, Ziel und Weg allerdings jeder für sich selbst finden müsse, der Lohn eines glücklichen Lebens aber sei groß: „Lebensbejahung, Gesundheitsverantwortung, Identität, Autonomie, Sozialverhalten, Anerkennung und Zufriedenheit, Lebens- und Weltgenuss“ und es wird darüber hinaus darauf hingewiesen, dass die Soziale Arbeit zu vermitteln hat, dass Glück etwas ist, für das jeder Mensch selbst verantwortlich ist (Noack 2006, S. 207). Mag dies für manche spontan auch nach einem Sorglos-Komplett-Paket Sozialer Arbeit klingen, die Praxis führt tagtäglich exakt in diese Richtung. Denn die KlientInnen der Sozialen Arbeit sind genau jene, deren Biographien durch den Mangel an Lebensbejahung, Gesundheitsverantwortung, Identität, usw. zumindest empfindlich gestört, wenn nicht existentiell bedroht sind. Nicht propagierte Glückseligkeit ist hier von Nöten, als vielmehr eine Unterstützung zum Menschsein – was für ein Glück.

Wie ein Schritt in diese Richtung vollzogen werden kann, soll am folgenden Fallbeispiel illustriert werden:

Eine junge Patientin, Frau C., hatte ihrer depressiven Erkrankung wegen, das gerade begonnene Lehramtsreferendariat unterbrechen müssen. Es gab ihrerseits sogar die (realistische) Befürchtung, dass sie die Ausbildung abbrechen müsse. Die Symptomatik von Grübelzwang, Schlaflosigkeit, Antriebslosigkeit sowie in letzter Zeit vermehrt auftretenden massiven Ängsten vor ihrer Klasse machten sie im Schulalltag irgendwann handlungsunfähig; dementsprechend verzweifelt war ihr Zustand auf Station. In den Sitzungen des Kompetenztrainings beeindruckte Frau C. regelmäßig durch ihre ebenso treffende wie wohlmeinende Einschätzung des Rollenspiels der anderen, wobei auffiel, dass sie die Leistungen ihres eigenen Rollenspiels ebenso beständig bezüglich angeblicher Schwächen fehlinterpretierte, und zwar nicht aus falscher Bescheidenheit. Die Gruppe erkannte bald, dass Frau C. gegenüber ihren eigenen Fähigkeiten blind war.

Die fürs Rollenspiel vorgegebene Situation war die, dass ihre neuen Nachbarn seit einem halben Jahr zum mehr als wiederholten Male bis in die Morgenstunden ausgelassen feierten. Die Instruktion an Frau C. war, dass sie höflich aber bestimmt auf ihr Recht der Nachtruhe hinweist sowie ggf. auch auf Konsequenzen, wenn die Ruhestörung nicht umgehend beendet würde. Der Mitpatient wurde instruiert, sich lediglich unkonkret darauf einzulassen, so dass es im Anschluss zu einer zweiten gespielten Szene kommt, bei welcher der Ausgang der Initiative beider Akteure überlassen würde. Es wurde wie üblich darauf hingewiesen, dass auf Blickkontakt, eine klare Artikulation, eine entsprechende Körperhaltung sowie auf den Gebrauch des Wortes „ich“ anstatt „man“ zu achten sei. Die erste Szene spielte Frau C. wie gewohnt sicher, mit eindeutiger Botschaft des eigenen Anliegens, auch erklärend, jedoch keinesfalls entschuldigend, was in dieser Situation besonders wichtig ist und dabei insgesamt durchaus sympathisch. Dabei blieb der Nachbar, wie vorbesprochen, in seiner Reaktion eher vage und in der Absprache über die Einstellung der Ruhestörung auffallend beliebig. Wieder ging Frau C. freundlich bis resolut in die zweite Szene und wieder hatte sie alle Argumente angemessen dargestellt und erklärte endlich gut platziert, als ihr Gegenüber doch noch eine weitere müßige Ausrede ins Feld ziehen wollte, dass sie auch nicht zögern würde, nun die Polizei zu rufen. Den Nachbarn erreichte dieses Argument augenscheinlich sofort in seiner ganzen Tragweite, umgehend lenkte er ein. Als sich beide dann einvernehmlich die Hand gaben, fügte er plötzlich noch die Bemerkung an: „Oder feiern sie doch einfach mit?!“ Und Frau C. antwortete laut und deutlich mit: „Ja.“

Die Gruppe schien im ersten Augenblick genauso überrascht zu sein wie Frau C. selbst. Dem ungläubigen Staunen aller folgte alsbald eine allgemeine ratlose Erheiterung, zu brüsk hatte diese Wendung die Teilnehmer vorgeführt und selbst der gewitzte Nachbar lächelte sichtlich irritiert. Bis alle das verblasste Lächeln von Frau C. bemerkten, das allein Verzweiflung und Scham erkennen ließ. In einer sehr verdichteten Gruppenatmosphäre, in der das Rollenspiel wie immer nachbesprochen wurde, sagte Frau C. schließlich: „Genau das passiert mir immer, ich falle dann einfach um …, jetzt sehe ich es deutlich!“ Es war beeindruckend, wie sich die Gruppe in diesem Moment, man kann schon sagen, stützend und haltend, um Frau C. im besten Sinne des Wortes *gruppierte*; in der angeregten Diskussion hatte wirklich alle aus ihrer Erfahrung etwas beizusteuern. Spätestens in der Sitzung eine Woche darauf war spürbar, dass nicht nur alle gemeinsam trainiert – sondern auch zusammen etwas gelernt hatten.

3. VOM ROLLENSPIEL DES GELINGENDEN LEBENS

Natürlich entstehen im sozialen Kompetenztraining auch sensible Situationen, die mitunter weniger günstig verlaufen können. Die Gefahr, dass eine im Rollenspiel herausgearbeitete Szene anstatt zur Erkenntnis, lediglich zur anscheinenden Blamage führt, besteht prinzipiell immer. Aber gerade das ist schließlich vom Trainer zu verhindern, in dem er etwa, wie bereits angeführt, primär auf die gelungenen Anteile im Rollenspiel hinweist und diese in der gemeinsamen Diskussion weiter auszubauen versucht. Doch scheint mir das gemeinsame Wissen um diese Schwierigkeit weniger eine Last, als ein Ansporn dafür zu sein, mit sich und den Anderen in gegenseitiger Achtsamkeit einander zu begegnen. Kaum jemandem muss erklärt werden, dass die Situationen eine erhöhte Aufmerksamkeit abverlangen, insbesondere wenn es darum geht, Mitspieler nicht zu überfordern, also genügend „Spielraum" zu lassen. Das Prinzip der gleichen Augenhöhe – die Begegnung unter Gleichen – findet hier ein ideales Übungsfeld. Dementsprechend hoch ist das Maß der Verantwortung, welches von der Klinischen Sozialarbeit hier einzufordern ist. Die PatientInnen sind angehalten, sich ganz einzulassen. Daher müssen sie darauf vertrauen dürfen, dass sie sich in einem, wie es in der Psychiatrie auch benannt wird, *geschützten Raum* bewegen. Nichts anderes kann letztlich auch der bereits angeführte Begriff der „Laborsituation" meinen, als einen Ort besonderer Qualität – nicht zuletzt auch bezüglich der Sicherheit. Alle sind Teil dieser Verantwortung. Keiner ist ausgenommen.

Das Maß, was jeder in dieser Hinsicht leisten kann, ist auf einer Psychotherapie-Station verständlicherweise sehr unterschiedlich, zu unterschiedlich sind die Diagnosen und jeweiligen Symptomausprägungen der PatientInnen, was allen Trainings-TeilnehmerInnen stets präsent sein sollte. Denn dass der Trainer nicht nur Verantwortung übernimmt, sondern auch im jeweils zuträglichen Umfang von den TeilnehmerInnen einfordert, appelliert unverwechselbar an die Würde einer jeden Person. Oder mit Lévinas gesprochen: „Die Verantwortlichkeit ist das, was ausschließlich mir obliegt und was ich *menschlicherweise* nicht ablehnen kann. Diese Last ist eine höchste Gnade des Einzigen. Ich, nichtauswechselbar, ich bin ich einzig in dem Maß, in dem ich verantwortlich bin“ (Lévinas 1992, S. 78). In diesem Sinne kann zugleich formuliert werden, dass die Zuschreibung persönlicher Verantwortung einen unverzichtbaren Bestandteil allen Handelns in der Klinischen Sozialarbeit darstellt.

Dass PatientInnen im stationären Bereich Gefahr laufen zu regredieren, ist hinlänglich bekannt. Mitunter erleben Menschen die Station in ihrer Krise als eine Art „durchorganisierte Einladung“, alsbald alle Verantwortung abzugeben und sich in diesem Erleben virtuell wie praktisch einzurichten; für alles scheint gesorgt zu sein und irgendwo da draußen findet eine andere Wirklichkeit statt. Dieselbe Verantwortung dann wieder zurückzugewinnen sowie eigenverantwortlich auszufüllen und auszuüben ist ungleich schwerer und eine Herausforderung, die sich schon für so manche PatientInnen zum schier unlösbaren Problem ausgewachsen hat. Ein Energieaufwand, der an anderer Stelle zeitgleich dringender zu leisten wäre.

Wenn den PatientInnen aber etwas zutgetraut werden soll, muss dies zugleich implizieren, dass ein Nicht-Können nicht nur mit ins Kalkül gezogen werden muss, sondern zugleich legitime Option ist. Allein diese Grundhaltung ermöglicht ein *Vertrauen im Zutrauen* und macht den kleinen oder auch großen Erfolg erst möglich. Ungleich besser aber wäre es, wenn sich dies auch die SozialarbeiterInnen sowie alle anderen MitarbeiterInnen zugestehen würden. Vieles spricht dafür, dass so ein weniger durch übertriebene Anspruchshaltung belastetes Arbeitsklima geschaffen werden könnte. So gelänge es auch einer Professionalität den Weg zu bahnen, die nicht ständig am *Limit des eigenen Wollens* operiert. Zu dieser Fragestellung ist in der Präambel der Gesellschaften der Alexianerbrüder (2007) zu lesen: „Diese Professionalität ist sich der Bedeutung hoher Fachlichkeit ebenso bewusst wie der unüberwindbaren Grenzen des fachlich Machbaren (…) Es fördert eine ‚Kultur des Scheiterns‘, die die Mitarbeiterinnen und Mitarbeiter vor den eigenen Grenzen nicht kapitulieren, sondern aus den Fehlern und Unzulänglichkeiten lernen lässt und Selbstvertrauen zurückgibt“ (S.2). In dieser „Kultur des Scheiterns“ bündelt sich gleichsam Anspruch und Wirklichkeit der Klinischen Sozialarbeit. Darüber hinaus wird ein Auftrag deutlich, der alle AkteurInnen in die Lage versetzt, dem Vertrauen in sich und den anderen die

Vorfahrt einzuräumen. Eine Maxime, mit der es sich schwerlich spannungsfrei leben lassen wird, die sehr wohl aber zu der Hoffnung Anlass gibt, dass diese Art Spannungen dazu geeignet sind, ein Mehr an gelebtem Miteinander zu ermöglichen.

Gerade dies favorisiert das soziale Kompetenztraining. Durch die Einübung bestimmter, der Kommunikation dienlicher Strategien soll eine Interaktion freigesetzt werden, die es ermöglicht, *Mit*mensch zu sein. Prüfstein muss dabei immer die Alltagstauglichkeit des Trainings sein. So gesehen befassen sich die TeilnehmerInnen keineswegs mit einer Art abstrusen „Übungsvariante hospitalisierten Sollens". Treffender umschreibt da schon der Begriff „Rollenspiel des gelingenden Lebens" das gemeinschaftliche Tun. Zu Vieles steckt hier an genuinen Inhalten der Klinischen Sozialarbeit, als dass sie sich dieser Option des Handelns entziehen könnte.

LITERATUR

Buber, M.: Ich und Du. Nachwort von Bernhard Casper, Stuttgart, Philipp Reclam jun.; (1995)

Hinsch, R.; Pfingsten, U.: Gruppentraining sozialer Kompetenzen GSK. Grundlagen, Durchführung, Anwendungsbeispiele. 4. Aufl., Weinheim, Verlagsgruppe Beltz, Psychologie Verlags Union; (2002)

Lévinas, E.: Ethik und Unendliches. Gespräche mit Philippe Nemo. Herausgegeben von Peter Engelmann, 2. Aufl., Wien, Passagen Verlag; (1992)

Noack, W.: Das Glück als zentrale Kategorie der Sozialen Arbeit. In: Soziale Arbeit, 6 (2006) S. 203

Watzlawick, P.; Beavin, J. H.; Jackson, D. D.: Menschliche Kommunikation. Formen, Störungen, Paradoxien. 9. Aufl., Bern, Göttingen, Toronto, Seattle: Verlag Hans Huber; (1996)

Gesellschaften der Alexianerbrüder: Leitsätze. http://www.alexius.de/Leits_tze.1898.0.html (aufgerufen am 14.02.2007)

Klinische Sozialarbeit in einer Frauenzufluchtswohnung

Juliane Wahren

1. ORGANISATORISCHER RAHMEN

Die folgenden Ausführungen basieren auf meinen Erfahrungen als Diplom- Sozialarbeiterin/Sozialpädagogin in der Frauenzufluchtswohnung des Berliner Vereins offensiv'91 e.V. Der Verein ist ein Träger mit anerkannter Gemeinnützigkeit, Mitglied im Deutschen Paritätischen Wohlfahrtsverband und anerkannter Träger der freien Jugendhilfe. Seit 1995 ist offensiv'91 e.V. Träger einer Frauenzufluchtswohnung im fusionierten Berliner Bezirk Treptow-Köpenick. Eine 18-Stunden-Stelle, die durch Zweijahresverträge mit Zuwendungen der Berliner Senatsverwaltung für Wirtschaft, Arbeit und Frauen finanziert wird, ermöglicht die Beratungs- und Betreuungsarbeit von gewaltbetroffenen Frauen mit und ohne Kinder in der Frauenzufluchtswohnung. Darüber hinaus finanziert der Bezirk Treptow-Köpenick eine 18-Stunden-Stelle, die der Beratung und Betreuung von gewaltbetroffenen Frauen zu verschiedenen gewaltsspezifischen und alltagsrelevanten Themen in einer Beratungsstelle dient.

2. DIE FRAUENZUFLUCHTSWOHNUNG

Frauenzufluchtswohnungen sind eine vorübergehende Wohnmöglichkeit für Frauen jeder Nationalität über 18 Jahren und deren Kinder, die häusliche Gewalt erfahren (haben) und diese Situation beenden wollen. Die Wohnungen sind von freien Trägern angemietet, möbliert, verkehrsgünstig gelegen und befinden sich in „normalen" Mietwohnhäusern. Die Adressen der Wohnungen unterliegen der Auskunftssperre. An Briefkästen und Klingeln sind Decknamen angebracht, um die Standorte der Wohnungen z.B. auch gegenüber Nachbarn geheim zu halten. Diese geschützten Wohnräume bieten den Frauen die Möglichkeit, zur Ruhe zu kommen, ihre Situation mit Abstand zu überdenken, Unterstützung zu erfahren und sich eine gewaltfreie Perspektive aufzubauen.

Bei offensiv'91 e.V. erfolgt die Aufnahme von Frauen in die Zufluchtswohnung nach einem persönlichen Erstgespräch mit der zuständigen Sozialarbeiterin meist noch am Tag der Anfrage mit der Bitte um Aufnahme. Je nach Größe, Ausstattung und Auslastung der Wohnung wohnen die Frauen allein oder mit ihren Kindern und/oder mit anderen Frauen und deren Kindern gemeinsam in dieser Wohnung. Sie schließen bei Einzug einen befristeten Untermietvertrag für ein oder zwei Zimmer ab und zahlen Miete nach Tagessatz, da Einzug und Auszug der Frauen meist nicht zum Monatsanfang beziehungsweise -ende stattfinden. Die Kündigungsfrist beträgt bei offensiv'91 e.V. 14 Tage.

Die Privatsphäre der Zuflucht suchenden Frauen bleibt durch die Aushändigung der Zimmerschlüssel an diese nach Abschluss des Mietvertrages gewahrt, die vermieteten Zimmer werden nur nach Absprache mit den Klientinnen, in Notfällen oder bei begründetem Verdacht auf Nichteinhaltung des Mietvertrages, z.B. bei durch mangelnde Sauberkeit bedingter Geruchsentwicklung, Verdacht auf Drogenkonsum oder Besuch in der Zufluchtswohnung durch die Sozialarbeiterin betreten.

Die Bewohnerinnen der Zufluchtswohnung haben generell eine Sozialarbeiterin als persönliche Ansprechpartnerin. Diese unterstützt und berät die Klientinnen wochentags (z.B. bei Ein- und Auszug, Entscheidungsfindungen, Gesundheitsfragen und -problemen, Entwicklung neuer Perspektiven für ein eigenständiges gewaltfreies Leben, finanziellen und rechtlichen Folgen der Flucht, Beantragung von Leistungen nach dem SGB II, SGB VIII, Bundeserziehungsgeldgesetz, Bundeskindergeldgesetz, Unterhaltsvorschussgesetz, Inanspruchnahme der Möglichkeiten nach dem Gewaltschutzgesetz, Fragen zur Kindererziehung und Krisen). Bei Bedarf bietet die Sozialarbeiterin Begleitung bei Amts- und Behördengängen und bei der Wohnungssuche an, sie vermittelt Adressen von AnwältInnen, TherapeutInnen, Beratungsstellen, ÄrztInnen, Behörden und andere.

Frauen, die in Zufluchtswohnungen Unterschlupf finden, leben eigenverantwortlich in einem geschützten Rahmen und erhalten Unterstützung bei alltagsrelevanten Handlungen, die sie selbst, auf Grund ihrer aktuellen Situation und Lebensgeschichte, nicht (mehr) oder noch nicht bewältigen können. Die Zufluchtswohnung bietet ihren Nutzerinnen ein auf ihre persönliche Situation, ihr Erfordernis nach Schutz und Sicherheit, ihren Bedarf an Information, Begleitung und Unterstützung abgestimmtes, fachlich fundiertes Angebot. In die Zufluchtswohnung von offensiv'91 e.V. können drei Frauen mit insgesamt bis zu fünf Kindern aufgenommen werden, die akut durch häusliche Gewalt bedroht oder betroffen sind.

2.1 Klientinnen

Frauen unterschiedlichster Nationalität, unterschiedlichen Alters und jeglicher Schichtzugehörigkeit können von häuslicher Gewalt betroffen sein und somit, wenn sie volljährig sind, in Zufluchtswohnungen aufgenommen werden. „Häusliche Gewalt kommt – in ähnlichem Ausmaß – in allen soziokulturellen und strukturellen Milieus und Altersgruppen vor. Sie betrifft nicht spezifische Gruppen. Gewalt im sozialen Nahraum ist ein allgemeines Problem (…)“ (Gloor und Meier 2004, S. 79).

Das Spektrum der Klientinnen der Zufluchtswohnung von offensiv'91 e.V. reicht von der Jugendlichen bis zur Rentnerin, von der kinderreichen Mutter ohne Schulabschluss bis zur promovierten Akademikerin. Die vom Bundesministerium für Familie, Senioren, Frauen und Jugend in Auftrag gegebene Studie zur Lebenssituation, Sicherheit und Gesundheit von Frauen in Deutschland (2004, S. 21) kommt zu dem Ergebnis, dass „kein Zusammenhang von Gewalt in Paarbeziehungen mit Bildungs- oder Schichtzusammenhängen“ festzustellen ist. „Weder zeigte sich ein signifikanter Zusammenhang zwischen Schulbildung/Berufsausbildung und der Gewalt des aktuellen Beziehungspartners noch ein signifikanter Zusammenhang zwischen dessen Einkommen und seiner Gewaltausübung.“(ebd.)

Oft dauert es Jahre bis sich Frauen aus gewaltgeprägten Situationen lösen können. Das hat bei den meisten Frauen zur Folge, dass sie häufig unter multidimensionalen Problemlagen, z.B. physischen und psychischen Auffälligkeiten und Erkrankungen, Schlafstörungen, funktionellen Beeinträchtigungen, chronischen Schmerzsymptomen, Schwangerschaftskomplikationen, Essstörungen, Allergien, Schulden, Traumatisierungen, Erziehungsproblemen und/oder Armut leiden. Nach meiner Erfahrung in der Arbeit mit gewaltbetroffenen Frauen erhöht sich die Wahrscheinlichkeit der Ausprägung eines mehrdimensionalen Geflechtes von Problemen, je länger die Frauen in der Gewaltbeziehung verbleiben. Diese Probleme können sowohl als Ursache wie auch als Auswirkung häuslicher Gewalt auftreten, stehen in Zusammenhang und beeinflussen sich gegenseitig. Das unter 4.1 beschriebene bio-psycho-soziale Modell bietet einen Erklärungsansatz dafür.

Da Frauen mit einem relativ hohem eigenen Einkommen über vielfältigere und bessere Möglichkeiten der Entziehung aus dem gewaltgeprägten Umfeld verfügen, z.B. gute Chancen zur Anmietung einer neuen Wohnung, vorübergehende Unterkunft im Hotel, treten sie nicht so häufig wie andere Frauen in Kontakt zu Frauenzufluchtswohnungen. Dies bedeutet jedoch nicht, dass sie im Vergleich zu Frauen mit geringem Einkommen weniger oft von häuslicher Gewalt betroffen sind.

Drogenabhängige und psychisch kranke Frauen werden nicht in die Zufluchtswohnung aufgenommen, da eine Gefährdung anderer Frauen und Kinder durch diese nicht ausgeschlossen und die Geheimhaltung der Adresse nicht gewährleistet werden kann. Der höhere Betreuungsaufwand ist durch die Mitarbeiterinnen von Zufluchtswohnungen auf Grund begrenzter Arbeitsstunden nicht leistbar. Gerull und Oesterreich (2003, S. 27) stellten fest, dass derzeit in Berlin „... bei Sucht- und psychischen Erkrankungen keine Hilfen im Anti- Gewalt- Bereich möglich sind." An dieser Stelle besteht eine Versorgungslücke im Berliner Hilfesystem an deren Schließung derzeit durch VertreterInnen der Anti-Gewalt-Projekte und psychiatrischer Versorgungseinrichtungen gearbeitet wird (vgl. Beuscher 2007).

Jährlich gibt es über tausend Anfragen nach freien Zimmern in Zufluchtswohnungen in Berlin. Die Auswertung der Belegungs-Statistiken der Berliner Zufluchtswohnungen ergab, dass im Jahr 2005 insgesamt 330 Frauen mit 315 Kindern in Berliner Zufluchtswohnungen wohnten.

3. HÄUSLICHE GEWALT

Unter häuslicher Gewalt werden verschiedene Gewaltarten, die im häuslichen oder im personalen Nahbereich der betroffenen Personen auftreten, verstanden. Der Begriff häusliche Gewalt bezeichnet körperliche, sexuelle, psychische, ökonomische, soziale oder emotionale Gewalthandlungen, die zwischen Personen stattfinden, die eine partnerschaftliche und/oder familiäre Beziehung haben oder hatten (vgl. Wahren 2006, S. 13). Die häufigsten Fälle häuslicher Gewalt finden zwischen (ehemaligen) Partnern statt, können aber auch zwischen Geschwistern oder Kindern und Eltern auftreten.
Es ist anzunehmen, dass die Anzahl der von häuslicher Gewalt betroffenen Personen sehr hoch ist, da nur ein Bruchteil der Betroffenen sich an Beratungsstellen, Polizei, Frauenhäuser oder Zufluchtswohnungen wendet. Eine vom Bundesministerium für Familie, Senioren, Frauen und Jugend (vgl. 2004, S. 10) in Auftrag gegebene Studie kommt zu dem Ergebnis, dass mindestens ein Viertel aller Frauen zwischen 18 und 65 Jahren körperliche und/oder sexuelle Gewalt durch den Beziehungspartner erfahren hat. Besonders in Trennungs- und Scheidungsphasen steigt die Wahrscheinlichkeit, dass Frauen häuslicher Gewalt ausgesetzt sind. In der Zeit, in der Frauen ihren Partner verlassen, besteht das höchste Risiko dafür, dass sie misshandelt oder sogar getötet werden (vgl. Kavemann 2002, S. 30).

Das Erleben häuslicher Gewalt ist für die meisten Betroffenen ein besonders einschneidendes Erlebnis, da der persönliche Schutzraum, der originär der Entspannung und dem Rückzug dienen sollte, zur Bedrohung wird. Die Mehrzahl der Frauen, die die Zufluchtswohnung von offensiv'91 e.V. aufsuchen, beschreibt psychische Gewalt als die schwerwiegendste Form häuslicher Gewalt mit den langwierigsten Auswirkungen. Psychische Gewalt tritt oft in Verbindung mit anderen Gewaltformen auf und umfasst Drohungen, Bloßstellung vor Freunden und anderen Personen, Beleidigung, Einschüchterung, Demütigung bis hin zu Sachbeschädigung, die dem Zweck der Einschüchterung dienen soll.

Häusliche Gewalt gilt weltweit als das größte Gesundheitsrisiko für Frauen und rangiert noch vor Verkehrsunfällen und Krebserkrankungen (vgl. Gabriel 2004, S. 29).

4. KLINISCHE SOZIALARBEIT

Offensiv'91 e.V. beschreitet mit der Einführung Klinischer Sozialarbeit im Arbeitsfeld Frauenzufluchtswohnung neue Wege in der sozialen Beratung und Unterstützung gewaltbetroffener Frauen. Bisher standen die Schutz gebende Unterbringung und eine auf Informationsvermittlung ausgerichtete Beratung im Vordergrund. Nunmehr entwickelt sich die Sozialarbeit mehr in Richtung einer sozialtherapeutischen Behandlung.

Dabei wird davon ausgegangen, dass somatische, psychische und soziale Faktoren Einfluss auf die Gesundheit eines Menschen ausüben und diese positiv oder negativ beeinflussen. Somit ist nicht nur die Klientin als Person, sondern auch deren soziale Umwelt beziehungsweise Lebenswelt Gegenstand der Klinischen Sozialarbeit, in der es nicht nur darum geht, das (Gesundheits-)verhalten einzelner Menschen zu erhalten oder zu verbessern, sondern auch die Lebensverhältnisse gesundheitlich gefährdeter Bevölkerungsgruppen oder einzelner Personen (vgl. Geißler- Piltz et al. 2005, S. 21).

Mit dieser Herangehensweise werden Menschen in Ihren jeweils spezifischen Lebenssituationen wahrgenommen und behandelt. Dabei richtet sich die Aufmerksamkeit einerseits auf die Belastungen und Problemlagen der hilfesuchenden Person, zum anderen aber auch auf deren individuelle, soziale und umgebungsstrukturelle Entstehungshintergründe (vgl. Pauls 2004, S. 74). Die Wahrnehmung der Hilfe suchenden Frauen als jeweils einzigartiges Individuum in ihrer konkreten Lebenssituation, ihren Vorstellungen, ihren Ressourcen und Belastungen, ihrer Biographie, ihrer Familie (sofern Kontakt besteht), ihren lebensgeschichtlich entwickelten Verhaltensmustern und Bewältigungsstrategien ist Grundvoraussetzung für die Klinische Sozialarbeit in der Frauenzufluchtswohnung.

4.1 Grundlagen

Bei diesem Verstehen, Einschätzen und Vorgehen kann die Klinische Sozialarbeit ihre Handlungsschritte durch folgende theoretische Konzepte und Modelle fundieren:

Das Konzept des „Person-in-Environment“

Das Konzept des „Person-in-Environment“ (vgl. Karls und Wandrei 1994) betont, dass bei Interventionen in Richtung Erhalt und Verbesserung von Gesundheit die Person in und mit ihrer gesamten Lebenswelt betrachtet und einbezogen werden muss, um Verhaltensmuster nachvollziehen und Lösungsansätze finden zu können. Andererseits sollten aber auch die persönlichen und gesellschaftlichen Verhältnisse so geändert werden, dass sie Voraussetzungen für eine effektive nachhaltige Verhaltensänderung des Klienten hin zu mehr Gesundheit bieten. Deshalb werden in der Praxis Probleme in sozialen Rollen, Umgebungsprobleme im Gemeinwesen, psychische Probleme und Verhaltensauffälligkeiten sowie körperliche Erkrankungen des Klienten zu Beginn des Hilfeprozesses erhoben (vgl. Pauls 2004, S. 247ff.).

Das Konzept des „Person-in-Environment“ ermöglicht eine systematische Diagnostik und Zuordnung psychosozialer Probleme des Klienten zu den vorgenannten Bereichen und so eine gezielte Ableitung von sozialarbeiterischen Interventionen. Die Betrachtung und Einschätzung der Situation des Klienten, seiner Ressourcen und Problemlagen (Assessment) dienen als Ausgangspunkt der gesamten Hilfeplanung.

Das Modell der Salutogenese

Die Salutogenese (Entstehung von Gesundheit) beschäftigt sich mit Entstehungsbedingungen und -faktoren für Gesundheit. Für Antonov sky, den Begründer der Salutogenese, bedeuten Gesundheit und Krankheit keine absoluten Zustände, sondern ein Kontinuum auf der Skala zwischen den Extremwerten Gesundheit und Krankheit (vgl. Antonovsky 1997, S. 23). Menschen sind also nie hundertprozentig gesund, sondern eher dem Gesundheitspol oder dem Krankheitspol auf dem Gesundheits-Krankheits-Kontinuum zugewandt, dass heißt, eine Person ist immer mehr oder weniger krank beziehungsweise mehr oder weniger gesund. Gesundheit wird als instabiler, sich dynamisch regulierender Zustand gesehen, welcher sich in Abhängigkeit von und in Auseinandersetzung mit alltäglichen Faktoren verändert (vgl. Geißler-Piltz et al. 2005, S. 25).

Das Modell der Salutogenese hinterfragt, aus welchem Grund Menschen trotz starker sozialer und psychischer Belastungen gesund bleiben. Des Weiteren untersucht die Salutogenese, warum bei Menschen mit vergleichbaren Umgebungsbedingungen einige erkranken und andere nicht beziehungsweise erkrankte Menschen unter gleichen Bedingungen unterschiedlich starke und schnelle Heilungsprozesse durchlaufen.
Dieser Ansatz ermöglicht einen Blick über die Bekämpfung der Erkrankung hinaus auf den Menschen, seine gesundheitsfördernden und -erhaltenden Ressourcen und dadurch auf seine Lebensgeschichte und Lebensverhältnisse.

Das Konzept der sozialen Unterstützung

Soziale Unterstützung meint Faktoren, welche in einem personbezogenen System sozialer Beziehungen, so genannte soziale Netzwerke, positiv wirken. Soziale Unterstützung umfasst Formen der emotionalen, informativ-beratenden, praktisch-instrumentellen und interpretativ-deutenden Unterstützung (vgl. Dehmel und Ortmann 2006, S. 12). Hinsichtlich der Wirkungsweise werden zwei Varianten beschrieben: soziale Unterstützung als Haupteffekt auf das Wohlbefinden und als Puffereffekt zwischen Stress und Belastungssituation (vgl. Nestmann 2000, S. 135).

Soziale Unterstützung geht bei gelingender Einbezichung der Umwelt in den Hilfeprozess von professionellen auf informelle Netzwerke über und bewirkt Stressvermeidung beziehungsweise erhöhte Widerstandsfähigkeit gegen belastende Situationen (hierzu ausführlich Dehmel in diesem Band).

Das bio-psycho-soziale Modell

Menschen werden in diesem Modell als bio-psycho-soziale Gesamtheit betrachtet, wobei sich die einzelnen Bereiche gegenseitig durchdringen und beeinflussen. Daraus resultierend fasst eine neue, weiter reichende Erklärung zur Entstehung von Krankheiten Fuß, die sowohl soziale und psychische wie auch physische Komponenten und deren gegenseitige Durchdringung als Krankheitsursache in Betracht zieht.
„Physiologische Vorgänge können psychosozial wirken und psychoso-

ziale Vorgänge physiologisch. Nach diesem Modell sind die somatischen, psychischen und sozialen Aspekte von Krankheit potentiell gleichrangig. Krankheit ist grundsätzlich biopsychosozial zu verstehen.“ (Ortmann und Waller 2005, S. 8)

Soziale Bedingungen können also Erkrankungen hervorrufen oder deren Verlauf verschlechtern oder verbessern und haben somit direkten Einfluss auf den Körper und die Psyche des Menschen. Andererseits tragen als positiv empfundene soziale Beziehungen zur Gesunderhaltung und zur Heilung von Psyche und Körper bei.

4.2 Merkmale der Klinischen Sozialarbeit

In der Praxis ist die Klinische Sozialarbeit in der Frauenzufluchtswohnung insbesondere durch die im Folgenden beschriebenen Merkmale gekennzeichnet.

4.2.1 Dialogisches Denken und Handeln

Das berufliche Denken und Handeln, das in der Sozialarbeit in der Frauenzufluchtswohnung früher eher intuitiv, „aus dem Bauch heraus“, erfolgte, erhält durch die Klinische Sozialarbeit ein theoretisches Grundgerüst, welches je nach Person und Situation der Klientin und in Verhandlung mit ihr, mit praktischen Interventionen und methodischem Handeln ummantelt wird. Ein vielfältiges Methodenrepertoire erhöht die Passgenauigkeit zwischen individuellen Problemlagen und personbezogenen Hilfen. Das Aushandeln von Zielen, deren Festschreibung und Überprüfung in regelmäßigen Abständen mit der Klientin für die Dauer ihres Aufenthaltes in der Zufluchtswohnung (und zum Teil auch danach) trägt zu kontinuierlicher Reflexion der erreichten Teilziele, zur Strukturierung des Hilfeprozesses und zur Schaffung von Erfolgen und Ergebnissen bei. Die Klientin erfährt, dass Ziele durch strukturierte Umsetzung von Teilzielen und deren Überprüfung erreichbar werden. Das Erleben von Selbstwirksamkeit (das eigene Handeln als wirkungsvoll erleben) und Handhabbarkeit von komplexen Prozessen, z.B. Beantragung von Leistungen nach dem SGB II und XII und die Beschaffung der dazu benötigten Unterlagen, trägt zur Steigerung des Selbstbewusstseins

bei und ermutigt die Klientin, neue Ziele zu verwirklichen, ihre Angelegenheiten selbständig zu regeln, Kontakte (wieder) aufzubauen. Sie steigert so zunehmend die Sicherheit im Auftreten, lässt sich durch Rückschläge nicht so schnell entmutigen.
Bei mehrfach belasteten Frauen erweist sich die Herangehensweise der Klinischen Sozialarbeit meist als vorteilhaft, da so Orientierung geschaffen und (Be-)Handlung ermöglicht wird.

Durch die Einbeziehung des erlebenden, handelnden und gesundheitlich gefährdeten oder beeinträchtigten Menschen in seiner Lebenswelt in die Beratung und Behandlung mit Beachtung seiner Biographie, seiner Ressourcen, seiner Familie, seinen sozialen Bezugspersonen in der Arbeitswelt und in der Freizeit, seiner gesundheitlichen und ökonomischen Situation erhöht sich die Passgenauigkeit und damit auch die Effektivität der Unterstützungsleistungen.

4.2.2 Anamnese

Am Beginn des Hilfeprozesses steht eine ausführliche Anamnese. In Anlehnung an das Person-in-Environment-Klassifikationssystem (Adler 1998) werden bei der Anamnese vor Einzug in die Zufluchtswohnung die Bereiche soziale Rollen und Funktionen, Umgebungsressourcen und -probleme (soziale Absicherung und soziales Umfeld der Klientin) erhoben, psychische Ressourcen und Belastungen sowie körperliche Erkrankungen erfragt. In der Regel treten bei dem „typischen" Klientel der Klinischen Sozialarbeit, so auch bei Frauen, die Unterbringung in einer Zufluchtswohnung benötigen, in mehreren Gebieten verschiedenartige Probleme auf.

So sind beispielsweise manche Frauen mit Kindern, die in die Zufluchtswohnung aufgenommen werden, mit ihrer Rolle als Mutter überfordert, da sie in der gewaltgeprägten Beziehung viel Energie in diese investierten und die Erziehung der Kinder dadurch in den Hintergrund trat. Als Folge können Stigmatisierungen, Vorwürfe, Selbstzweifel und Schamgefühle auf Grund des fehlenden Wissens über Kindererziehung und dessen fehlende oder inkonsequente Umsetzung auftreten und psychische Beeinträchtigungen sowie psychosomatische Erscheinungen hervorrufen.

Aus den so gewonnenen Informationen lassen sich auf die einzelne Klientin und deren Umfeld bezogene systematische Handlungsschritte ableiten, die der Planung und Durchführung des gesamten Hilfeangebotes dienen.

4.2.3 Ressourcenorientierung

Klinische Sozialarbeit setzt in der Praxis sowohl an den persönlichen als auch an den sozialen Ressourcen der Hilfe suchenden Frauen an. Ziel ist die Förderung der Entwicklung und Eigenständigkeit, die Erschließung von persönlichen und sozialen Ressourcen und deren Nutzung und damit verbunden, die Ermöglichung einer selbständigen und selbstverantwortlichen Lebensführung.

Die Orientierung an und Förderung der persönlichen Ressourcen bietet der Klientin die Möglichkeit, sich selbst von ihrer positiven Seite zu erfahren und dadurch ihr Selbst aufzuwerten. Besonders nach langjährigen Gewaltbeziehungen haben Frauen oft keinen, nur wenig oder eher negativen Bezug zu sich selbst, so dass ressourcenorientierte Arbeit mit Klientinnen zuerst zu Skepsis über das selbst erreichte Ziel und dann zur Erlernung neuer Fähigkeiten der Problembewältigung unter Anknüpfung an frühere Stärken und Fähigkeiten führt.

Der Fokus der Beraterin liegt auf der Förderung der Fähigkeiten, Selbsthilfe- und Selbstheilungstendenzen der Klientin. Ressourcenorientierung bedeutet ein Anknüpfen an vorhandene, teils verschüttete Potentiale der Klientin, Stärkung der Klientin in ihrer Selbstwahrnehmung und ihrem Selbstvertrauen, Anleitung zur Übernahme von Verantwortung, z.B. mit Hilfe der motivierenden Gesprächsführung oder verhaltens- und sozialtherapeutischen Übungen.

Zum anderen meint Ressourcenorientierung die Veränderung und Nutzung sozialer und gesellschaftlicher Verhältnisse und Umweltanforderungen. Dies zielt auf die Gestaltung und Beeinflussung der Lebensbedingungen, in denen die KlientInnen beheimatet sind, und die Erschließung äußerer Ressourcen, um die Bedingungen für ein Leben in Menschenwürde zu schaffen (vgl. Brieskorn-Zinke und Köhler-Offierski

1997, S. 76). In der Arbeit mit Frauen in Zufluchtswohnungen kommt die Erschließung von Ressourcen z.B. bei der Beschaffung von Wohnraum, Beantragung von Stiftungsgeldern und einmaligen zusätzlichen Leistungen nach § 23 SGB II und Schreiben von Stellungnahmen für die Klientin zum Tragen. Die Klinische Sozialarbeiterin vermittelt nicht nur materielle Ressourcen, sondern auch ideelle, z.B. in Form von Kontakten zu Beratungsstellen, AnwältInnen, TherapeutInnen oder zu anderen gewaltbetroffenen Frauen. Sie stellt mit Hilfe von Öffentlichkeitsarbeit und politischer Arbeit Verknüpfungen zwischen Ressourcen und KlientInnen her (vgl. Dorfman 1996, S. 41).

4.2.4 Netzwerkarbeit

Ein Beispiel für die Förderung von Wohlbefinden durch Änderung der „Lebensumwelt“ der Klientin ist die Aktivierung ruhender, inaktiver sozialer Netzwerke. Dazu zählen freundschaftliche und familiäre Kontakte, die durch die gewaltgeprägte Beziehung unterbunden wurden oder im Laufe der Zeit „eingeschlafen“ sind. Die Ermutigung der Klientin zur Wiederherstellung des Kontaktes zu ehemaligen wichtigen Bezugspersonen und Freundeskreisen beziehungsweise zur erneuten Aufnahme früherer Interessen und Hobbys, wie auch die Beratung von Angehörigen von gewaltbetroffenen Frauen sind wichtige Bestandteile der Netzwerkarbeit.

Die Einbeziehung der sozialen Umwelt der Frau in den Hilfeprozess trägt zum Abbau von Belastungen und zur Stressreduktion bei und vermindert dadurch das Risiko der Ausprägung von physischen und/ oder psychischen Störungen oder Erkrankungen. Die Beratung von Freunden und Angehörigen gewaltbetroffener Frauen ermöglicht diesen einen angemessenen Umgang mit der Thematik der häuslichen Gewalt und das Herauslösen aus der Ohnmacht und angsterzeugenden Situation, mit welcher das Thema oft besetzt ist. Handlungsmuster der gewaltbetroffenen Frauen können so nachvollzogen, Unterstützung und Weitervermittlung an fachspezifische Beratungseinrichtungen angeboten, Entscheidungsfindung erleichtert und wiederkehrende gewaltgeprägte Handlungsmuster durchbrochen werden. Die Frau fühlt sich mit ihren Problemen angenommen, Prävention wird ermöglicht, Stigmatisierungen vorgebeugt.

Auf der anderen Seite profitieren Frauen und Kinder mit Gewalterfahrungen von bereits bestehenden Kooperationen und Vernetzungen mit RechtsanwältInnen, Polizei, Frauenhäusern, ÄrztInnen, Kindertagesstätten, MitarbeiterInnen der Jobcenter, anderen Zufluchtswohnungen, der Berliner Interventionszentrale bei häuslicher Gewalt (BIG-www.big-interventionszentrale.de) usw.

Besonders wichtig erscheint mir die Vernetzung der Klinischen Sozialarbeit mit Notfallambulanzen, KinderärztInnen und GynäkologInnen, da diesen Stellen und Berufsgruppen eine „Gatekeeper- Funktion" zukommt, in dem dort für die psychosoziale Beratung schwer zu erreichendes Klientel versorgt beziehungsweise behandelt wird. In der praktischen Arbeit in der Frauenzufluchtswohnung des offensiv'91 e.V. verstärkt sich der Eindruck, dass häusliche Gewalt am häufigsten während der Schwangerschaft und der ersten Lebensjahre der Kinder auftritt, so dass das medizinische Versorgungssystem als wichtige Schnittstelle zu Hilfsangeboten für gewaltbetroffene Frauen fungieren könnte.

4.2.5 Umgebungs- beziehungsweise Wohnungsgestaltung

Auch auf alltagspraktischer Ebene kann das Lebensumfeld zu mehr Gesundheit verhelfen: Bei der Auswahl der Ausstattung und Einrichtung der Frauenzufluchtswohnung wurde besonders darauf geachtet, dass diese zum Wohlfühlen einlädt, zweckdienlich ist und freundlich wirkt. Die Räume der Zufluchtswohnung sind hell und wohnlich mit Couch oder Sitzecke eingerichtet. Da die Zimmer der Bewohnerinnen abschließbar sind, verfügt jede von Ihnen über einen eigenen Rückzugsort. Für Kinder unterschiedlichen Alters stehen diverse Spielsachen bereit. Die Ausstrahlung von „Normalität" trägt wesentlich zur Beruhigung und Entspannung der Klientinnen und deren Kinder und somit zur Gesundheitsförderung bei.

4.2.6 Politische Einflussnahme

Einflussnahme der Klinischen Sozialarbeit im Arbeitsfeld Frauenzufluchtswohnung auf die Gesundheitsverhältnisse der Klientinnen erfolgt prinzipiell durch das Bereithalten von Schutzunterkünften, aber auch durch politische Arbeit, mit deren Hilfe auf die Rechte der Frauen hingewiesen und diese umgesetzt wurden und werden. Kooperation, Vernetzung und Gremienarbeit dienen der sozialen Arbeit auf politischer und gesellschaftlicher Ebene, um eine Plattform gegen häusliche Gewalt zu schaffen, Entwicklungen in der Gesetzgebung anzustoßen und vor allem die Interessen der Klientinnen gegenüber der (Fach-)Öffentlichkeit zu artikulieren.

4.2.7 Sensibilisierung und Fortbildung

Um Klinische Sozialarbeit noch wirksamer im Arbeitsbereich Frauenzufluchtswohnung gestalten zu können, bedarf es der Aufklärung und Fortbildung von Kooperationspartnern (z.B. Polizei, Gerichte, ÄrztInnen und anderen im Gesundheitswesen Tätigen, Jugendämter, Jobcenter etc.) zu den Spezifika häuslicher Gewalt und damit einhergehenden Folgen für die Frauen und deren Kinder. Die Sensibilisierung der genannten Berufsgruppen für das Auftreten von häuslicher Gewalt, deren Anzeichen und Auswirkungen auf Frauen und Kinder trägt zur erhöhten Effektivität der Arbeit und Verbesserung der Kooperation bei.

5. ERFAHRUNGEN

Betrachtet man die Arbeit in einer Frauenzufluchtswohnung vor dem Hintergrund des Person-in-Environment-Ansatzes, wird deutlich, dass die Lebensumwelt der Klientinnen offensichtlichen Einfluss auf deren Entwicklung und Wohlbefinden ausübt. Daher erscheint es sinnvoll, diese in den Hilfeprozess einzubeziehen, beziehungsweise diesen Effekt bei der Planung von Interventionen zu berücksichtigen und zu nutzen. Bemerkenswert ist an dieser Stelle die Veränderung der sozialen Situation der Frau mit Einzug in die Zufluchtswohnung von der schädigenden sozialen Umwelt in der Gewaltsituation durch den (Ex-)Partner hin zu einer positiven sozialen Unterstützung durch wiedergewonnene und neue private Kontakte, z.B. Freunde oder andere Frauen in der Zufluchtswohnung.

Obwohl bei den Frauen, die in der Zufluchtswohnung des offensiv'91 e.V. zeitweilig lebten, häufig psychische und physische Beschwerden auftraten, erkrankte ein geringer Teil der gewaltbetroffenen Frauen nicht, obwohl diese vergleichbare Situationen durchlebt hatten. Dies deutet darauf hin, dass persönliche beziehungsweise Umweltfaktoren existieren, die die Verarbeitung von Gewalterfahrungen positiv beeinflussen und gesundheitliche Auswirkungen der Gewalterfahrungen verhindern. In der praktischen Arbeit mit von Gewalt betroffenen Frauen deutet sich an, dass positive soziale Beziehungen und Unterstützung durch das soziale Umfeld, in Verbindung mit dem Gefühl, dass den Ausführungen der Frau Glauben geschenkt, an sie und ihre Fähigkeiten geglaubt und ihr vertraut wird, einen nicht zu unterschätzenden Einfluss auf die Gesunderhaltung der Frauen ausüben.

Bemerkenswerterweise stiegen seit Umsetzung der Klinischen Sozialarbeit im Arbeitsbereich Frauenzufluchtswohnung bei offensiv'91 e.V. die Aufenthaltsdauer der Klientinnen in der Zufluchtswohnung ebenso wie der prozentuale Anteil der Frauen, die nach Auszug aus der Zufluchtswohnung in eine eigene Wohnung zog und nicht in die gewaltgeprägte Situation zurückkehrte. Ursachen für dieses Phänomen sollten noch genauer untersucht werden, da die Aufenthaltsdauer der Frauen in der Zufluchtswohnung von vielfältigen Faktoren abhängig ist.

LITERATUR

Adler, H.: Eine gemeinsame Sprache finden. Klassifikation in der Sozialen Arbeit – Ein Versuch: das Person- In- Environment System (PIE). In: Blätter der Wohlfahrtspflege 7+8; (1998), S. 161–164

Antonovsky, A.: Salutogenese. Zur Entmystifizierung der Gesundheit. Dt. erweiterte Ausgabe von A. Franke. Tübingen, dgvt; (1997)

Beuscher, H. http://www.berlin.de/lb/psychiatrie/aktuelle_projekte/ [18.02.07]

Brieskorn-Zinke, M.; Köhler-Offierski, A.: Gesundheitsförderung in der sozialen Arbeit. Eine Einführung für soziale Berufe. Freiburg im Breisgau, Lambertus-Verlag; (1997)

Bundesministerium für Familie, Senioren, Frauen und Jugend (Hrsg.): Lebenssituation, Sicherheit und Gesundheit von Frauen in Deutschland. Berlin, Eigenverlag; (2004)

Dehmel, S.; Ortmann, K.: Soziale Unterstützung (Social Support) – Ein Verstehens- und Handlungskonzept für die gesundheitsbezogene Sozialarbeit; (2006) http://www.khsb-berlin.de/index.php?id=1077&MP=133-132 (18.02.2007)

Dorfman, R. A.: Clinical Social Work. Definition, Practice and Vision. New York, Brunner/ Mazel Inc; (1996)

Gabriel, S.: Gewalt in Ehe und Partnerschaft. Berlin, Wissenschaftlicher Verlag Berlin; (2004)

Geißler- Piltz, B. u.a.: Klinische Sozialarbeit. München, Reinhardt Verlag; (2005)

Geißler-Piltz, B.: Psychosoziale Diagnosen und Behandlung in Arbeitsfeldern der klinischen Sozialarbeit. Münster, Lit- Verlag; (2005)

Gerull, S.; Oesterreich, C.: Frauen in Not. In: Quer, ASFH Berlin, Frauenrat und Frauenbeauftragte der Alice Salomon Fachhochschule (Hrsg.), Nr.08/03; (2003), S. 25–29

Gloor, D.; Meier, H.: Frauen, Gesundheit und Gewalt im sozialen Nahraum (hrsg. v. Büro für die Gleichstellung von Frau und Mann der Stadt Zürich und Maternité Inselhof Triemli, Zürich, Bern, Edition Soziothek; (2004)

Karls, J.M.; Wandrei, K.E. (Eds.): Person-In-Environment System. The PIE Classification System for Social Functioning Problems. Washington DC, NASW Press; (1994)

Kavemann, B.: Kinder und häusliche Gewalt. In: Landeskommission Berlin gegen Gewalt (2002). Berliner Forum Gewaltprävention, Themenschwerpunkt Häusliche Gewalt; (2002), S. 24 – 34

Nestmann, F.: Gesundheitsförderung durch informelle Hilfe und Unterstützung in sozialen Netzwerken. In: Sting, S.; Zurhorst, G.: Gesundheit und soziale Arbeit. Gesundheit und Gesundheitsförderung in den Praxisfeldern Sozialer Arbeit. Weinheim und München, Juventa-Verlag; (2000), S.128–146

Ortmann, K.; Waller, H. (Hrsg.): Gesundheitsbezogene Sozialarbeit. Eine Erkundung der Praxisfelder. Baltmannsweiler, Schneider Verlag Hohengehren; (2005)

Pauls, H.: Klinische Sozialarbeit. Grundlagen und Methoden psychosozialer Behandlung. Weinheim und Münche, Juventa Verlag; (2004)

Wahren, J.: Klinische Sozialarbeit – ein neuer Ansatz in der Arbeit mit gewaltbetroffenen Frauen in Frauenzufluchtswohnungen (Unveröffentlichte Masterarbeit); (2006)

Zufluchtswohnungen für Frauen und ihre Kinder in Berlin. Ein Ausweg aus Gewalt und Misshandlung. Gemeinsamer Flyer der Zufluchtswohnungen in Berlin. Finanziert durch die Senatsverwaltung für Wirtschaft, Arbeit und Frauen. (2005)

TEIL 3

PERSPEKTIVEN

Klinische Sozialarbeit – eine Chance für das Suchtkrankenhilfesystem?

Mathias Lindenau

EINLEITUNG

Die Klinische Sozialarbeit, als ein Teilgebiet der Sozialarbeit, verfolgt eine Cartesische Zäsur. Ähnlich wie sich die Philosophie seinerzeit selbstbewusst von der Dominanz der Theologie löste, verfolgt die Klinische Sozialarbeit das Ziel, sich von dem ungleichen Verhältnis zwischen ihr und den Professionen der Medizin und Psychologie zu emanzipieren: Klinische Sozialarbeit orientiert sich am bio-psycho-sozialen Modell sowie einem an der Salutogenese angelehnten Gesundheitsbegriff und fordert eine gleichberechtigte Problemlösungskompetenz der Sozialarbeit gegenüber den anderen Professionen ein. Klinische Sozialarbeit ist ein „interdisziplinäres gesundheitsbezogenes Handeln in sozialen Situationen für und mit Menschen, die von gesundheitlichen Problemen bedroht oder erkrankt sind" (Ortmann und Schaub 2002, S. 68). Ihre Aufgabe und Zielsetzung sieht sie vor allem darin, die soziale Dimension in den Mittelpunkt der Problemlösung zu rücken, um in ihrer Gesundheit beeinträchtigte Menschen bei der Lebensbewältigung und, so weit als möglich, diese bei der Erlangung von Lebenszufriedenheit zu unterstützen.

Dieser Anspruch ist in der Suchtkrankenhilfe bisher wenig umgesetzt worden. In der Praxis zeigt sich, dass bei der Bewältigung latenter oder manifester Suchtproblematiken häufig allein auf die bio-medizinischen und/oder psychologisch-therapeutischen Faktoren abgestellt wird, die soziale Dimension hingegen ein Schattendasein führt. Dies ist aus mehreren Gründen erstaunlich: Einmal stellen SozialarbeiterInnen zahlenmäßig die in der Suchtkrankenhilfe am stärksten repräsentierte Profession dar (Rosenhagen 2005, S. 83). Zudem ist hinlänglich bekannt, dass Sucht ein höchst komplexer Vorgang ist, der alle Lebensbereiche der Betroffenen berührt und in dem deshalb nur mit einem ganzheitlich-pluralistischen Ansatz gearbeitet werden kann. Ebenso erfordern die äußerst heterogen zusammengesetzten Zielgruppen mit ihren jeweils spezifischen Problemlagen und unterschiedlichen Hilfebedürfnissen ein breites Spektrum an adäquaten Hilfeangeboten, die eine Reduktion allein auf medizinische und psychologische Maßnahmen verbieten. Und schließlich ist es kein Geheimnis, dass die Mehrzahl der Menschen mit latenten oder manifesten Abhängigkeits- und/oder Missbrauchsproblematiken mit den therapeutischen und medizinischen Maßnahmen allein nicht ausreichend erreicht, unterstützt, geschweige denn „geheilt" werden können. So führt Wienberg (2001, S. 48) aus, dass von der traditionellen Suchtkrankenhilfe nicht einmal 10 Prozent der alkoholabhängigen Menschen erreicht werden; die weitaus größere Gruppe der missbräuchlich und riskant Konsumierenden nicht eingerechnet. Für andere Suchtformen kann eine ähnliche Datenlage vermutet werden.

DIE HISTORISCHE GENESE UND BESTANDSAUFNAHME DER SUCHTKRANKENHILFE

Ein kleiner historischer Rekurs mag zur Erhellung der zuvor beschriebenen desolaten Situation beitragen. Betrachtet man die historische Entwicklung der Suchtkrankenhilfe so wird deutlich, dass diese sich aus der Medizin und der psychoanalytischen Denktradition heraus entwickelt hat – mit entsprechenden Konsequenzen für das Suchtkrankenhilfesystem. Gab es auch seit der Antike immer wieder einzelne Mahner im Umgang mit Rauschmitteln wie dem Alkohol – z.B. Seneca (1924, S. 17–27) in seinem 83. Brief oder Martin Luther (1914, S. 257) in der Auslegung des 101. Psalms – so war doch das Bewusstsein für ein stoffimmanentes Problem einer Droge nicht vorhanden. Trunksucht galt vielmehr als ein moralisches Problem der betreffenden Person, wofür deren mangelnde Willens- und Charakterschwäche verantwortlich gemacht wurde. Erst Ende des 18. Jahrhunderts wurde das Phänomen „Sucht" klassifiziert. Es waren Ärzte, die mithilfe physiologischer und medizinischer Termini versucht haben, auf die schädlichen (Folge)Wirkungen des Alkoholkonsums und -missbrauchs hinzuweisen und diese zu beschreiben (vgl. Levine 1982a). Nach Schmidt (1988, S. 23) hat der schottische Arzt Thomas Trotter bereits 1778 den Alkoholismus als Krankheit bezeichnet. Doch sollte es dem schwedischen Arzt Magnus Huss vorbehalten bleiben, mit seiner Schrift *Chronische Alkoholskrankheit* (1852) die Termini Alkoholismus und Alkoholiker zu prägen. Allerdings setzen sich die beschriebenen Krankheitsbilder erst allmählich über einen langen Prozess durch, der eng verbunden war mit der sich aus der Medizin heraus etablierenden Psychiatrie als einer eigenständigen Fachrichtung und im Anschluss daran der durch Sigmund Freud begründeten Psychoanalyse. Der Alkoholismus wurde somit zum Modell der Sucht schlechthin (vgl. hierzu Vogt und Scheerer 1989, S. 13). Aber noch ein weiterer Punkt ist bedeutsam: 1785 hatte der amerikanische Arzt Benjamin Rush seine Veröffentlichung *An Inquiry into the Effects of Ardent Spirits* über Trunkenheit als krankhaften Zustand herausgebracht und begründete damit die amerikanische Temperenzbewegung, die sich in vielen Mäßigungsbewegungen in Europa fortsetzte (vgl. Levine 1982b, S. 242; Appel 1991). Die von ihnen ausgehende Forderung nach einer Totalabstinenz entwickelte sich zum Dogma der Suchtkrankenhilfe. So war es trotz aller späteren Separationsbewegungen, insbesondere durch die sich in den 1970er Jahren entwickelnde Drogenhilfe, nicht weiter verwunderlich, dass Beratungs- und Therapiekonzepte eng an die historischen Wurzeln angelehnt wurden.

Diese Tradition hat sich nicht nur in der Besetzung der wenigen Lehrstühle für Suchtforschung fortgesetzt, sondern generell in der Suchtkrankenhilfe zu einer Hegemonialstellung von Medizin und Psychologie geführt. Aus ihr begründeten sich die so genannten therapeutischen Ketten: die Beratungsstellen als Vermittlungs- und Motivationsinstanz für die eigentliche Behandlung, die von den Professionen der Medizin und Psychologie usurpiert und dementsprechend von biologischen und psychologischen Theorien dominiert wurde (vgl. Berger et al. 1980, S. 14). Ein Resultat dieser Entwicklung ist der merkwürdige Umstand, dass SozialarbeiterInnen ohne therapeutische Zusatzqualifikation in der Suchtkrankenhilfe immer weniger gelten. So wird z.B. deren zentrale Arbeitsmethode, die Beratung, von den anderen Professionen eher gering geschätzt (vgl. hierzu Olm 2004, S. 27 ff.). Das hat seinen Grund freilich nicht nur in der Vergütung entsprechender Behandlungsmethoden durch die Leistungsträger oder der unreflektierten und technokratischen Übertragung ökonomischer Wissensbestände auf die soziale Berufspraxis zum Nachweis der Effizienz von Sozialarbeit (vgl. Albert 2006). Auch in der historischen Genese der Sozialarbeit selbst kam es zur Therapeutisierung. Auf diesen Umstand hat Lüssi (2001, S. 33) hingewiesen und in diesem Zusammenhang von „Mary

Richmonds Sündenfall" gesprochen: Durch die Übernahme der begrifflichen Semantik medizinisch-psychiatrischer Termini in ihrem Werk *Social Diagnosis* und der Entwicklung des Casework konnte die Sozialarbeit zwar enorm an Status gewinnen, jedoch wurde sie im Laufe der Zeit von der psychoanalytischen Denktradition durchdrungen mit der Folge, dass zunehmend gerade in der Suchtkrankenhilfe „so gut wie alles Augenmerk den inneren *psychischen Problemen des Klienten* und der methodischen Frage geschenkt" wurde, „wie dem Klienten zu einem Persönlichkeitswandel in Richtung ,Wachstum', ,Ich-Stärke', ,Selbstbestimmung' verholfen werden kann" (ebd., S. 34). In einer modernen Analogie wurde der Sozialarbeit damit ein therapeutisches Kondom verpasst, obwohl das frühe Casework von Mary Richmond und ihr nachfolgend Alice Salomon noch nicht therapeutisch war und durchaus in *sozialen* und nicht individuell-therapeutischen Kategorien gedacht wurde (person in environment). Das hat nicht nur dazu geführt, dass die Terminologie der Suchtkrankenhilfe scheinbar nicht mehr ohne psychiatrisch-medizinisch-therapeutische Begriffsbeschreibungen auskommt. Mehr noch: Offensichtlich hat die Suchtkrankenhilfe in der Vergangenheit ihr Augenmerk vorrangig auf die Therapiewilligen und -fähigen gerichtet. Ausgehend von einem Krankheitsmodell, dem eine pathogenetische Betrachtungsweise zugrunde liegt und das zwingend einer Behandlung zur Gesundung und Heilung bedarf, die nur über individuelle Verhaltensänderungen zu erreichen ist (vgl. Bengel 2002, S. 19), hat sich die Suchtkrankenhilfe daran gewöhnt, ausschließlich in medizinisch-psychologischen Kategorien zu denken.
Damit erfuhr das genuine Arbeitsfeld der Sozialarbeit, die soziale Dimension, durch die behandelnden Disziplinen der Medizin und der Psychologie nur eine marginale Bedeutung. Freilich waren die SozialarbeiterInnen an dieser Entwicklung nicht unschuldig: „Für diese asymmetrische Beziehung zwischen Sozialarbeit und Medizin sind die SozialarbeiterInnen zum Teil selbst verantwortlich wegen ihrer Tendenz zur Selbstentwertung und auch aufgrund ihrer Chamäleonexistenz, der Anpassung an vorgegebene oder nur vermutete Rollen, Professionalitätsmuster, in Administrationen sowie in der Domäne der Medizin" (Terbuyken, zit. in: Geißler-Piltz et al. 2005, S.19). Hat die Sozialarbeit generell durch die Psycho-therapeutisierung den Kontakt zu ihrer eigentlichen Klientel verloren (vgl. Olk 1986), lässt sich Gleiches für die Suchtkrankenhilfe konstatieren.

Für bisher unterversorgte Zielgruppen der Suchtkrankenhilfe wie chronisch mehrfach beeinträchtigte Abhängigkeitserkrankte, alte Menschen mit Suchtproblemen oder Hilfebedürftige mit Migrationshintergrund hatte diese Haltung dramatische Konsequenzen. Nicht selten als hoffnungslose Fälle tituliert, die nicht über das notwendige Maß an Eigenmotivation verfügen, behandlungsunwillig und therapieresistent sind und sich damit einer Behandlungsoption entzogen, liefen diese Zielgruppen lange Zeit nur am Rande der Suchtkrankenhilfe – ein Umstand, der insbesondere vor dem Hintergrund der demographischen Situation und der sich abzeichnenden Zunahme von degenerativen chronischen Erkrankungen in Zukunft so nicht mehr zu halten ist.
Die Suchtkrankenhilfe steht aber noch vor einer ganz anderen Herausforderung: Die Kosten für das Gesundheitssystem verharren auf einem hohen Niveau und werden vermutlich psychotherapeutische Maßnahmen als „Allheilmittel" gegen Missbrauchs- und Abhängigkeitsproblematiken in Zukunft in ihrer Quantität beschränken. Ein erster Hinweis darauf waren die Verkürzung der Dauer der stationären Therapien und die Verringerung der Zahl der Therapieversuche sowie die zunehmende Bedeutung ambulanter therapeutischer Angebote. Zudem sind viele Menschen der klassischen Psychotherapie nicht zugänglich oder diese kommt für sie nicht infrage (vgl. Baer 1997). Die durch die Psychotherapien angestrebte Selbststeuerungsfähigkeit eines Individuums muss also neben diesen Maßnahmen auf eine andere Weise angestrebt werden. Und genau hier liegt, trotz allen Lamentierens über die verschlechterten gesellschaftlichen Rahmenbedingungen, eine große Chance zur Implementierung der Klinischen Sozialarbeit innerhalb der Suchtkrankenhilfe, um diese weiter zu verbessern. Welchen Beitrag kann Klinische Sozialarbeit hier leisten und zwar nicht als „professionelle Fremdhilfe in diesem System" (Rosenhagen 2005, S. 81), sondern als konstitutioneller Bestandteil desselben?

DIE POTENTIALE KLINISCHER SOZIALARBEIT FÜR DIE SUCHTKRANKENHILFE

Neben fachlichem Wissen und Können setzt Klinische Sozialarbeit zugleich eine akzeptierende Grundhaltung gegenüber den Betroffenen voraus, für die Martin Buber mit seinem dialogischen Prinzip als ein Wegweiser gelten kann. In Erwiderung auf die Kritik seines Werkes *Ich und Du* (1923) schrieb Buber (1962, S. 167) in Bezug auf die Beziehung zwischen dem Helfer und dem Hilfesuchenden, dass der Helfer den Hilfesuchenden: „als ganz bestimmte Person in ihrer Potentialität und ihrer Aktualität meinen muss, genauer, er muss ihn nicht als eine bloße Summe von Eigenschaften, Strebungen und Hemmungen kennen, er muss seiner als einer Ganzheit inne werden und ihn in dieser Ganzheit bejahen." Und: „Wenn er sich damit begnügt, diesen zu ‚analysieren', d.h. aus seinem Mikrokosmos unbewusste Faktoren ans Licht zu holen und die durch ein solches Hervortreten verwandelten Energien an eine bewusste Lebensarbeit zu setzen, mag ihm manche Reparatur gelingen. Er mag bestenfalls einer diffusen, strukturarmen Seele helfen, sich einigermaßen zu sammeln und zu ordnen. Aber das, was ihm hier eigentlich aufgetragen ist, die Regeneration eines verkümmerten Person-Zentrums wird er nicht zu Werke bringen. Das (…) ist eben nur in der partnerischen Haltung von Person zu Person, nicht durch Betrachtung und Untersuchung eines Objekts zu erlangen". Diese Grundhaltung muss auch in der Suchtkrankenhilfe viel stärker als bisher Berücksichtigung finden. Konkret bedeutet dies, den Betroffenen mit allen Defiziten anzunehmen, ihn emotional zu unterstützen und Achtung vor dem Menschen und den von ihm gewählten Lebensbewältigungsstrategien zu haben. Diese akzeptierende Grundhaltung erfordert zuallererst die Lebenssituation von Betroffenen zu deuten und zu verstehen, kurzum „sich von den Engführungen [des] biomedizinischen Krankheitsverständnisses" (Zurhorst 2005, S. 5) freizumachen.

Damit einhergehend gewinnt die soziale Dimension enorm an Bedeutung und unterstreicht die Notwendigkeit der Implementierung Klinischer Sozialer Arbeit in die Suchtkrankenhilfe. Im Gegensatz zur Psychotherapie, der es um das Verstehen der zugrunde liegenden psychodynamischen Zusammenhänge einer Suchterkrankung, einer vertieften Krankheitseinsicht und -akzeptanz und damit verbunden um eine implizite Stärkung der Ich- und Selbstfunktion geht, nimmt die Klinische Sozialarbeit eine Metasicht ein. Sie orientiert sich nicht nur am individuellen Leiden des Betroffenen, sondern nimmt gleichzeitig zudem die soziale sowie die gesellschaftliche Ebene in den Blick; beschränkt sich dabei aber nicht, wie in psychotherapeutischen Verfahren üblich, auf Angehörigen-, Ehepaar- und Familienseminare. Darüber hinaus müssen die

betroffene Person und ihre soziale Lebenswelt in den Blick genommen und die Bedeutung sozialer Netzwerke sowie sozialer Unterstützungsleistungen hinterfragt werden. Diese Metasicht der Klinischen Sozialarbeit kann gewinnbringend in der Suchtkrankenhilfe eingesetzt werden.
Aufgrund der Vielschichtigkeit von Problemlagen der Betroffenen, mit denen die Suchtkrankenhilfe konfrontiert wird, darf sie sich mit ihren Hilfeangeboten *nicht nur* darin erschöpfen, ein möglichst dauerhaft abstinentes Leben der Betroffenen generieren zu wollen, wie Hagenhoff und Lang (1980, S.182) am Beispiel der Alkoholkrankheit ausgeführt haben: „Die Absolutheit des Therapieziels ‚Abstinenz' lässt nicht nur viele Alkoholiker vor einer Therapie zurückschrecken, sondern bedeutet auch eine stetige Sichtbarkeit der Abweichung in einer Gesellschaft, in der Alkoholkonsum Konformität und Abstinenz Abweichung bedeutet. Ein Schritt in Richtung vollständiger Reintegration wäre getan, wenn es gelänge, den Alkoholiker wieder zum kontrollierten Trinken zu führen". Dementsprechend muss sich die Suchtkrankenhilfe auch jener annehmen, die lebenspraktische soziale Hilfestellungen und/oder Unterstützung für den Erhalt, die Re-Aktivierung oder den Erwerb ihrer Lebensbewältigungspotentiale benötigen. Dabei ist der Blick nicht nur auf die pathogenen Faktoren zu richten, sondern ebenso müssen vorhandene Ressourcen erschlossen und der Frage nachgegangen werden, welche protektiven Faktoren die Betroffenen in ihrem bisherigen Leben dazu befähigten, ihr Lebenskonzept aufrecht zu erhalten. In diesem Zusammenhang ist zu überlegen, ob die bisherige strikte Unterteilung in Beratung, Betreuung und Begleitung in der Suchtkrankenhilfe weiterhin sinnvoll ist, da neben kurzzeitigen Kriseninterventionen vorrangig von Langzeitberatung, -betreuung und -begleitung für die Betroffenen ausgegangen werden muss. Deshalb wird hier für ein alltags-, handlungs- und bewältigungsorientiertes Handlungskonzept der Terminus *soziales Coaching* vorgeschlagen.

DAS KONZEPT DES SOZIALEN COACHING

Das soziale Coaching soll als ein für alle Zielgruppen der Suchtkrankenhilfe anwendbares Konzept verstanden werden. Hierbei geht es nicht nur darum, eine umfassende Analyse der bestehenden Situation vorzunehmen und diagnostisch nach Kriterien für eine Einstufung der Betroffenen in eine Art „Problemintensitätsskala" zu forschen. Betroffene brauchen mehr als objektive Diagnosen und empirisch abgesicherte therapeutische Verfahren. Deshalb ist der Focus ebenso darauf zu richten, basale Fähigkeiten der Betroffenen zu erhalten und zu stärken, um eine möglichst positive Gesamtentwicklung des Verhältnisses zwischen den Betroffenen und ihrer sozialen Umgebung und somit der Reintegration in die Gesellschaft zu ermöglichen. Zahlreiche „sozialwissenschaftliche, psychologische und psychosomatische Forschungsbefunde belegen, dass psychische und soziale Faktoren bei der Entstehung und im Verlauf von Krankheiten von Bedeutung sind. (…) Bereits die Wahrnehmung von Symptomen (…) werden entscheidend von psychischen und sozialen Faktoren beeinflusst" (Bengel 2002, S. 17). Soziales Coaching erfordert deshalb einen generalistischen Blick, um Betroffene jeweils in ihrer Ganzheit zu begreifen. Das bedeutet konkret, dass die Ausrichtung der Hilfeangebote nicht nur auf das Endziel „Abstinenz" zu richten ist, sondern auch die Unterstützung der Betroffenen zur Entwicklung ihrer sozialen Kompetenzen sowie das Vorhalten alltagsorientierter Hilfen beinhalten muss. Unterstützung meint hier nicht nur die Bestätigung und Akzeptanz der betroffenen Person, sondern das kritische Begleiten ihres Alltags und ihrer Lebenswelt: zu helfen und anwaltlich zu vertreten, wo sie Unterstützung braucht, zu konfrontieren, wo es angebracht ist und zu fordern, wo offensichtlich Potentiale, über die die Person verfügt, von ihr nicht genutzt werden. Dabei spricht nichts dagegen, durchaus auch eklektisch Teile bereits bestehender Beratungs- und Behandlungskonzepte zu nutzen. Basierend auf den Merkmalen der Klinischen Sozialarbeit, wie sie von Ortmann und Schaub (2002) beschrieben wurden, beinhaltet das soziale Coaching folgende Punkte:

- *Kontakt herstellen und pflegen.* Hierbei geht es darum eine Atmosphäre zu schaffen, in der angstfrei und unbefangen, vertrauens- und respektvoll über bestehende Problemlagen kommuniziert werden kann und die zum Aufbau einer tragfähigen Beziehung zwischen Betroffnen und HelferIn führt. BeraterInnen dürfen hierbei nicht nur die Aussagen von Betroffenen widerspiegeln, sondern müssen für die Hilfesuchenden auch als authentische Persönlichkeiten erkennbar sein. Dafür ist eine konstante Bezugsperson nahezu unverzichtbar.
- *Sicherung des Überlebens.* Nicht die Abstinenzorientierung, der

„notwendige“ Leidensdruck oder die Forderung nach einem hohen Maß an Eigenmotivation dürfen handlungsleitendes Interesse der Suchtkrankenhilfe sein, um tätig zu werden. Vielmehr muss es primär darum gehen, ein menschenwürdiges Überleben zu sichern und körperliche Folgeschäden zurückzudrängen. Zur Sicherung des (möglichst gesunden) Überlebens bedarf es des Vorhaltens lebenspraktischer Hilfen. Dementsprechend müssen neben der traditionellen „Komm-Struktur“ der Suchtkrankenhilfe niedrig-schwellige Angebote, die hohe Zugangshürden vermeiden, den gleichen Stellenwert erhalten.

- *Krisenintervention.* Häufig werden Betroffene in akute Krisensituationen geraten, die nicht nur auf individuelles Verhalten zurückzuführen sind und auf die schnell reagiert werden muss. Dies erfordert neben dem institutionellen niedrigschwelligen Rahmen eine Interventionsstrategie, die die Betroffenen schnell, flexibel und unbürokratisch in Anspruch nehmen können.
- *Persönliche Zufriedenheit von Betroffenen.* Neben den individuellen Faktoren, den Fragen nach Genuss- und Leistungsfähigkeit, Selbstvertrauen, Selbstverwirklichung und Sinnfindung, ist die Lebenszufriedenheit vorrangig durch die Bereiche Familie, Beruf, Wohnung und Einbindung in ein soziales Umfeld bestimmt. D.h., HelferInnen haben nicht nur eine medizinische und psychologische Diagnostik vorzunehmen oder sich diese liefern zu lassen. Darüber hinaus muss eine gründliche Situationsbetrachtung der jeweiligen sozialen, familiären, individuellen und beruflichen Lage der Betroffenen vorgenommen und eruiert werden, über welche sozialen Netzwerke und Kontakte sie verfügen.
- *Positive Bewältigung von Einsamkeit und Isolation.* Für die Mehrheit der Betroffenen ist die bestehende soziale Isolation nicht nur im Hinblick auf ihre Familien und Freunde, sondern mitunter auch durch die gesellschaftliche Reaktion auf sie eines ihrer größten Probleme. Dementsprechend müssen die Betroffenen unter Berücksichtigung ihrer persönlichen und sozialen Ressourcen Unterstützung bei der Aufnahme, dem Aufbau und der Gestaltung sozialer Kontakte und Beziehungen erhalten. Dies kann durch Motivation zur Kontaktaufnahme und das Trainieren von Umgangs- und Kommunikationsformen erreicht werden; z.B. durch das Erlernen beziehungsweise

Trainieren: von Kommunikationsregeln, um befriedigend miteinander zu kommunizieren (den anderen ausreden lassen, genau zuhören, auf seine Äußerungen eingehen); seine eigenen Bedürfnisse zu äußern und ebenso die Bedürfnisse des anderen zu respektieren sowie mit Kritik und Misserfolg umzugehen.

- *Bewältigung von Alltagssituationen.* Im weitesten Sinn ist damit die Hilfe zur Selbsthilfe unter Einbeziehung der persönlichen und sozialen Ressourcen der Betroffenen angesprochen. Hierbei geht es um die Entwicklung, Stabilisierung und den Ausbau der Fähigkeiten zur Selbstorganisation und Selbstversorgung (Behördenkontakte, Haushaltsführung, Finanzen etc.). Dieser Bereich umfasst nicht nur die Arbeit in Einrichtungen der Suchtkrankenhilfe, sondern beinhaltet *auch* die aufsuchende Arbeit, d.h., die Betroffenen an den Orten aufzusuchen, wo sie leben und Hilfestellungen benötigen (z.B. in deren Wohnungen). Zudem ist hierbei besonderes Augenmerk auf die Entwicklung einer aktiven und selbstständigen Freizeitgestaltung zu richten. Hierbei können auch fachkundige Informationen und Aufklärung zu bestimmten Themenbereichen angebracht sein.
- *Gesundheitsförderung.* Ohne auf die Abstinenz als gesündeste Form des Überlebens primär abzuzielen, ist das Ziel hier die Vermittlung eines selbstverantworteten gesundheitserhaltenden oder gesundheitsfördernden Lebensstils in Form eines kontrollierten Konsums. Wie etwa die Reduzierung der Einnahmehäufigkeit und -mengen, der Rückgriff auf weniger gefährliche Suchtmittel und Konsumformen sowie das Erproben und die Verlängerung von suchtmittelfreien Perioden.
- *Drogenpädagogik und Risikomanagement.* Hiermit sind eine bewusste Auseinandersetzung mit drogenkulturellen Vorgaben und die Vermittlung von Risikomanagementstrategien gemeint, die eine eigenständige Entscheidung für eine „passende“ drogenkulturelle Praxis ermöglicht. Sie enthält zwar präventive Aspekte, nämlich dort, wo sie zur Risikominimierung anhält und konkrete Abhängigkeitsgefahr anspricht. Sie erschöpft sich aber nicht darin. Die bewusste Auseinandersetzung mit der Drogenkultur geht über die Vermeidung von Abhängigkeit oder anderen gesundheitlichen und sozialen Schädigungen hinaus und zielt auf die Entwicklung eines „passenden“ Lebensstils, d.h. darauf, die Teilhabe an allen relevanten Bereichen unserer Kultur zu ermöglichen (vgl. Lindenau und Wieland 2007).

- *Veränderungsmöglichkeiten generieren.* Ziel der Suchtkrankenhilfe kann es nicht nur sein, Veränderungsmöglichkeiten mit den Betroffenen zu erarbeiten, sondern sie muss ihr Ausprobieren durch die Betroffenen begleiten. Hierbei müssen Situationen, die der Betroffene durchlebt, durch den Helfer verstehbar gemacht werden. D.h., den Betroffenen zu der Erkenntnis zu befähigen, was in seinem Leben wichtig ist und zu vermitteln, dass auf Situationen Einfluss genommen werden kann, man ihnen nicht ohnmächtig gegenübersteht, er selbst über seine Lebensgestaltung entscheidet. In der Funktion eines Anregers, Beraters und Förderers soll der Helfer Betroffene ermutigen, ihren sozialen Alltag mit den ihnen zur Verfügung stehenden Ressourcen selbstständig zu bewältigen und ihr Leben aktiver zu gestalten.

Wie am Beispiel des sozialen Coaching deutlich wird, eröffnet sich mit diesem Ansatz ein weites Betätigungsfeld für die Suchtkrankenhilfe. Aus der Engführung des medizinisch-psychologischen Krankheitsverständnisses befreit und die soziale Dimension nutzend, kann die Suchtkrankenhilfe bisher unterversorgte Zielgruppen wesentlich besser erreichen. Darüber hinaus wird die soziale Dimension aber auch für all jene von besonderer Bedeutung, die nach einer abgeschlossen Therapie den Alltag bewältigen müssen, da die posttherapeutische Lebenssituation mitentscheidend für einen Therapieerfolg ist (vgl. Schwoon 1996, S. 146).

SCHLUSSFOLGERUNGEN

Die Fokussierung auf die sozialen Bereiche hätte naturgemäß Auswirkungen auf das Selbstverständnis der Suchtkrankenhilfe. Klinische Sozialarbeit tritt damit in Konkurrenz zu den etablierten Angeboten der Medizin und Psychologie. Das impliziert jedoch keineswegs, dass sie diese Angebote verdrängen will. Im Gegenteil, Klinische Sozialarbeit ist kooperativ und interdisziplinär ausgerichtet, da sie ebenso wenig einen Königsweg darstellt, wie die anderen Professionen. Vielmehr geht es hierbei um eine Gleichberechtigung aller beteiligten Professionen, um eine echte interdisziplinäre und integrierte Gesundheitsversorgung mit dem Ziel, Sozialarbeit nicht nur als „Zubringer“ für die anderen Professionen zu betrachten, die erst dann gefragt ist, wenn die Künste der anderen Professionen ausgereizt sind oder versagt haben. Damit wird die

Frage virulent, inwieweit die Ziele der medizinisch-therapeutischen Behandlung mit den Zielen der Sozialen Arbeit auf einen Nenner gebracht werden können. Ganz konkret: Worauf zum Beispiel wird im Einzelfall der Schwerpunkt liegen: auf Akzeptanz, Linderung, Bewältigung oder Heilung einer Suchtproblematik? Zudem: Wie kann die Zusammenarbeit mit ÄrztInnen und PsychologInnen gestaltet werden, wie erreicht man Akzeptanz, Arbeitsteilung und Kooperation auf einer gleichberechtigten Grundlage? Wie können Leistungsträger überzeugt werden, um einen Nutzen in der hier beschrieben Form zu finden und die Leistungen anzuerkennen und zu finanzieren?

Indem die Sozialarbeit ihre Kernkompetenzen stärkt und die inhaltliche Ausgestaltung ihrer Aufgabenbereiche durch die Fremdidentität anderer Professionen nicht länger akzeptiert, kann sie ihr Profil schärfen. Dies könnte nicht nur helfen, die Sozialarbeit gegenüber anderen Professionen in der Suchtkrankenhilfe abzugrenzen, sondern sie damit – durch die Beschreibung und inhaltliche Ausgestaltung eigenständiger, von anderen Professionen nicht leistbarer Aufgaben – auch attraktiver für andere Professionen und Leistungsträger als Kooperationspartner machen. Denn viele der oben beschriebenen notwendigen Hilfestellungen für die Betroffenen bilden genuine Arbeitsfelder der Sozialen Arbeit und sind mithilfe der klassischen Rehabilitation nicht zu leisten. Durch die Fokussierung auf diese Bereiche könnten bspw. die klassischen „Drehtüreffekte" und teure Notfalleinsätze für die Betroffenen reduziert werden. Es darf vermutet werden, dass die daraus resultierende Kostenersparnis attraktiv für die Leistungsträger ist. Freilich bedarf es zur Belegung des Nutzens der Absicherung durch wissenschaftliche Studien aus der sozialarbeiterischen Praxis, die insbesondere durch Kooperationsprojekte der Praxis mit den Hochschulen für Soziale Arbeit geleistet werden könnten.

Kann dieser Artikel dazu beitragen, eine Diskussion über die Ausrichtung der Suchtkrankenhilfe und die Positionierung der Klinischen Sozialarbeit anzuregen, ist sein Auftrag erfüllt.

LITERATUR

Albert, M.: Soziale Arbeit im Wandel. Professionelle Identität zwischen Ökonomisierung und ethischer Verantwortung. Wiesbaden, Verlag für Sozialwissenschaften; (2006)

Appel, C.: Frauen, Alkohol, Gesellschaft. Zur Relevanz und Aktualität der amerikanischen Temperenzbewegung. Freiburg i.Br.; Lambertus Verlag, (1991)

Baer, U.: Sozialtherapie tut Not. In: Zeitschrift für Theorie und Praxis der Sozialtherapie, Heft 17;(1997), S. 46–53

Bengel, J.: Was erhält Menschen gesund? Antonovskys Modell der Salutogenese – Diskussionsstand und Stellenwert. (Forschung und Praxis der Gesundheitsförderung, Bd. 6), 7.erw. Neuaufl., Bundeszentrale für gesundheitliche Aufklärung, Köln; (2002)

Berger, H.; Legnaro, A.; Reuband, K.-H.: Alkoholkonsum als soziales Problem: Zur soziologischen Analyse gesellschaftlicher Zuschreibungsprozesse. In: diess. (Hg.): Alkoholkonsum und Alkoholabhängigkeit, Stuttgart, Verlag W. Kohlhammer; (1980), S. 9–14

Buber, M.: Ich und Du, in: ders.: Werke, Erster Band: Schriften zur Philosophie. Heidelberg, Verlag Lambert Schneider; (1962), S. 77–170

Geißler-Piltz, B.; Mühlum, A. ; Pauls, H.: Klinische Sozialarbeit. München, Ernst Reinhardt Verlag; (2005)

Hagenhoff, R.; Lang, W.: Stabilisierung der Alkoholabstinenz: Fallbeispiele aus einer Therapiegruppe. In: Berger, H.; Legnaro, A.; Reuband, K.-H. (Hg.): Alkoholkonsum und Alkoholabhängigkeit. Stuttgart, Verlag W. Kohlhammer; (1980), S.170–182

Huss, M.: Chronische Alkoholskrankheit oder Alkoholismus chronicus. Ein Beitrag zur Kentniss der Vergiftungskrankheiten, nach eigener und anderer Erfahrung. Stockholm, Leipzig, Fritze; (1852)

Levine, H. G.: Die Entdeckung der Sucht – Wandel der Vorstellungen über Trunkenheit in Nordamerika. In: Völker, G.; von Welck, K. (Hg.): Rausch und Realität, Bd. 1. Reinbek bei Hamburg, Rowohlt Verlag; (1982a), S. 212–224

Levine, H. G.: Mäßigkeitsbewegung und Prohibition in den USA. In: Völker, G.; von Welck, K. (Hg.): Rausch und Realität, Bd. 1. Reinbek bei Hamburg, Rowohlt Verlag; (1982b), S. 241–251

Lindenau, M.; Wieland, N.: Drogenkonsum und Drogenabhängigkeit. In: Ringler, D. (Hg.): „Handlungsfelder in der Jugendhilfe“. Hohengehren, Schneider Verlag; (2007), im Druck

Lüssi, P.: Systemische Sozialarbeit. Praktisches Lehrbuch der Sozialberatung. 5. Aufl., Bern, Verlag Paul Haupt; (2001)

Luther, M.: D. Martin Luthers Werke. Kritische Gesamtausgabe (Weimarer Ausgabe), Bd. 51. Predigten 1545/46; Auslegung des 23. und 101. Psalms; Schriften 1540/41; Sprichwörtersammlung, Weimar, Böhlau Verlag (1914), S. 257

Olk, T.: Abschied vom Experten. Sozialarbeit auf dem Weg zu einer alternativen Professionalität. Weinheim, Juventa Verlag; (1986)

Olm, P.: Soziale Therapie in der Suchtkrankenhilfe. Gegenwärtige Situation – Erfolgreiche Modelle –Perspektiven. Kassel, Kassel University Press; (2004).

Ortmann, K.; Schaub, H.-A.: Klinische Sozialarbeit – eine kritische Einschätzung. In: Theorie und Praxis der Sozialen Arbeit, Heft 1, 53. Jg., (2002), S. 66–72

Rosenhagen, G.: Sozialarbeit in der Suchtkrankenhilfe. In: Ortmann, K.; Waller, H. (Hg.): Gesundheitsbezogene Sozialarbeit. Eine Erkundung der Praxisfelder. Hohengehren, Schneider-Verlag; (2005) S. 76–87

Schmidt, L.: Alkoholkrankheit und Alkoholmißbrauch: Definition – Ursachen – Folgen – Behandlung – Prävention. 2. Aufl., Stuttgart, Verlag W. Kohlhammer; (1988)

Schwoon, D. R.: Der Einfluß prätherapeutischer, posttherapeutischer und interventionsspezifischer Variablen auf das Therapieergebnis bei Alkoholkranken, in: Krausz, M.; Haasen, C. (Hg.): Langzeitperspektiven süchtigen Verhaltens. Freiburg i.Br., Lambertus-Verlag; (1996) S. 126–150

Seneca, L. A.: Philosophie Schriften. Bd. IV: Briefe an Lucilius II (Brief 82–124). Leipzig, F. Meiner Verlag; (1924), S. 9–27

Vogt, I.; Scheerer, S.: Drogen und Drogenpolitik. In Scheerer, S.; Vogt, I. (Hg.): Drogen und Drogenpolitik. Ein Handbuch. Frankfurt a.M./ New York, Campus Verlag; (1989), S. 5–50

Wienberg, G.: Die vergessene Mehrheit heute – Teil II: Zur Situation der traditionellen Suchtkrankenhilfe. In: Wienberg, G.; Driessen, M. (Hg.): Auf dem Weg zur vergessenen Mehrheit. Innovative Konzepte für die Versorgung von Menschen mit Alkoholproblemen. Bonn, Psychiatrie-Verlag; (2001), S. 42–52

Zurhorst, G.: Soziale Benachteiligung und psychosoziale Gesundheit. In: Klinische Sozialarbeit. Zeitschrift für psychosoziale Praxis und Forschung, Heft 1, 1. Jg.; (2005), S. 4–6

Klinische Sozialarbeit und Sozialpsychiatrie

Ralf-Bruno Zimmermann

EINLEITUNG

Über das Arbeitsfeld Sozialpsychiatrie und die dortigen Herausforderungen an eine professionelle Arbeit mit Betroffenen psychischer Erkrankung und deren Angehörigen existiert eine kaum zu überblickende Fülle an Publikationen und Periodika. Das gilt sowohl für theoretisch-konzeptionelle (Finzen et al. 1995, Ciompi 1998) wie für – teils sehr pragmatische – methodische Aspekte (Wienberg 1997). Zum speziellen Ansatz der Sozialarbeit in diesem Bereich finden sich dagegen nur eine überschaubare Reihe von Monographien, Sammelbänden und Einzelartikel (Clausen et al. 1996, Bosshard et al. 1999, Blanke 1995; Dörr 2005). Zu der Frage aber, ob und wie die *Klinische* Sozialarbeit in diesem quantitativ wie qualitativ so bedeutungsvollen Arbeitsfeld ansetzen kann, ist der wissenschaftliche und berufspolitische Diskurs als noch mager zu bezeichnen, hier ist es Crefeld zu verdanken, der einige Markierungen gesetzt hat (Crefeld 2002 und 2001).
Wenn über die Möglichkeiten einer Klinischen Sozialarbeit in der Sozialpsychiatrie nachgedacht werden soll, so fällt auf, dass dieses Arbeitsfeld für die (Klinische) Sozialarbeit – wie kaum ein anderes – durch einige Besonderheiten geprägt ist, denen in einem kurzen Artikel kaum beizukommen ist. Allein die Beschreibung des Arbeitsfeldes und der dort beratenen, behandelten und begleiteten Menschen benötigt naturgemäß einen angemessenen Raum, der den Rahmen dieses Beitrages bereits sprengen würde. Deshalb wird hier ein anderer Weg genommen, indem zunächst einige Besonderheiten und aktuelle Herausforderungen des Arbeitsfeldes aufgeführt werden, um dann ein grundsätzliches Profil angemessenen professionellen Handelns zu entwerfen. Dieses soll in einem letzten Schritt dahingehend überprüft werden, ob die Klinische Sozialarbeit beziehungsweise Klinische SozialarbeiterInnen die genannten Anforderungen erfüllen können.
Zur Beschreibung des Feldes und der Adressaten sozialpsychiatrischer Arbeit sei auf die einschlägige Literatur verwiesen (s.o. und geraffter Überblick in Zimmermann 2005a).

EINIGE BESONDERHEITEN UND AKTUELLE HERAUSFORDERUNGEN DES FELDES

Entgegen der häufig verwendeten Begriffe *Gemeindepsychiatrie* beziehungsweise *gemeindenahe Psychiatrie* wird hier bewusst der Begriff der *Sozialpsychiatrie* verwendet, weil eine zeitgemäße Psychiatrie meiner Auffassung nach theoretisch und methodisch – neben vielen möglichen anderen – immer zwingend eine ausgewiesene *soziale* Perspektive auf die Phänomene der Entstehung, des Verlaufs und der Folgen psychischer Erkrankung für die Betroffenen und ihr soziales Umfeld werfen und einnehmen muss. Aus dieser Perspektive heraus werden dann psychisch kranke Menschen im Zuge der Hilfeleistungen natürlich nicht aus ihren sozialen Bindungen, ihren Lebensorten und -bezügen entwurzelt und deshalb immer auch *gemeindenah* und dort vernetzt beraten und behandelt. Umgekehrt muss eine gemeindenahe Psychiatrie nicht zwingend den genannten sozialen Schwerpunkt haben, nur weil ihre Hilfsangebote geographisch *gemeindenah* organisiert sind.

Zu den Besonderheiten der Sozialpsychiatrie gehören unter anderem,

- dass sie in vielfältige und teils sehr verschieden ausgestaltete Institutionen und Versorgungsangebote aufgefaltet ist (etwa von der Krankenhausbehandlung bis zur niederschwelligen Beratung in Kontakt- und Beratungsstellen oder aufsuchenden Diensten);
- dass die speziellen Aufgabenprofile der Professionellen (eben auch der SozialarbeiterInnen) stark differieren, je nachdem, ob akut erkrankte oder chronisch erkrankte Menschen stationär oder ambulant behandelt werden, ob berufliche oder soziale Rehabilitation im Vordergrund steht usw.;
- dass die Arbeit mit und für psychisch kranke Menschen traditionell stark sozialpolitisch, ja tatsächlich *psychiatrie*politisch aufgeladen ist;
- dass die Haltung und die daraus abgeleiteten Behandlungsansätze dem Phänomen *psychische Erkrankung* gegenüber in den vergangenen Jahrzehnten eine Wandlung erfahren haben, die zu Recht mit dem Begriff *Psychiatriereform* bezeichnet wurde;
- dass ein großer Teil der Hilfsangebote für Betroffene psychischer Erkrankung aus steuerfinanzierten Ressourcen getragen wird (z. B. über die Eingliederungshilfe nach SGB XII);

- dass aber andererseits die Organisation und Finanzierung vieler Hilfen durch eine Zersplitterung der Kostenträgerschaft kompliziert ist, durch die die sinnvolle Komposition der Hilfen aus verschiedenen Bereichen administrativ sehr aufwendig ist;
- dass es einerseits eine (zunehmende) Rückbesinnung auf medizinisch-biologische Konstrukte zum Verständnis und zur Behandlung psychischer Störungen, andererseits aber eine starke sozial beziehungsweise psychosozial ausgelegte und begründete Beratungs- und Behand-lungsstrategie in weiten Feldern der ambulanten und komplementären Seite gibt;
- dass die aktuell beschriebene Notwendigkeit zur Neubesinnung nicht allein aus ökonomischen Zwängen heraus, sondern auch bezüglich neuer und alter fachlicher Herausforderungen resultiert (new chronic patients, Heime usw.);
- dass paradigmatische Veränderungen bezüglich der Steuerung und Ausgestaltung der Hilfen stattgefunden haben (etwa: Fallmanagement des Sozialhilfeträgers in Berlin oder Einführung des individuellen Behandlungs- und Rehabilitationsplanes) (vgl. Aktion Psychisch Kranke 2005);
- dass es eine überdurchschnittliche Publikationsaktivität gibt, die aber selten explizit eng an der Sozialarbeit ansetzt, geschweige denn, aus ihren Reihen stammt;
- dass in diesem Arbeitsfeld ein hoher quantitativer Anteil der dort tätigen Professionellen durch SozialarbeiterInnen gestellt wird;
- dass die Sozialarbeit in Teilen beziehungsweise in Personen sicher längst die qualitativen Kriterien für eine – im besten Sinne – *Klinische* Sozialarbeit erfüllt, andererseits aber erst in den letzten Jahren entsprechende Konzepte ausgearbeitet beziehungsweise fortgeschrieben wurden;
- dass eine Vielzahl an Weiterbildungsmöglichkeiten abgeboten wird, die aber kaum trennscharf einzelne Berufsgruppen different anspricht, allerdings inzwischen speziell für SozialarbeiterInnen fokussierte Masterstudiengänge entwickelt wurden (Berlin, Fulda/ Wiesbaden, Coburg, München).

Wenn jüngst über eine Krise in der Sozialpsychiatrie geschrieben wurde, so ist dies zu einem Teil vor dem Hintergrund einer in vielen Teilen

Deutschlands und vielen Bereichen der Sozialpsychiatrie gelungenen Psychiatriereform in den letzten 30 Jahren zu sehen, die zuletzt durch dramatische Haushaltsengpässe der Kommunen (und anderer Kostenträger) in Form von Mittelkürzungen konterkariert zu werden drohte. Hieraus wurden einerseits Forderungen nach gesellschaftlichen und sozialpolitischen Lösungen formuliert, wie sie etwa in den *Soltauer Impulsen* und der Debatte um sie nachzuvollziehen sind (Schernus et al. 2004 und 2007; Reumschüssel-Wienert 2005). Andererseits wird diese Situation als Herausforderung angesehen, das eigene Handeln kritisch in Frage zu stellen und neue Wege in der Sozialpsychiatrie auszuarbeiten, die unter anderem eine Überprüfung der bislang verwendeten Ressourcen hinsichtlich ihrer Effektivität und Effizienz beinhalten und aufzeigen. Hier wird etwa eine Umbesinnung in Richtung konsequenter Inklusion psychisch erkrankter Menschen ebenso diskutiert wie die verstärkte Einbindung bürgerschaftlichen, ehrenamtlichen Engagements (Regus 2006, Eikelmann et al. 2005). Überdies gibt es Teilbereiche der psychiatrischen Versorgung, die von der Psychiatriereform nicht oder kaum berührt wurden und in der jüngeren Vergangenheit verstärkt in den Fokus der Betrachtung gerückt wurden. Hierzu gehört etwa die nicht-gelingende Steuerung der Hilfen gerade für schwer und chronisch erkrankte Betroffene, für die es in Deutschland immer noch zum Teil unzureichende beziehungsweise unangemessene Hilfsangebote gibt und deshalb ihr Weg häufig in die Obdachlosigkeit oder in Heime führt (Egetmeyer et al. 2003; Manderla et al. 2007). In den vergangenen Jahren wurde mit unterschiedlichen Wortschöpfungen eine (relativ) neue Herausforderung für die Sozialpsychiatrie beschrieben: zunächst im angelsächsischen Bereich eine mit *new chronic patients*, hierzulande dann mit *neue Chroniker, Systemsprenger* oder *schwierige Klienten* bezeichnete Gruppe von Menschen, die im jungen bis mittleren Erwachsenenalter bereits schwer chronisch psychisch krank, meist mit einer zusätzlichen Suchtproblematik, dabei immer von erheblichen sozialen beziehungsweise dissozialen Problemlagen betroffen sind und bislang nicht angemessen mit den vorgehaltenen Beratungs- und Behandlungsstrukturen erreicht werden können (Ropers et al. 1999).

Schließlich ist die bereits angedeutete Rückbesinnung auf eine stärker biologisch-materialistische Perspektive innerhalb der medizinischen Psychiatrie zu attestieren, die durchaus kritisch zu sehen ist, wenn sie

sich nicht als einen Ansatz unter vielen versteht und mit den anderen korrespondieren will (Zimmermann 2005b).
Aus alledem lässt sich unter anderem ableiten, dass sich die Sozialpsychiatrie auf erreichte Standards berufen kann, sich in einigen Bereichen aber erstmals oder erneut neu ausrichten muss.
Bezogen auf die in der Sozialpsychiatrie Beschäftigten lohnt sich ein Blick auf die Implikationen für die Sozialarbeit: für unsere Fragestellung stellt sich als eine wichtige, womöglich für die Soziale Arbeit eher gefährliche, denn nützliche Dynamik heraus, dass die Sozialarbeit in den unterschiedlichsten Teilbereichen der Sozial-psychiatrie mit ihren je verschiedenen Anforderungsprofilen traditionell mit einer Reihe anderer Professionen konkurriert. In der Vergangenheit ist es ihr zwar gelungen, an verschiedenen Stellen des Versorgungssystems Fuß zu fassen, andererseits aber auch einen Profilverlust erlitten zu haben, indem nicht mehr klar erkennbar ist, was das Besondere und/oder Einzigartige in der Herangehensweise von SozialarbeiterInnen ist. Nach dem verkürzten Motto: „alle (Berufsgruppen) machen hier alles“ ist so bisweilen aus einer multidisziplinären Synergie eine disziplinäre Schwächung der Sozialarbeit entstanden, indem sie ihre eigenen Konturen zugunsten einer Annäherung an andere Professionen mit zweifelhaftem Ertrag aufgab. Selbstverständlich ist daneben auch in manchen Institutionen ein für alle (vor allem die Betroffenen) sinnstiftendes und weiterführendes transdisziplinäres Denken und Handeln elaboriert worden (Mittelstraß 2003, Balsiger 2005), äußerst vorsichtig ausgedrückt lässt sich aber eher die Tendenz ausmachen, dass die Sozialarbeit ihre fachlichen Potentiale in diesem Feld bei weitem nicht optimal Profil findend und demonstrierend einbringen konnte.

ANFORDERUNGEN AN PROFESSIONELLES HANDELN IN DER SOZIALPSYCHIATRIE

Außerordentlich vielfältig sind inzwischen die Erkenntnisse, Erklärungsansätze und Hypothesen über psychische Störungen: eindimensionale Ansätze, seien sie biologisch, philosophisch, soziologisch, psychologisch, psychoanalytisch oder (sozial) pädagogisch orientiert, können den komplexen Phänomenen nicht gerecht werden. Seit Jahren wird in

Teilen der Sozialpsychiatrie in diesem Sinne zu den genannten Wissensbeständen auch die Erfahrung der primär und sekundär Betroffenen von psychischer Erkrankung fürwahr und ernst genommen, die eine weitere Perspektive auf das Erleben, die Problemlagen und die Bedürfnisse nach Unterstützung der Betroffenen bringen (siehe hier unter anderem die Literatur zu den Psychoseseminaren: Bock et al. 1997).
Bock und andere haben vor kurzem eine in diesem Sinne bedeutungsvolle Publikation zusammengestellt, in der die Vielfalt der Blickwinkel, des Wissens und der Erfahrungen zur Sprache kommen und dadurch ein sehr differenzierter Blick auf psychisches Leiden und angemessene Hilfen geworfen wird (Bock et al. 2004). So wurde die Schlussbemerkung von den Herausgebern symbolträchtig und treffend mit *Vielfalt statt Vereinfachung* überschrieben; diese Vielfalt soll durch die Entwicklung einer *anthropologischen* Psychiatrie abgebildet werden. In diesem Kanon der Ansätze kommen neben medizinischen, biologischen, philosophischen, theologischen und soziologischen Ansätzen auch die speziellen Erfahrungen der Betroffenen und Angehörigen zur Darstellung. Multidimensionalität im theoretischen Diskurs und Multimodalität in der methodischen Komposition angemessener Hilfsangebote für Betroffene und ihr Umfeld müssen demnach aus diesen Erkenntnissen ebenso resultieren wie eine, bald mehr, bald weniger klar ausgerichtete Transdisziplinarität. Das bedeutet zugleich aber auch ein hohes Anforderungsniveau für alle professionell Tätigen in diesem Bereich, wenn sie einerseits über alle Ansätze hinreichendes Wissen *und* in ihrem speziellen Aufgabenbereich über außerordentliches Wissen und methodisches Können verfügen sollen.
Wird der Grundannahme gefolgt, dass psychische Erkrankung immer auch eine ausgeprägte soziale Komponente hat, sei es, dass diese bereits in der Ätiologie und Genese der Erkrankung verortet wird oder dass mindestens in der Folge einer psychischen Erkrankung immer in mehr oder weniger ausgeprägter Form soziale Problemlagen resultieren, so ergibt sich eine dringende Notwendigkeit, dieser Komponente im theoretischen Diskurs und im professionellen Handeln auch gerecht zu werden. Zwar wird in keinem Psychiatrielehrbuch für ÄrztInnen der soziale Bereich ausgespart, tatsächlich aber gehört dieses Wissen und Können in den Kern des theoretischen und methodischen Grundinventars der SozialarbeiterInnen. Wer anders als sie könnte in der Lage sein, die genannten

Perspektiven *hinreichend* im Sinne der Nutzung der Bezugswissenschaften zu kennen und sich *bestens* auszukennen in den sozialen Dimensionen (psychischen) Krankseins und seiner Folgen. Molitoris' Gedanken aus dem Jahre 1995 haben im Verlauf der Jahre nichts an Aktualität eingebüßt, wenn er eine veränderte Sicht auf die Bedeutung von (psychischer) Erkrankung in sozialpädagogischer Perspektive entwickelt und daraus eine „alltags- und lebensweltorientierte Sozialpädagogik" fordert. Dabei macht er deutlich, dass die individuellen Bedingungen psychischer Gesundheit und Krankheit ebenso verstanden werden müssen wie die „öffentlich akzentuierten", *bevor* sozialarbeiterisches Handeln mit einem Veränderungsansatz beginnen kann (Molitoris 1995, S. 37ff.).
Im Feld der Sozialpsychiatrie arbeitende SozialarbeiterInnen müssen also *wissen*, dass psychische Erkrankung immer mehrdimensional zu verstehen ist. Abgesehen von den Kenntnissen, die als individuumszentriert beschrieben werden können, sind hier wissenschaftliche Gesundheitsmodelle und deren empirisch-soziologisches Fundament relevant. Hierzu gehören auch die Erkenntnisse über die Zusammenhänge zwischen gesellschaftlichen Bedingungsgefügen und der Entstehung von seelischer Gesundheit und Krankheit. Die aus der relativ jungen Disziplin der Sozialarbeitswissenschaft entsprungenen Ansätze zur Klärung und Erklärung sozialer (Not)lagen bieten quasi das berufsspezifische theoretische Gerüst, von dem aus andere Perspektiven erschlossen beziehungsweise verarbeitet werden können (Klüsche 1999; Wendt 1994). Weiter müssen sie ein profundes Wissen über spezifische medizinische, psychotherapeutische und philosophische Ansätze haben. Hier sei beispielhaft genannt, dass die Erkenntnisse moderner medizinischer Psychiatrie hinsichtlich der Genese, des Verlaufs und der medizinischen Behandlungsmöglichkeiten psychischer Störungen kritisch wahrgenommen werden müssen. Dazu gehört auch eine hinreichende Kenntnis über die Behandlung mit Psychopharmaka und deren erwünschte und unerwünschte Wirkungen, weil diese Behandlungsform häufig direkte und indirekte Implikationen für die Sozialarbeit mit sich bringt. Ferner sei betont, dass eine detaillierte Kenntnis der sozialrechtlichen und sozialpolitischen Rahmenbedingungen von größter Bedeutung für ein gelingendes, sozial orientiertes Handeln in diesem Feld ist. Die Arbeit mit psychisch kranken Menschen und ihrem sozialen Umfeld wirft darüber hinaus (naturgemäß) besonders häufig komplexe ethische Probleme auf,

deshalb gehört zum theoretischen Instrumentarium professioneller Arbeit ebenso ein entsprechendes Grundwissen in diesem Bereich.

Das zu fordernde Können umfasst eine Reihe zu benennender Methoden und Kompetenzen, die hier ohne Anspruch auf Vollständigkeit aufgelistet werden:

- angemessene Anamnese erheben und (psycho)soziale Diagnostik (bzw. Assessment) durchführen können;
- professionelle Beziehungen auch unter erschwerten Bedingungen aufbauen und mit den AdressatInnen angemessen kommunizieren können;
- diverse klientenbezogene Methoden hinsichtlich ihrer Indikation einschätzen und anwenden können (Beratung, Krisenintervention, Intensivbegleitung, Milieutherapie, Empowerment, Sozialtherapie);
- mit Angehörigen arbeiten können;
- sozialraumorientierte Projekte entwickeln und steuern können;
- komplexe „Fälle“ analysieren und die Hilfen organisieren können (Case Management);
- Angebote unterschiedlicher Art und Finanzierung vernetzen können;
- auf hohem fachlichen Niveau interdisziplinär und transdisziplinär arbeiten können;
- Ehrenamtliche ausbilden und unterstützen können;
- die Arbeit dokumentieren und evaluieren können;
- sozialpolitisch Einfluss nehmen können.

Deutlich wird schnell, dass es sich um Kernkompetenzen der Sozialarbeit handelt, die jeweils in angemessener Form an die Bedarfe der AdressatInnen angepasst oder ausgearbeitet werden müssen. Allerdings zeigt sich auch hier, dass diese Bedarfe außerordentlich unterschiedlich sind, je nachdem, wer in welcher Lebenssituation und in welchem Setting mit welchem Auftrag beraten und/ oder behandelt wird. Die Fähigkeit zur Erhebung einer sozialen Anamnese und des Stellens einer soziale Diagnose, die zum Grundinventar der Sozialarbeit gehört, erlangte in den vergangenen Jahren eine zunehmende Bedeutung, indem der Fokus der sozialpsychiatrischen Arbeit mehr und mehr auf Feststellung der individuellen Bedarfe der einzelnen AdressatInnen und deren bestmöglichen Deckung gelenkt wurde (Gromann 2001). Hier kann von einer hochkomplexen Aufgabe gesprochen werden, für die entsprechend fundiertes

Wissen und Können nötig ist. Neuere Ansätze in der Begleitung auch schwer chronisch erkrankter KlientInnen, deren vielfältiger Unterstützungsbedarf eben nicht mehr entlang institutioneller Gegebenheiten gedeckt werden soll, stellen für die Sozialarbeit eine besondere Herausforderung dar. So etwa die aus der Soteriabewegung entwickelten Angebote für akut psychotische Menschen (Runte 2001; Aebi et al. 1996) oder auch Fragen einer integrierten Versorgung und des Home Treatment als intensive multidisziplinäre Betreuung schwer erkrankter Klientinnen zu Hause (Kunze und Priebe 2006; Berhe et al. 2005). Die Einführung des persönlichen Budgets stellt für Betroffene möglicherweise eine neue Chance dar, individuell angemessene und angepasste Hilfe zu bekommen, die SozialarbeiterInnen müssten die Organisation dieser Hilfe als ihre methodische Domäne reklamieren können (Niermann 2004).

WIE PASST DIE KLINISCHE SOZIALARBEIT IN DAS FELD?

In diesem Beitrag wird entlang der und Bezug nehmend auf die einschlägigen Definitionen zur Klinischen Sozialarbeit und die mit ihnen ausgeräumten Missverständnisse ein pragmatischer Zugang gewählt. Demnach kann Klinische Sozialarbeit als eine gesundheitsfördernde Fachsozialarbeit beschrieben werden, die beratende und behandelnde Methoden bündelt. Ihre Domäne liegt im Bereich der Analyse und Interpretation (psycho)sozialer Notlagen und in der Anwendung adäquater Interventionen. Sie beinhaltet psycho-soziale und lebensweltorientierte Unterstützungsleistungen für Menschen, die chronisch psychisch oder somatisch erkrankt sind, die an einer Abhängigkeitserkrankung leiden oder von Behinderung betroffen sind, die sich in Lebenskrisen befinden und von komplexen sozialen Problemlagen bedroht sind (vgl. Zimmermann und Maasmeier 2003). In diesem Sinne wirkt Klinische Sozialarbeit mit Pauls einer Verengung der Gesundheitsarbeit auf ausschließlich biologisch-somatische und psychische Aspekte entgegen, „(...) insbesondere angesichts der sich (...) ausbreitenden gesellschaftlichen Tendenz zu einer Biologisierung des Gesundheits- und Krankheitsverständnisses, ja menschlichen Erlebens und (Sozial-) Verhaltens allgemein.“ (Pauls 2001, S. 23). Auf den traditionellen Konzepten und Methoden der Sozialarbeit aufbauend wird mit der Einführung der Klinischen Sozialarbeit auch in Deutschland eine Entwicklung nachgeholt, die etwa im angelsächsischen Raum längst vollzogen wurde. Allerdings tun sich diverse Probleme auf, die inzwischen intensiv diskutiert werden (siehe hierzu u.a.: Pauls 2004 und Dörr 2002). An dieser Stelle sei ein Missverständnis ausgeräumt, das dennoch immer wieder aufscheint, wenn die theoretisch-konzeptionellen Überlegungen „auf die Praxis“ treffen: zum einen sind die Ausarbeitungen der Klinischen Sozialarbeit nicht überall (international wie national) deckungsgleich, zum anderen wird aus der Praxis – wohl zu Recht – reklamiert, dass Klinische Sozialarbeit längst in praxi stattfinde. Es geht aber darum, auch in der Sozialpsychiatrie, eine besondere Fachlichkeit zu entwickeln, die sich auf eine eigene Praxeologie stützen kann und so ein unverkennbares und unverwechselbares Profil entwickelt. Dazu gehören dann auch die Entwicklung von Standards, der Nachweis der Effektivität und Effizienz und anerkannte Aus- und Weiterbildungsmöglichkeiten in Klinischer Sozialarbeit. Diese Aspekte sind sicher noch nicht in ausreichendem Maße umgesetzt.

Betrachtet man das oben skizzierte Anforderungsprofil, so ist die Passung mit den Konzepten der Klinischen Sozialarbeit evident: Wenn nicht sie, wer dann könnte dieses Aufgabenspektrum in Kooperation mit den je eigenen Stärken der anderen beteiligten Berufsgruppen besser erfüllen? Es ist allerdings noch ein weiter Weg zu einer echten Etablierung dieser ausgearbeiteten Sozialarbeit in der Sozialpsychiatrie zu absolvieren. Gerade vor dem Hintergrund der angemerkten *Krise* des gesamten Feldes sind die Voraussetzungen andere als zu jener Zeit, als sich die Sozialarbeit in Deutschland auf den Weg machte, in der Sozialpsychiatrie Fuß zu fassen. Damals (nach 1975) konnte sie in der Aufbruchstimmung der Reformbewegung die Veränderung in der Haltung den KlientInnen gegenüber und die daraus abgeleiteten Angebotsstrukturen mit gestalten und vorantreiben und gleichzeitig ihren professionellen Fokus in Gestalt vieler Frauen und Männer in die Prägung einer neuen sozial-psychiatrischen Versorgungslandschaft einbringen. Aktuell muss eher davon ausgegangen werden, dass die Sozialarbeit im Allgemeinen sich in der Sozialpsychiatrie neu behaupten und reorganisieren muss und als Klinische Sozialarbeit in einem heftigen Verdrängungswettkampf ihre dringend notwendige Beteiligung nur wird erkämpfen können, wenn sie nachvollziehbar zeigen kann, zu welch komplexen Leistungen sie fähig ist.

Auf drei verschiedenen Ebenen könnten hier Schwerpunkte liegen:

- Im direkten Beratungs- und Behandlungskontakt mit KlientInnen könnte die Klinische Sozialarbeit sich gerade auf die so genannten *schwierigen* KlientInnen konzentrieren, die in hohem Maße von einer besonders qualifizierten und flexiblen Methodik profitieren könnten.
- In der Reorganisation der Sozialpsychiatrie, sei es in den oben genannten *vergessenen* Feldern, wie auch in jenen, deren Konstruktion überdacht werden müssen, könnte die Klinische Sozialarbeit eine herausragende Rolle spielen, indem sie über das notwendige Repertoire verfügt, über die Grenzen von einzelnen Ansätzen, Institutionen und Gepflogenheiten neue Wege zu entwickeln und einzuschlagen. Dazu kann etwa auch gehören, dass die Arbeit ehrenamtlicher HelferInnen durch sie gestärkt, organisiert und koordiniert wird. Weiter wären die Konzepte der Inklusion und der Gemeinwesenorientierung forciert auf die Belange der Sozialpsychiatrie hin zu modifizieren und einzuführen, auch dies sollte eine Domäne Klinischer Sozialarbeit sein.
- Schließlich sind Klinische SozialarbeiterInnen in der Lage, auch in der Sozialpsychiatrie Leitungsfunktionen zu übernehmen und über diese Aufgabe maßgeblich an der Ausgestaltung und Arbeitweise einzelner Teams oder Institutionen mitzuwirken. Zu diesem Bereich muss auch eine verstärkte und konsequente (sozial)politische Einflussnahme gehören, die zielgerichtet die sozialen Belange der von psychischer Erkrankung Betroffenen und ihres sozialen Umfeldes im Blick hat, zugleich aber auch die gesellschaftlichen Verwerfungen in der Lage ist zu analysieren, die psychisches Leiden wahrscheinlicher machen oder unterhalten.

Der Weg zu dem Ziel, die Klinische Sozialarbeit in der Sozial-psychiatrie zu einer starken Profession zu entwickeln, scheint eingeschlagen, allerdings sind erst die ersten Schritte absolviert. Die in Deutschland angebotenen Masterstudiengänge mit einer sozial- oder gemeindepsychiatrischen Zuspitzung sind dabei nur ein wichtiges Element. Die Vergewisserung der langjährig aktiven SozialarbeiterInnen über ihre erlernte und erarbeitete klinische Kontur gilt es ebenfalls zu stärken und mehr in den berufspolitischen, psychiatriepolitischen und fachlichen Diskurs einzuspeisen, als dies in den letzten Jahren der Fall war.

So gesehen könnte die Klinische Sozialarbeit zu einer neu ausgerichteten Leitprofession in der Sozialpsychiatrie werden.

SCHLUSSBEMERKUNG

Der grundsätzliche Webfehler dieses Beitrages könnte sein, dass ein Arzt für Psychiatrie ihn geschrieben hat. Es könnte ferner sein, dass aus der Perspektive eines an einer Hochschule für Sozialwesen Lehrenden manche Aspekte der Praxis allzu sehr im subjektiven Hochschullichte erscheinen. Schließlich könnte die feste Überzeugung des Autors über die Notwendigkeit einer Entwicklung der Klinischen Sozialarbeit in der Sozialpsychiatrie zu dem Ergebnis geführt haben, dass im Sinne eines Kreisschlusses am Ende logischerweise ein *Plädoyer für die Klinische Sozialarbeit* resultieren musste.
Wenn aber die Entwicklungen in der bundesdeutschen Sozialarbeitslandschaft – namentlich in der Sozialpsychiatrie – hier nicht ganz falsch eingeschätzt werden, so könnte eine heilsame Konsequenz aus manchem Dilemma der Sozialarbeit darin bestehen, dass sie sich – etwa in diesem Bereich – erneut emanzipiert zu einer Fachsozialarbeit, deren Stimme nicht überhört werden könnte. Nur lauter zu rufen als bisher, wird dabei aber wenig fruchten. Das bereits Erreichte ausreichend zu würdigen und die Lücken zu schließen, könnte die Stimme aber unüberhörbar klar und deutlich machen.
Dann würden auch solcherlei Buchbeiträge (nur noch) von SozialarbeiterInnen verfasst. Über dieses Ergebnis einer notwendigen und aufwendigen Entwicklung würde der Autor sich freuen können.

LITERATUR

Aebi, E.; Ciompi, L.; Hansen, H.: Soteria im Gespräch. Über eine alternative Schizophreniebehandlung. Bonn, Psychiatrie- Verlag; (1996)
Aktion Psychisch Kranke (Hrsg.): Der personenzentrierte Ansatz in der psychiatrischen Versorgung. Individuelle Hilfeplanung (IBRP) und personenzentriert-integriertes Hilfesystem – Manual, Hilfeplanung, Behandlungs- und Rehabilitationspläne. Bonn, Psychiatrie-Verlag; (2005)

Ansen, H.: Neuere Handlungsansätze in der psychiatrischen Sozialpädagogik. In: Soziale Arbeit, 51. Jg., Heft 7; (2002), S. 242–250

Balsiger, P. W.: Transdisziplinarität. Systematisch- vergleichende Untersuchung disziplinenübergreifender Wissenschaftspraxis. München, Wilhelm Fink Verlag; (2005)

Berhe, T.; Puschner, B.; Kilian, R.; Becker, T.: Home treatment für psychische Erkrankungen. Der Nervenarzt; Heft 7; (2005), S. 822–831.

Blanke, U. (Hrsg.): Der Weg entsteht beim Gehen. Sozialarbeit in der Psychiatrie. Bonn, Psychiatrie-Verlag; (1995)

Bock, T.; Buck, D.; Esterer, I. (Hrsg.): Es ist normal, verschieden zu sein. Psychose-Seminar – Hilfen zum Dialog. Bonn, Psychiatrie-Verlag; (1997)

Bock, T.; Dörner, K.; Naber, D. (Hrsg.): Anstöße. Zu einer anthropologischen Psychiatrie. Bonn, Psychiatrie- Verlag; (2004)

Bosshard, M.; Ebert, U.; Lazarus, H.: Sozialarbeit und Sozialpädagogik in der Psychiatrie. Bonn, Psychiatrie- Verlag; (1999)

Ciompi, L.: Affektlogik. Über die Struktur der Psyche und ihre Entwicklung. Ein Beitrag zur Schizophrenieforschung. Stuttgart, Klett-Cotta; (1998)

Clausen, J.; Dresler, K.-D.; Eichenbrenner, I.: Soziale Arbeit im Arbeitsfeld Psychiatrie. Freiburg, Lambertus Verlag; (1996)

Crefeld, W.: Klinische Sozialarbeit als Basis psychiatrischer Sozialarbeit. In: DBSH (Hrsg.): Qualitätskonzept für die Sozialarbeit in den psychiatrischen Kliniken. Tagungsbericht. Berlin, VWB- Verlag; (2001)

Crefeld, W.: Klinische Sozialarbeit – nur des Kaisers neue Kleider? In: Dörr, M. (Hrsg.): Klinische Sozialarbeit – eine notwendige Kontroverse. Baltmannsweiler, Schneider- Verlag Hohengehren; (2002), S. 23–38

Dörr, M. (Hrsg.): Klinische Sozialarbeit – eine notwendige Kontroverse. Baltmannsweiler, Schneider- Verlag Hohengehren; (2002)

Dörr, M.: Soziale Arbeit in der Psychiatrie. München, Basel, Ernst Reinhardt Verlag; (2005)

Egetmeyer, A.; Feller, T.; Schäfer- Walkmann, S.: Die „Schwäbische Heimenquête“ des Bezirks Schwaben – Gutachten. Augsburg; (2003)

Eikelmann, B.; Richter, D.; Reker, T.: Pro und Kontra: Gemeindepsychiatrie in der Krise? Psychiatrische Praxis ,32. Jg.; (2005), S. 269–271

Finzen, A.; Hoffmann- Richter, U. (Hrsg.): Was ist Sozialpsychiatrie.

Eine Chronik. Bonn, Psychiatrie-Verlag; (1995)

Gromann, P.: Integrierte Behandlungs- und Reha-Planung. Ein Handbuch zur Umsetzung des IBPR. Bonn, Psychiatrie-Verlag; (2001)

Klüsche, W. (Hrsg.): Ein Stück weiter gedacht. Beiträge zur Theorie und Wissenschaftsentwicklung der Sozialen Arbeit. Freiburg, Lambertus Verlag; (1999)

Kunze, H.; Priebe, S.: Integrierte Versorgung – Perspektiven für die Psychiatrie und Psychotherapie. In: Psychiatrische Praxis, 33. Jg.; (2006), S. 53–55

Manderla, S.; Vock, R.; Zaumseil, M.; Zimmermann, R.-B.: Bestandsaufnahme der Steuerung der Unterbringung und der Betreuungsqualität chronisch psychisch kranker Menschen aus Berlin in Heimen. Abschlussbericht des Forschungsprojektes. Erscheint im Frühjahr 2007 im Mabuse Verlag, Frankfurt a. M.

Mittelstraß, J.: Transdisziplinarität – wissenschaftliche Zukunft und institutionelle Wirklichkeit. Konstanz, Universitätsverlag; (2003)

Molitoris, K.: Kranksein, Gesundsein – in sozialpädagogischer Perspektive. In: Blanke, U. (Hrsg.): Der Weg entsteht beim Gehen. Sozialarbeit in der Psychiatrie. Bonn; (1995), S. 31–47

Niermann, T.: Persönliche Budgets als Paradigmenwechsel für die Soziale Arbeit. In: Blätter der Wohlfahrtspflege, Heft 4; (2004), S. 123ff.

Pauls, H.: Anmerkungen zu Kompetenzen und Ausbildung in Klinischer Sozialarbeit. In: Forum SOZIAL, Heft 2; (2001), S. 23–25

Pauls, H.: Klinische Sozialarbeit. Grundlagen und Methoden psychosozialer Behandlung. Weinheim, München, Juventa Verlag; (2004)

Regus, M.: Gegenwartsprobleme und Zukunftsanforderungen der Gemeindepsychiatrie. In: Sozialpsychiatrische Informationen, Heft 3; (2006), S. 2–6

Reumschüssel-Wienert, C.: Eine Chance vertan. Kritik an den Soltauer Impulsen, eine Polemik. In: Soziale Psychiatrie, 29. Jg., Heft 1; (2005), S. 27–28

Ropers, G.; Röhl, K.-P.; Spancken, E.: Neue chronisch Kranke – Eine Herausforderung für die Versorgung und Forschung, Forum zur psychosozialen Prävention, Therapie und Rehabilitation, Forschungsausschuss der DGSP zum Thema Sozialpsychiatrische Forschung. Abstractband, Hamburg; (1999)

Runte, I.: Begleitung höchst persönlich. Innovative milieutherapeutische Projekte für akut psychotische Menschen. Bonn, Psychiatrie-Verlag; (2001)

Schernus, R. et al.: Soltauer Impulse zu Sozialpolitik und Ethik am Beispiel psychiatrischer Arbeitsfelder. In: Soziale Psychiatrie, 28. Jg., Heft 3; (2004), S. 34–36

Schernus, R., Bremer, F.: Tyrannei des Gelingens Plädoyer gegen marktkonformes Einheitsdenken in sozialen Arbeitsfeldern. Neumünster, Die Brücke; (2007)

Wendt, W. R. (Hrsg.): Sozial und wissenschaftlich arbeiten. Status und Positionen der Sozialarbeitswissenschaft. Freiburg, Lambertus Verlag; (1994)

Wienberg, G. (Hrsg.): Schizophrenie zum Thema machen. Psychoedukative Gruppenarbeit mit schizophren und schizoaffektiv erkrankten Menschen. Bonn, Psychiatrie-Verlag; (1997)

Zimmermann, R.-B.; Maasmeier, S.: Masterstudiengang Klinische Sozialarbeit. Anmerkungen zu einer notwendigen Entwicklung. In: Soziale Arbeit, Heft 6; (2003), S. 207–214

Zimmermann, R.-B.: Sozialarbeit in der Sozialpsychiatrie. In: Ortmann, K.; Waller, H.: Gesundheitsbezogene Sozialarbeit. Eine Erkundung der Praxisfelder. Baltmannsweiler, Schneider- Verlag Hohengehren; (2005a), S. 63–75

Zimmermann, R.-B.: Sorgenvolle Anmerkungen zur Entwicklung der Gemeindepsychiatrie und die Folgen für die Forschung. Gemeindepsychologie Rundbrief, Band 11, Möglichkeitsräume – Zur professionellen Biographie des engagierten Psychologen Jarg Bergold; (2005b), S. 46– 52

Klinische Sozialarbeit: Auf dem richtigen Weg?

Michael T. Wright

Mein Verhältnis zur Diskussion um die weitere Professionalisierung der gesundheitsbezogenen Sozialen Arbeit in Deutschland ist vielschichtig.

Ich bin US-Amerikaner und war die ersten zehn Jahre meines Berufslebens als Sozialarbeiter in niedrigschwelligen sozialen Einrichtungen tätig. Die ersten drei Jahre arbeitete ich in einem Obdachlosen-Projekt mit lediglich einem Bachelorabschluss in Theologie als theoretischem und methodischem Hintergrund. Auf der Grundlage dieser Erfahrung entschloss ich mich, ein Masterstudium in Klinischer Sozialarbeit mit dem Schwerpunkt „Psychotherapeutische Praxis" zu absolvieren. Bis zu meinem Umzug nach Deutschland war ich in der Gemeindepsychiatrie als Psychotherapeut und Projektleiter beschäftigt. Hierzulande setzte ich meine Arbeit zu Gesundheitsthemen mit einem Schwerpunkt auf HIV/Aids fort. Zunehmend interessierte ich mich für das Fach Public Health, von dem ich mir zusätzliche analytische Kompetenzen und einen erweiterten theoretischen Rahmen für die Konzeptualisierung und Linderung von Gesundheitsproblemen versprach. Nach meinem Masterabschluss in Public Health (auch in den USA) entschied ich mich für die Auswanderung nach Deutschland, wo ich zu einem Public Health-Thema promovierte (Evaluation der primärpräventiven Arbeit der AIDS-Hilfen). Seit einigen Jahren arbeite ich nur in der Forschung, allerdings in enger Zusammenarbeit mit Praxiseinrichtungen. Nach deutschem Verständnis bin ich ausschließlich Gesundheitswissenschaftler, da hier „Sozialarbeiter" allein Personen bezeichnet, die in der Praxis tätig sind. Auf Amerikanisch bin ich alles gleichzeitig – *public health professional*, *researcher*, *clinical social worker* – und dies ist von Vorteil. Meine Identifikation mit der Praxis wird durch meine wissenschaftlichen Tätigkeiten nicht gemindert; ich bin sozusagen ein Sozialarbeiter, der forscht.

Dieser für deutsche Verhältnisse unübliche Werdegang bedeutet, dass ich vielfältige Perspektiven zum Thema Klinische Sozialarbeit einnehmen kann, die sich in die hiesige Diskussion nicht einfach einordnen lassen.

In diesem Aufsatz werde ich versuchen, diese Perspektiven – als Gesundheitswissenschaftler, Forscher und Klinischer Sozialarbeiter – zu verdeutlichen und im Rahmen dessen meine kritische Haltung zur Professionalisierung der Sozialen Arbeit in Deutschland zu begründen. Diese Kritik hat nicht zuletzt mit gesundheits- und sozialpolitischen Überlegungen zu tun, die sich auf aktuelle und historische Entwicklungen in den USA und der BRD beziehen.

DIE ZUNEHMENDE BEDEUTUNG SOZIALER FAKTOREN IN DER GESTALTUNG DES GESUNDHEITSWESENS

Als Gesundheitswissenschaftler muss ich feststellen, dass in den letzten zwanzig Jahren die sozialen und politischen Dimensionen von Gesundheit immer stärker thematisiert werden.

Ausgehend von der Ottawa-Charta der WHO (1986) wurde die herkömmliche biomedizinische Auffassung durch ein umfangreiches Verständnis von Krankheitsursachen und -bekämpfungsmöglichkeiten allmählich erweitert. Während sich die Medizin auf biologisch erklärbare, klinisch messbare Kriterien für die Bestimmung des Gesundheitszustandes beschränkt, wird in der Ottawa-Charta darauf hingewiesen, dass pathogene Prozesse unter dem Einfluss von Faktoren wie Wohlstand, Bildungsniveau, politischer Teilhabe und sozialer Integration behindert oder begünstigt werden. Daher bedeutet Gesundheit aus Sicht der Weltgesundheitsorganisation ein körperliches und psychisches Wohlbefinden, das sich nur bedingt durch klinische Indikatoren abbilden lässt. Aus dieser Definition heraus wird konsequent geschlussfolgert, dass medizinische Maßnahmen durch sozial und politisch gerichtete Aktivitäten ergänzt werden müssen, um die Gesundheit der Bevölkerung zu erhalten beziehungsweise herzustellen. Dabei wird unter anderem ein Schwerpunkt auf Bürgerengagement gelegt, vor allem durch die Eigenbeteiligung sozial schwacher Bevölkerungsgruppen, um krankmachende Lebensumstände zu beseitigen und dadurch die Gesundheitschancen für alle zu erhöhen.

In den zwanzig Jahren seit dem Bestehen der Ottawa-Charta hat sich eine breit gefächerte Diskussion über soziale und politische Aspekte der

Entstehung von Gesundheitsproblemen sowie über deren Bekämpfung entfaltet. Die sozialen Determinanten von Gesundheit rücken in Deutschland und international immer stärker in den Mittelpunkt der Debatte über die Zukunft des Gesundheitswesens. Umfangreiche Analysen zeigen eindeutig, dass sozial benachteiligte Bevölkerungsgruppen überproportional von Krankheit betroffen sind und deshalb auch den größten Bedarf an Leistungen des jeweiligen Gesundheitssystems aufweisen (vgl. Wilkinson und Marmot 2003; Mielck und Bloomfield 2001). Die negativen Effekte einer niedrigen sozialen Schichtzugehörigkeit wurden für eine große Anzahl an Krankheiten in vielen unterschiedlichen Kulturen empirisch belegt, so dass soziale Benachteiligung als *fundamentale Ursache* von Krankheiten bezeichnet werden kann (Link und Phelan 1995). Die Gründe hierfür – obwohl vielfältig und komplex – lassen sich auf zwei wesentliche Auslöser zurückführen: Armut und soziale Ungleichheit. Dementsprechend wird eine erfolgreiche Gesundheitspolitik dadurch gekennzeichnet, dass nicht nur Gesundheitsprobleme im engeren Sinne, sondern auch die Ursachen und die Konsequenzen von Armut und sozialer Ungleichheit bekämpft werden müssen (Mackenbach und Bakker 2002; Rosenbrock und Geene 2000). In diesem Zusammenhang unterscheidet Rosenbrock (2004) zwischen einer *expliziten* und einer *impliziten* Gesundheitspolitik. Während sich die explizite Gesundheitspolitik im Rahmen der Strukturen des Gesundheitswesens mit der Bekämpfung unmittelbarer Krankheitsursachen z.B. durch Impfungen gegen bestimmte Erreger oder durch Kampagnen gegen gesundheitsschädliche Verhaltensweisen beschäftigt, umfasst die implizite Gesundheitspolitik die Aspekte der Arbeits-, Bildungs- und Sozialpolitik, die mittelbaren Krankheitsursachen durch Armutsbekämpfung und die Minimierung sozialer Ungleichheit entgegenwirken. In Übereinstimmung mit der Weltgesundheitsorganisation argumentiert Rosenbrock, dass nicht nur die explizite, sondern auch die implizite Gesundheitspolitik gelingen muss, um eine nachweisbare und nachhaltige Verbesserung der Gesundheit der Gesamtbevölkerung zu erreichen.

Zunehmend schlägt sich das neue Bewusstsein über den Einfluss sozialer Determinanten auf Gesundheit in neuen Strukturen und breit angelegten Strategien nieder, die bisher allerdings in erster Linie im Bereich der expliziten Gesundheitspolitik realisiert werden. Auf internationaler Ebene wurde beispielsweise im Jahre 2005 von der Weltgesundheitsorganisation eine neue Kommission „Soziale Determinanten von Gesundheit" ins Leben gerufen, um sowohl wissenschaftliche Befunde zur Wirkung sozialer Determinanten als auch konkrete Erfahrungen aus deren Berücksichtigung in der Entwicklung nationaler Maßnahmen zusammenzutragen und auszuwerten. In Deutschland treffen sich seit 1995 Fachleute aus der ganzen Bundesrepublik auf dem alljährlichen Kongress „Armut und Gesundheit", um Ergebnisse aus Forschung und Praxis auf diesem Gebiet zu diskutieren – inzwischen einer der größten nationalen Kongresse zum Thema Gesundheit. Im Rahmen der Gesetzgebung zu Festigung und Ausbau der Primärprävention (die Bestimmung zur Primärprävention als Leistung der gesetzlichen Krankenkassen unter § 20 SGB V und im Entwurf des vorerst gescheiterten Präventionsgesetzes) sollen schwerpunktmäßig sozial Benachteiligte durch lebensweltorientierte Interventionen angesprochen werden. Eine bundesweite Koordinierungsstruktur zur Realisierung dieses Ansatzes wird zurzeit aufgebaut (Kilian et al. 2004). Auch das im Jahre 2001 in Kraft getretene Infektionsschutzgesetz setzt einen besonderen Schwerpunkt auf Prävention und Behandlung sexuell übertragbarer Krankheiten und Tuberkulose bei besonders benachteiligten Bevölkerungsgruppen – und dies vor allem durch aufsuchende Angebote (s. § 19).

Parallel zur politischen und wissenschaftlichen Diskussion über soziale Determinanten von Gesundheit läuft in Praxiskreisen die theoretische und methodische Auseinandersetzung über die Gestaltung von Strukturen und Angeboten des Gesundheitswesens, um sozial benachteiligte Bevölkerungsgruppen besser erreichen zu können. Diese Auseinandersetzung hat ihren Ursprung in den Bestrebungen der 1960er Jahre, deren Ziel es war, die Position der BürgerInnnen gegenüber den Einrichtungen des Sozial- und Gesundheitswesens zu stärken. Vormundschaft und Bürokratie sollten durch Selbstbestimmung und eine stärkere BürgerInnenbeteiligung abgelöst werden. In der Sozialen Arbeit wurden in vielen Ländern neue Arbeitsweisen erprobt, die die Lebenswelt der Hilfebedürftigen in den Mittelpunkt stellen. Dadurch wurden die ersten Schritte von „Kommstrukturen" in Richtung „Gehstrukturen" für die am stärksten von der Gesellschaft ausgegrenzten Gruppen getan. Gemeinwesenarbeit und diverse Formen der aufsuchenden Arbeit wurden entwickel (vgl. Hering und Münchmeier 2000).

DER BEDARF DER PRAXIS AN WEITERQUALIFIZIERUNG

Als Forscher muss ich feststellen, dass der Bedarf an Weiterqualifizierung in der Entwicklung und Durchführung von Interventionen im Praxisfeld der Gesundheitsförderung und Prävention sehr ausgeprägt ist.

In zwei Forschungsprojekten arbeiten wir zurzeit mit der Deutschen AIDS-Hilfe (Förderung durch die Bundeszentrale für gesundheitliche Aufklärung im Auftrag des Bundesministeriums für Gesundheit) und Gesundheit Berlin e.V. (Förderung durch das Bundesministerium für Bildung und Forschung) zusammen, um nach einem partizipativen Ansatz, Strukturen auf Bundesebene zur Förderung der Qualitätssicherung und Evaluation im Bereich der Gesundheitsförderung und Primärprävention vor allem bei sozial benachteiligten Bevölkerungsgruppen aufzubauen. Das Ziel der Partizipativen Qualitätsentwicklung ist es, Projekte zu befähigen, in einer gleichberechtigten Zusammenarbeit zwischen Zielgruppe, Geldgeber und Wissenschaft kontinuierlich relevante Daten über ihre eigene Arbeit zu erheben und als Grundlage für die ständige Verbesserung der geleisteten Maßnahmen einzusetzen (für eine ausführliche Beschreibung der Partizipativen Qualitätsentwicklung siehe Wright 2004 und Wright 2006). Diese Projekte haben mehrere Komponenten, die erfordern, dass WissenschaftlerInnen in einen intensiven Kontakt zu PraktikerInnen an verschiedenen Orten in der Bundesrepublik treten. Aus diesen Kontakten und auf Grundlage einer im Bereich der AIDS-Hilfen durchgeführten Bedarfserhebung (Wright und Block 2005) sowie einer Untersuchung von Gesundheit Berlin e.V. (Kilian et al. 2004) wurden nicht nur das Ausmaß des Bedarfs an Weiterqualifikation vor allem zum Thema Qualitätssicherung, sondern auch die spezifischen Bereiche, in denen Unterstützung gebraucht wird, deutlich.

Zahlreiche Projekte, die Gesundheitsförderung und Primärprävention bei sozial benachteiligten Menschen leisten, arbeiten ohne professionelle Qualifikationen. Diese Projekte haben den Charakter einer Bürgerinitiative oder Selbst-Hilfe-Gruppe und werden durch ein starkes persönliches Engagement der MitarbeiterInnen gekennzeichnet. Selten arbeiten diese Projekte nach einem tragfähigen Konzept und klar definierten Methoden. In diesen Fällen ist der Bedarf nach einer Basisqualifikation in der

Beschreibung der Problemsituation vor Ort sowie in der Formulierung und Durchführung angemessener Interventionsstrategien auszuweisen.

In anderen Einrichtungen ist eine professionelle Qualifikation bei einer/m oder mehreren MitarbeiterInnen vorhanden, diese bietet jedoch keine fachlich sichere Grundlage für die zu leistende Tätigkeit. Nicht selten sind ÄrztInnen oder AkademikerInnen aus fachfremden Bereichen tätig, deren Ausbildung sie auf die Leistung primärpräventiver Arbeit in keiner Weise vorbereitet hat.

Innerhalb vieler Einrichtungen spielen MitarbeiterInnen aus sozialen Berufen – PsychologInnen, SozialarbeiterInnen und SozialpädagogInnen – die entscheidende Rolle. Diese MitarbeiterInnen weisen jedoch einen unterschiedlichen Grad an Fachkompetenz hinsichtlich Gesundheitsförderung und Primärprävention auf. Bemerkenswert ist, dass SozialarbeiterInnen die Mehrheit der Fachkräfte ausmachen, auch wenn sie nicht unbedingt leitende Stellen innehaben oder zu den am besten qualifizierten MitarbeiterInnen gehören. Es ist auch bemerkenswert, dass bestimmte Kernkompetenzen – z.B. die Fähigkeit, eine Nähe zur Zielgruppe aufzubauen, oder innovative Angebote zu konzipieren, um schwer erreichbare Zielgruppen anzusprechen – nicht unbedingt häufiger bei SozialarbeiterInnen vorzufinden sind. Bei allen Berufsgruppen gibt es einen deutlichen Bedarf nach einer Weiterqualifikation in der Erhebung und Interpretation von Daten für die Bewertung der eigenen Praxis.

Unsere ersten Erfahrungen deuten darauf hin, dass berufsunspezifische, arbeitsbereichsbezogene Qualifikationen für die Auseinandersetzung mit Qualitätsfragen in der Gestaltung von Interventionen bei sozial benachteiligten Gruppen entscheidend sind. Hervorzuheben ist ein profundes Fachwissen, das nicht in erster Linie durch die Grundausbildung, sondern durch mehrjährige Erfahrung und die Teilnahme an Fachkreisen (in vielen Fällen auch in Rahmen von Fort- und Weiterbildungen) gewonnen wird. Ebenso wichtig ist die Pflege einer Gesprächskultur, die durch MitarbeiterInnen mit (psychotherapeutischer) Beratungserfahrung stark geprägt wird und einen differenzierten Austausch auf verschiedenen Ebenen (Supervision, Fallbesprechungen, Konzeptdiskussionen) ermöglicht. Die Kombination – Fachwissen und differenzierte Gesprächskultur – schaffen einen Raum für eine intensive, fortlaufende Reflexion sowohl über die Bedürfnisse der Zielgruppe als auch über die Auswirkungen der eigenen Arbeit.

Gleichzeitig muss festgestellt werden, dass die Gesprächskultur vieler Einrichtungen, die auch durch eine Konsensorientierung und eine Haltung der Solidarität gegenüber KollegInnen gekennzeichnet ist, auch Hindernisse für die Bewertung der Arbeit darstellen können. Nach dem Motto „so etwas hätte uns allen passieren können" zeigten sich MitarbeiterInnen im Rahmen einer von uns angeleiteten Übung zur Qualitätsüberprüfung sehr solidarisch mit KollegInnen, die von ihren Fehlern berichteten. Dieses Klima der Solidarität schafft Vertrauen im Team, beschränkt jedoch das Ausüben von Kritik in Form von Meinungsverschiedenheiten über Qualität. Hier war die Gesprächsleitung bemüht, eine Atmosphäre zu schaffen, in der verschiedene Sichtweisen zu Wort kommen konnten (s. Wright und Block 2005).

DIE US-AMERIKANISCHE KLINISCHE SOZIALARBEIT: EIN VORBILD FÜR DEUTSCHLAND?

Als US-amerikanischer Klinischer Sozialarbeiter kann ich im Hinblick auf die historische Entwicklung der Sozialarbeit als Profession in den USA empfehlen, die Weiterentwicklung der gesundheitsbezogenen Sozialen Arbeit in Deutschland nicht auf die Klinische Sozialarbeit zu beschränken.

Die US-amerikanische Sozialarbeit wird von Fachleuten hier in Deutschland bewundert und von einigen als die bessere eingeschätzt. Der bedeutendste Unterschied zwischen deutschen und US-amerikanischen SozialarbeiterInnen besteht im Verständnis von Professionalität, das Auswirkungen auf alle Aspekte des Berufslebens mit sich bringt. Seit beinahe hundert Jahren wird Sozialarbeit in den USA an Universitäten gelehrt. Alle akademischen Abschlüsse bis zur Promotion werden über 600 anerkannte Studiengänge angeboten. Über 400 Fachzeitschriften werden in der nationalen wissenschaftlichen Literaturdatenbank der Sozialarbeit erfasst. Zahlreiche Spezialisierungen oder Schwerpunkte der Fachsozialarbeit sind möglich – nicht nur diverse Formen der klientenbezogenen Arbeit, sondern auch Sozialmanagement, Forschung und politische Themenfelder. Für die meisten Arbeitsbereiche existieren Leitlinien und Standards. Staatsexamen und Berufsregister kennzeichnen die verschiedenen Stufen der staatlichen Anerkennung, die auch die Abrechnung von Beratungsgesprächen über Krankenversicherungsträger ermöglicht. Die durchaus größte Gruppe von SozialarbeiterInnen in den USA sind die so genannten Klinischen SozialarbeiterInnen: Fachkräfte mit einem Masterabschluss in der Sozialarbeit, der zur Diagnostizierung und Behandlung von psychischen Störungen berechtigt. Das „Klinische" an der US-amerikanischen Klinischen Sozialarbeit ist das Psychotherapeutische. „Klinisch" im Sinne einer Fachsozialarbeit, die in medizinischen Zusammenhängen – „in der Klinik" – stattfindet ist eine Spezialisierung in der US-amerikanischen Klinischen Sozialarbeit, die unter der Rubrik „Health and Social Work" eingeordnet wird. Die meisten Klinischen SozialarbeiterInnen arbeiten in Einrichtungen, die psychotherapeutische oder psychotherapeutisch gestützte Beratung für Einzelpersonen und Familien anbieten. Immer mehr lassen sich als PsychotherapeutInnen nieder.

Dies ist zunächst sehr imponierend. Mit solchen hoch entwickelten professionellen Strukturen – mit der Absicht, direkt vergleichbar mit der Ärzte- oder der Rechtsanwaltschaft zu sein – könnte man vermuten, dass die soziale Lage der US-amerikanischen Bevölkerung im internationalen Vergleich besser sei. Aber genau das Gegenteil ist der Fall: Nach diversen Maßstäben sind zahlreiche soziale Probleme in der US-amerikanischen Gesellschaft im Vergleich zu anderen industriellen Ländern deutlich ausgeprägter. Das sind die von deutschen PolitikerInnen und JournalistInnen so genannten berüchtigten „amerikanischen Verhältnisse". Wie erklärt sich dieser Widerspruch?

Die Geschichte der Sozialen Arbeit und der SozialarbeiterInnen in den USA ist durch eine andauernde Spannung zwischen politischen Forderungen nach sozialer Gerechtigkeit einerseits und der Bestrebung nach Anerkennung als wissenschaftlich fundierte, mittelständische Profession andererseits charakterisiert. Die eine Strömung der US-amerikanischen Sozialarbeit, verwurzelt in der Arbeit mit armen EinwanderInnen (*settlement houses*), stellte gesellschaftliche Veränderungsprozesse zugunsten sozial benachteiligter Bevölkerungsschichten in den Vordergrund und beschäftigte sich dementsprechend vorwiegend mit politischen Zielen. Diese SozialarbeiterInnen waren stark mit sozialistischen und anderen antikapitalistischen Bewegungen verbündet und sind deswegen zu Opfern einer seit Ende des ersten Weltkrieges systematischen Ausgrenzung und Verfolgung nicht nur außerhalb, sondern auch innerhalb der Sozialarbeiterkreise geworden. Daran ist die Sozialarbeit – wie auch andere von sozialistischen Ideen inspirierten Bewegungen in den USA – als alternative politische Kraft gescheitert (Axinn und Levin 1992; Reisch und Andrews 2001).

Die zweite große Strömung der Sozialarbeit in den USA setzte auf die Anerkennung der Sozialarbeit als Beruf durch eine Professionalisierung nach dem Vorbild anderer angesehener Berufsgruppen. Dies ist durch eine Distanzierung von so genannten „antiamerikanischen" linken Einflüssen und eine Eingliederung in die Praxisstrukturen anderer Berufe zum großen Teil gelungen. Die Schwerpunktlegung auf die Psychotherapie als Grundlage für die Arbeit war ein entscheidender Schritt in Richtung einer zweifachen Aufwertung des Berufsstatus, zum einen durch eine stärkere Anbindung an die Medizin und zum anderen durch die Berechtigung, eine Dienstleistung anzubieten, die vor allem von der Mittelschicht in Anspruch genommen wird. Die meisten psychotherapeutischen Stunden werden heute in den USA von Klinischen SozialarbeiterInnen geleistet. Ideologisch ist der Wunsch der Sozialarbeit nach einer sozial gerechteren Gesellschaft in den USA (wie der Satzung vieler Berufsverbände und anderer Gruppierungen zu entnehmen ist) nicht verloren gegangen. Es besteht wie schon erwähnt auch noch die Möglichkeit, an einer großen Zahl von Hochschulen nicht nur den klinisch-psychotherapeutischen, sondern auch politische beziehungsweise gemeinwesensorientierte Schwerpunkte zu verfolgen. Die große Mehrheit der Studierenden entscheidet sich jedoch, Klinische SozialarbeiterInnen zu werden und verspricht sich dadurch eine höhere Bezahlung, eine größere Stellenauswahl und einen höheren beruflichen Status. Klinische SozialarbeiterInnen sind in vielen Praxiszusammenhängen kaum von anderen PsychotherapeutInnen zu unterscheiden; viele bezeichnen sich sogar nach ihrer therapeutischen Tätigkeit ohne Bezug auf das Wort Sozialarbeit.

Diese einmalige berufliche Entwicklung der Sozialarbeit in den USA ist eine Widerspiegelung der im Folgenden aufgeführten Besonderheiten der

US-amerikanischen Gesellschaft im Umgang mit sozialen Problemen, die stark mit dem US-amerikanischen Kapitalismus zusammenhängen:

- die Lokalisierung der Ursachen von sozialen Problemen auf der Ebene der Einzelperson beziehungsweise der Familie,
- ein Sozialwesen, in dem private Einrichtungen und dementsprechend privates Kapital eine zentrale Rolle spielen,
- eine aktive, zeitweise staatlich geförderte Verfolgung von sozialistischen und anderen kapitalismuskritischen Bewegungen (z.B. der Arbeiterbewegung) und
- keine verfassungsrechtliche Verankerung sozialstaatlicher Strukturen.

Unkritisch betrachtet könnte man sagen, dass die US-amerikanischen SozialarbeiterInnen das Beste aus einer sehr schwierigen politischen Lage gemacht haben. Ohne jegliche Möglichkeit, die nötigen strukturellen Reformen durchzusetzen, ist es ihnen zumindest gelungen, mit den vorhandenen Mitteln qualitativ hochwertige Leistungen für Hilfebedürftige zu organisieren. Kritisch betrachtet kann die professionelle Entwicklung der Sozialarbeit als Anpassung an die vorhandenen Machtstrukturen beurteilt werden, was letztendlich einer Kapitulation hinsichtlich der Veränderung dieser Strukturen gleichkommt. In einer Gesellschaft, in der soziale Probleme nicht als solche, sondern als Probleme von Einzelpersonen gesehen werden, privates Kapital den Erhalt vieler sozialer Einrichtungen erst ermöglicht und gesellschaftskritische Positionen verpönt sind, bietet die Psychotherapie den richtigen Ansatz für Hilfeleistungen. Psychotherapie lässt sich gut als Dienstleistung organisieren und verkaufen, erkennt und behandelt Probleme auf der individuellen Ebene und erhebt keinen politischen Anspruch.

Der europäische Sozialstaat ist aus einer anderen Tradition entstanden und verkörpert dementsprechend eine andere Grundhaltung:

- Soziale Probleme werden in erster Linie als Folgen gesellschaftlicher Ausgrenzungsprozesse und Fehlentwicklungen verstanden.
- Das Sozialwesen liegt in erster Linie in der Verantwortung des Staates.
- Sinn und Zweck sozialpolitischer Maßnahmen ist es, Problemen entgegenzuwirken, die durch eine kapitalistische Marktwirtschaft verursacht werden, vor allem den Ungleichheiten zwischen Arm und Reich.

- Die Herstellung der sozialen Sicherheit für alle BürgerInnen wird als Grundprinzip des modernen Staates anerkannt, wie es der deutsche Begriff „Sozialstaat" andeutet.

In einem System, in dem die soziale Sicherung vor allem durch den Staat in Kooperation mit Kirchen und Wohlfahrtsverbänden realisiert wird, war eine Professionalisierung der Sozialarbeit im US-amerikanischen Sinne weder möglich noch gewollt. Es sind nicht vorrangig die einzelnen MitarbeiterInnen oder die Berufsgruppen, sondern die umfangreichen staatlichen beziehungsweise staatlich unterstützten Strukturen, die die nötige Expertise für die Bekämpfung sozialer Probleme entwickel und weitertragen. Dementsprechend läuft die Qualitätsdiskussion in Deutschland nicht in erster Linie wie in den USA über die Berufsverbände, sondern in den Wohlfahrtsverbänden und bei anderen großen Trägern in Zusammenarbeit mit den Zuwendungsgebern. Aus dieser Sicht könnte man schlussfolgern, dass professionelle Strukturen für die Sozialarbeit wie in den USA hierzulande bisher nicht nötig gewesen sind.

Auf jeden Fall muss festgestellt werden, dass das europäische Modell – in Deutschland der Sozialstaat – soziale Probleme, auch sozialbedingte gesundheitliche Probleme, erfolgreicher bekämpft als das amerikanische. Der Grund dafür ist unumstritten: Im europäischen Sozialstaat werden soziale Probleme in erster Linie durch strukturelle Maßnahmen in vielen Bereichen (Arbeitspolitik, Bildungspolitik, Steuerpolitik, Wohnungspolitik usw.) politisch angegangen. Dadurch steht die Ursachenbekämpfung im Vordergrund. In den USA sind soziale Ausgaben wesentlich niedriger, eine soziale Absicherung im europäischen Sinne nur teilweise vorhanden, und die Lösung sozialer Probleme wird in erster Linie den betroffenen Menschen und dem privaten sozialen Sektor überlassen.

EINE WEITERQUALIFIZIERUNG JENSEITS DES „KLINISCHEN"

An dieser Stelle versuche ich die Sichtweisen des Gesundheitswissenschaftlers, des Forschers und des US-amerikanischen Klinischen Sozialarbeiters zusammenzuführen, um Perspektiven für die Weiterentwicklung der gesundheitsbezogenen Sozialen Arbeit in Deutschland zu skizzieren.

Die Notwendigkeit, soziale Fachkräfte für die zunehmend komplexen Tätigkeiten im Gesundheits- und Sozialwesen besser zu qualifizieren ist evident. Die seit Jahren erkannten Probleme in der Sozialarbeit als Profession (z.B. eine fehlende fachwissenschaftliche Grundlage und mangelnde berufsspezifische Kompetenzen und Standards) erhalten im Rahmen der Konkurrenz mit anderen zum Teil völlig neuen Berufsgruppen auf dem Feld der Gesundheitsförderung und Prävention eine neue Brisanz. In diesem Zusammenhang bekommt die langjährige Diskussion über weitere akademische Qualifizierungsmöglichkeiten für Fachkräfte des Sozial- und Gesundheitswesens einen Aufschwung – beflügelt auch durch die neuen Möglichkeiten, die sich für die Fachhochschulen aus dem Bologna-Prozess ergeben. Dies geschieht jedoch bereits ohne eine Klinische Sozialarbeit. Zahlreiche Masterstudiengänge zu diversen Gesundheitsthemen sind an Fachhochschulen und Universitäten im Angebot, die zum Teil auf sehr spezielle Praxisbereiche zugeschnitten sind und die dadurch als Aufbaustudiengänge für Berufstätige attraktiv werden. Einen entscheidenden Beitrag zu dieser Entwicklung hat die Etablierung von Public Health in Deutschland geleistet, ein international anerkannter sozialwissenschaftlich gestützter Ansatz zu Analyse und Bekämpfung von Gesundheitsproblemen (vgl. Maschewsky-Schneider 2005).

Entscheidend für die Weiterentwicklung der Gesundheitsförderung und Prävention in Deutschland ist der Aufbau einer Fachkultur, die Wissenschaftlichkeit und Methodenkompetenz gleichermaßen fördert und dadurch eine fundierte Grundlage nicht nur für die Erforschung sozialer Determinanten und deren Auswirkung auf Gesundheit, sondern auch für eine differenzierte Auseinandersetzung über praktische Interventionsmöglichkeiten bietet. Als Absolvent von Masterabschlüssen in Sozialarbeit und Public Health stimme ich mit Ortmann und Schaub (2003) überein, dass das Letztere ausschließlich in der Sozialarbeit als Fach zu finden ist. Ohne die Praxiserfahrung der Sozialarbeit kann Public Health den erwünschten Einfluss auf soziale Faktoren nicht gewährleisten. Es fehlt jedoch noch in vielen Praxisbereichen ein theoretischer und empirischer Unterbau, um die Entwicklung und Überprüfung von Maßnahmen zu unterstützen. Hierfür ist zunächst keine neue Fachsozialarbeit angefragt, sondern eine Untermauerung der bereits etablierten Kernbereiche der Praxis durch eine Praxisforschungsinfrastruktur notwendig.

Vor allem aus diesem Grund ist die weitere Akademisierung des Berufs durch die Einführung von Masterstudiengängen und die Promotion zu begrüßen; dies ist eine Voraussetzung für die wachsende Verantwortung der Selbststeuerung, die das Setzen von wissenschaftlich begründeten Praxisstandards und Leitlinien umfasst und eine ausgebaute theoretische Grundlage erfordert (vgl. Mühlum 2006).

Es ist nachvollziehbar, dass soziale Fachkräfte, die im Gesundheitswesen arbeiten (z.B. in der Gemeindepsychiatrie oder der Rehabilitation) das Bedürfnis entwickeln, ihre Position in multidisziplinären Teams durch einen höheren akademischen Abschluss zu stärken. Dies würde sogar das deutsche Wort „klinisch“ zur Bezeichnung einer fachlichen Weiterqualifikation in diesem Sinne rechtfertigen. Die ausschließliche Fokussierung auf eine solche spezialisierte Beratungs- und Behandlungstätigkeit als wegweisend für die Zukunft der gesundheitsbezogenen Sozialen Arbeit wäre jedoch aus zweierlei Hinsicht problematisch: Sie dient möglicherweise einer bestimmten politischen Argumentation, die den Abbau des sozialen Sektors befürwortet, und sie lenkt von anderen Formen der Sozialen Arbeit (z.B. Gemeinwesenarbeit, Jugendarbeit etc.) ab, bei denen nicht Beratung (auf der individuellen Ebene) sondern andere Interventionsformen (auf der kollektiven Ebene) im Vordergrund stehen. Es sind besonders diese Arbeitsformen, die in der Arbeit bei sozial Benachteiligten nach dem Setting-Ansatz notwendig sind, weil sich durch sie Ziele wie Verhältnisprävention und Empowerment am besten realisieren lassen (vgl. Rosenbrock 2004). Deshalb dürfen diese Arbeitsformen bei der Weiterqualifzierung von sozialen Fachkräften nicht vernachlässigt, sondern ebenso weiterentwickelt werden.

Bis vor kurzem bestand in Deutschland noch ein breiter Konsens über den Erhalt des Sozialstaates und über die Unantastbarkeit so grundlegender Prinzipien wie Solidarität, Umverteilung und Existenzsicherung. Das war in Zeiten, bevor die hässliche Kehrseite der Globalisierung sichtbar wurde. Seitdem werden viele Länder zunehmend mit Fragen der eigenen Identität und der eigenen Werte angesichts aus- und inländischer politischer Themen konfrontiert. Im sozialen und gesundheitlichen Bereich ist die starke Ökonomisierung sozialer Probleme, die mit einer neoliberalen Ideologie zusammenhängt, als die größte Herausforderung anzusehen. KlientInnen und PatientInnen werden zunehmend als „VerbraucherInnen“ oder „KundInnen“, soziale und gesundheitliche Einrichtungen als „AnbieterInnen“ von „Dienstleistungen“ definiert, der oberste Maßstab der Arbeit ist „Effizienz“. Das Positive an dieser Entwicklung ist die Thematisierung von bisher unterschätzten Aspekten der Qualität und der PatientInnen- beziehungsweise KlientInnenenorientierung. Das Negative ist die drohende Ausblendung der gesellschaftlichen Ursachen von sozialen Problemen zulasten der BürgerInnen, vor allem sozial benachteiligter Gruppen, die zunehmend für ihre Situation allein verantwortlich gemacht werden. Es ist kein Zufall, dass zu diesem Zeitpunkt US-amerikanische Modelle der Sozialen Arbeit zunehmend auf Interesse stoßen, ob Case Management, verkürztes Arbeitslosengeld oder – wie in diesem Fall – die Klinische Sozialarbeit. Die Geschichte der Professionalisierung der US-amerikanischen Sozialarbeit lehrt uns, dass Sozialarbeit als spezialisierte Beratungstätigkeit die politischen Aspekte sozialer Probleme am wenigsten thematisiert und sich dadurch an kapitalistische Verhältnisse am besten anpassen lässt. Auch wenn SozialarbeiterInnen in Deutschland nicht als PsychotherapeutInnen anerkannt werden (oder werden wollen), besteht die Gefahr, dass eine Weiterqualifikation in diesem Sinne ein eingeschränktes Verständnis von sozialen Problemen hervorrufen wird, bei dem personenbezogene statt gesellschaftliche Aspekte im Vordergrund stehen.

Der Trend in der internationalen Diskussion über Gesundheit führt jedoch in eine andere Richtung. Soziale und politische Faktoren werden immer stärker betont. Die altbewährten Methoden der Sozialen Arbeit sind gefragt wie nie zuvor. Um den Berufsstand der gesundheitsbezogenen Sozialen Arbeit zu sichern, ist eine Professionalisierung im US-amerikanischen Sinne nicht die Lösung, sondern eine Rückbesinnung auf die deutsche sozialstaatliche Tradition. Allerdings müssen in Deutschland wie in anderen europäischen Ländern neue Wege gefunden werden, die den gestiegenen Anforderungen an das Gesundheits- und Sozialwesen gerecht werden und zugleich das Ziel verfolgen, den Sozialstaat zu erneuern. An diesem Punkt hilft uns Amerika, das bisher die sozialen Standards von Europa noch nie erreicht hat, nur ansatzweise. Bedauerlich wäre, wenn die einzigen Masterstudiengänge, die explizit „Sozialarbeit“ im Titel hätten, sich auf das „Klinische“ im amerikanischen Sinne konzentrieren würden. Wünschenswert wäre eine Vielzahl an Schwerpunkten, die es auch ermöglichen, dass SozialarbeiterInnen sich in Fachgebieten wissenschaftlich weiterqualifizieren, bei denen Themen der Entwicklung, Steuerung und Evaluation von Strukturen des Sozialwesens im Mittelpunkt stehen, dabei jedoch die Identität als SozialarbeiterInnen erhalten und verstärkt wird.

Meine Vision für die Zukunft der Sozialarbeiterin / des Sozialarbeiters im deutschen Gesundheits- und Sozialwesen ist eine professionelle, wissenschaftlich ausgebildete Fachkraft, die nicht nur mit anderen Berufsgruppen mithalten kann, sondern auch die führende Rolle in der Gestaltung, Durchführung und Evaluation sozialer Interventionen annimmt. Professionell bedeutet ein Handeln, das durch klar formulierte ethische und fachliche Standards und Leitlinien gekennzeichnet ist. Wissenschaftlich betrachtet bedeutet dies, dass die Arbeit durch angemessene, von SozialarbeiterInnen entwickelte Verfahren systematisch überprüft wird.

Gesundheitsbezogene Soziale Arbeit als spezialisierte Beratungs- und Behandlungstätigkeit ist zu wenig.

LITERATUR

Axinn, J.; Levin, H.: Social welfare. A history of the American response to need. London, New York, Longman Publishing Group; (1992)

Hering, S.; Münchemeier, R.: Geschichte der Sozialen Arbeit. Eine Einführung. Weinheim und München, Juventa Verlag; (2000)

Kilian, H.; Geene, R.; Philippi, T.; Walter, D.: Die Praxis der Gesundheitsförderung im Setting. In: Rosenbrock, R.; Bellwinkel, M.; Schröer, A. (Hg.) Primärprävention im Kontext sozialer Ungleichheit. Bremerhaven, Wirtschaftsverlag NW; (2004), S. 151–230

Link, B. G.; Phelan, J.: Social conditions as fundamental causes of diseases. Journal of Health and Social Behavior, extra issue; (1995), S. 80–94

Mackenbach, J. P.; Bakker, M. (Hg.): Reducing inequalities in health: An European perspective. London, Routledge; (2002)

Maschewsky-Schneider, U.: Zur Situation von Public Health in Deutschland. Bundesgesundheitsblatt – Gesundheitsforschung – Gesundheitsschutz, 48; (2005), S. 1138–1144

Mielck, A.; Bloomfield, K. (Hg.): Sozialepidemiologie. Eine Einführung in die Grundlagen, Ergebnisse und Umsetzungsmöglichkeiten. Weinheim und München, Juventa Verlag; (2001)

Mühlum, A.: Sozialarbeit im Gesundheitswesen oder Gesundheitsarbeit im Sozialwesen? Professionalisierung Sozialer Arbeit auf schwierigem Terrain. In: Pundt, J. (Hg.): Professionalisierung im Gesundheitswesen. Positionen – Potenziale – Perspektiven. Bern, Verlag Hans Huber; (2006), S. 93–105

Ortmann, K.; Schaub, H.-A.: Zu den Beziehungen zwischen Sozialarbeit und Gesundheitswissenschaften. Zeitschrift für die Gesundheitswissenschaften, 11 (1); (2003), S. 80–92

Ottawa-Charta zur Gesundheitsförderung Genf, Weltgesundheitsorganisation (WHO); (1986)

Reisch, M.; Andrews, J.: The road not taken. A history of radical social work in the United States. London, New York, Brunner-Routledge; (2001)

Rosenbrock, R.; Geene, R.: Sozial bedingte Ungleichheit von Gesundheitschancen und Gesundheitspolitik. In: Geene, R.; Gold, C. (Hg.) Gesundheit für alle! Wie können arme Menschen von präventiver und kurativer Gesundheitsversorgung erreicht werden? Berlin, b_books; (2000), S. 10–26

Rosenbrock, R.: Primäre Prävention zur Verminderung sozial bedingter Ungleichheit von Gesundheitschancen – Problemskizze und ein Politikvorschlag zur Umsetzung des § 20 Abs. 1 SGB V durch die GKV. In: Rosenbrock, R.; Bellwinkel, M.; Schröer, A. (Hg.): Primprävention im Kontext sozialer Ungleichheit. Bremerhaven, NW-Verlag; (2004), S. 7–149

Wilkinson, R.; Marmot, M. (Ed.): Social determinants of health. The solid facts. Kopenhagen, WHO Europe, (2003)

Wright, M. T.; Block, M.: Bestandsaufnahme der Aktivitäten der AIDS-Hilfen zu Evaluation und Qualitätssicherung in der Primärprävention. In der Reihe Discussion Papers. Berlin, Wissenschaftszentrum Berlin für Sozialforschung; (2005)

Wright, M. T.: Partizipative Qualitätssicherung und Evaluation für Präventionsangebote in Settings. In: Rosenbrock, R.; Bellwinkel, M.; Schröer, A. (Hg.) Primäre Prävention im Kontext sozialer Ungleichheit. Bremerhaven, Wirtschaftsverlag NW für Neue Wissenschaft; (2004), S. 297–346

Wright, M. T.: Auf dem Weg zu einer theoriegeleiteten, evidenzbasierten, qualitätsgesicherten Primärprävention in Settings, 43. Jahrbuch für Kritische Medizin; (2006)

Die Autorinnen und Autoren

Harald Ansen, Dr. phil., Diplom-Sozialpädagoge, Professor für Theorien und Methoden der Sozialen Arbeit an der Fakultät Soziale Arbeit und Pflege der Hochschule für Angewandte Wissenschaften Hamburg

Ellen Becker, Diplom-Sozialarbeiterin/Sozialpädagogin, Master of Arts in Klinischer Sozialarbeit, arbeitet in einer Erziehungs- u. Familienberatungsstelle in Berlin, Schwerpunkt: Fachberatung und Supervision in Kinderschutz-Fällen

Ulrich Binner, Diplom-Sozialarbeiter/Sozialpädagoge, wissenschaftlicher Mitarbeiter im Projekt „Alte Schule Karlshorst – Integratives und generationsübergreifendes Wohnen" an der Katholischen Hochschule für Sozialwesen Berlin

Stefanie Dehmel, Diplom-Sozialarbeiterin/Sozialpädagogin, arbeitet in einer Kontakt- und Beratungsstelle für psychisch kranke Erwachsene in Berlin und befindet sich derzeit in Elternzeit

Norbert F. Gurris, Dr. biol. hum., Diplom-Psychologe, Professor für psychologische Grundlagen der Sozialen Arbeit an der Katholischen Hochschule für Sozialwesen Berlin

Ruth Haas, Dr. phil., Diplom-Motologin, Professorin für Motologie am Fachbereich Soziale Arbeit und Gesundheit der Fachhochschule Oldenburg/Ostfriesland/Wilhelmshaven

Hildegard Hegeler, Diplom-Sozialarbeiterin (rBSA), Leitung des Sozialdienstes des Luisenhospitals und der Geriatrischen Rehabilitationsklinik Haus Cadenbach in Aachen

Silke Jakobs, Diplom-Pädagogin, wissenschaftliche Mitarbeiterin im Forschungsschwerpunkt „Rehabilitation" an der Fachhochschule Oldenburg/Ostfriesland/Wilhelmshaven

Mathias Lindenau, Dr. phil., Diplom-Sozialarbeiter und Diplom-Sozialwissenschaftler, Lehrkraft für besondere Aufgaben an der Katholischen Hochschule für Sozialwesen Berlin

Harro Ohlenburg, Dr. rer. pol., Professor für Industriesoziologie und Arbeit und Gesundheit am Fachbereich Soziale Arbeit und Gesundheit der Fachhochschule Oldenburg/Ostfriesland/Wilhelmshaven

Karlheinz Ortmann, Dr. phil., Diplom-Sozialpädagoge, Professor für gesundheitsorientierte Soziale Arbeit an der Katholischen Hochschule für Sozialwesen Berlin

Roland Alexander Pareigis, Diplom-Sozialarbeiter/Sozialpädagoge, arbeitet im Sozialdienst des St. Joseph-Krankenhaus Berlin-Weißensee, Zentrum für Neurologie, Psychiatrie, Psychotherapie und Psychosomatik

Dieter Röh, Dr. phil., Diplom-Sozialarbeiter/Sozialpädagoge, MPH, Professor für Fachwissenschaft Soziale Arbeit an der Fakultät Soziale Arbeit und Pflege der Hochschule für Angewandte Wissenschaften Hamburg

Juliane Wahren, Diplom-Sozialarbeiterin/Sozialpädagogin, Master of Arts in Klinischer Sozialarbeit, Projektleiterin der Frauenzufluchtswohnung und Vorstandsvorsitzende von offensiv'91 e.V.

Michael T. Wright, Ph.D., LICSW, MS, Klinischer Sozialarbeiter und Sozialwissenschaftler, Abschluss in Public Health (Harvard University), Mitarbeiter in der Forschungsgruppe Public Health im Wissenschaftszentrum Berlin für Sozialforschung (WZB)

Ralf-Bruno Zimmermann, Dr. med., Arzt für Psychiatrie, Professor für Sozialmedizin und Sozialpsychiatrie an der Katholischen Hochschule für Sozialwesen Berlin